시골 목사의 목양심서

시골 목사의 목양심서

2019년 9월 3일 초판 1쇄 인쇄
2019년 9월 9일 초판 1쇄 발행

지은이 | 이강덕
펴낸이 | 김영호
펴낸곳 | 도서출판 동연
등 록 | 제1-1383호(1992. 6. 12)
주 소 | 서울시 마포구 월드컵로 163-3
전 화 | (02)335-2630
전 송 | (02)335-2640
이메일 | yh4321@gmail.com
블로그 | https://blog.naver.com/dong-yeon-press

ISBN 978-89-6447-528-7 03040

이 도서의 국립중앙도서관 출판예정도서목록(CIP)은 서지정보유통지원시스템 홈페이지
(http://seoji.nl.go.kr)와 국가자료종합목록 구축시스템(http://kolis-net.nl.go.kr)에서 이용하
실 수 있습니다.(CIP제어번호 : CIP2019034526)

牧 羊 心 書

시골 목사의
목양심서

이강덕 지음

동연

이 책을 故 서정수 집사의 영전에 바칩니다.

'재야(在野)의 고수, 숨은 고수'와 나누는 목양 담론

진한 감동이 느껴지는 영화일수록 '엔딩 크레딧ending credit'이 다 올라갈 때까지 쉽게 자리를 뜨지 못한다.『시골 목사의 목양심서』가 내겐 그랬다. 단번에 쉬지 않고 읽어 내려갔다. 하지만 쉽게 책을 덮지는 못했다. 정글 같은 목회 현장에서 치열하게 사역했던 저자의 감정들, 희로애락의 편린들이 하나씩 날아와 내 가슴에 파문을 일으켰다. "누군가에게 보탬은 되지 못할지언정 폐는 끼치지 말아야 한다"는 평소의 소신(?) 때문이었을까? 책에서 눈을 뗀 후 한참이나 애먼 휴대폰만 만지작거렸다. 며칠 전 '추천사'를 써 달라며 원고를 보내온 친구의 청을 끝까지 거절하지 못한 것이 못내 후회스러웠다.

내가 목회자로서 가장 존경하는 사람은 故 은보恩步 옥한흠 목사다. 은보는 설교를 '십자가'로 규정했다. 설교에 대한 이러한 정의는 은보에게서만 느낄 수 있는 독특한 관점이다. 여기서 은보가 말하는 십자가란 '힘들고, 무겁고, 벗어버리고 싶은 것, 설교자에게 고통이 되는 것'을 의미한다. 은보는 설교자로서 합당한 인격과 지성, 영성을 갖추기 위해 부단히 노력했을 뿐만 아니라 매주 설교 준비를 위해 30시간 이상씩 진액을 쏟으며 해산의 수고를 아끼지 않았다. 그야말로 목회 여정 내내 치열하고도 지난한 시간들을 보냈던 것이다.

은보 이후 나는 또 한 사람의 치열한 목회자, 설교자를 만났다. 바로 이 책의 저자다. 저자는 매주 세 편의 설교를 위해 A4용지 20매의 원고를 작성하고, 신문사에 기고를 하며, 두 권 이상의 책을 읽은 후 서평까지 쓴다. 심지어 사우나에 가서 반신욕을 하면서도 무려 150페이지 이상의 책을 읽는 목회자다. 이쯤 되면 반신욕을 하면서 책을 읽는다기보다는 책을 읽기 위해 반신욕을 하는 것은 아닐지 의구심이 들 정도다. 그는 한 해에 78권의 책을 읽고도 목표했던 100권을 채우지 못해 부끄럽다고 고백한다. 이러한 치열함은 그로 하여금 스펙트럼이 넓은 목회자가 되게 했다. 진보와 보수는 물론이요, 그리스도인과 비-그리스도인까지 동시에 아우를 수 있는 몇 안 되는 목회자인 것이다. 그 치열함이 가져다준 가장 큰 열매는 단연코 그의 설교다. 천박한 설교, 당장 쓰레기통에 집어던져도 조금도 아깝지 않을 설교들이 '하나님의 말씀'이라는 미명하에 수많은 강단을 오염시키는 현실 속에서 그가 매주 깊이 있는 설교, 결이 다른 설교를 할 수 있는 비결은 바로 그 치열함 때문이리라.

나는 테니스를 좋아한다. 또한 테니스 선수 가운데 '클레이코트의 황제, 흙신' 등의 별명을 가진 '라파엘 나달'(라파)의 광팬이다. 라파가 로저 페더러, 노박 조코비치 등과 함께 테니스계의 빅3이기 때문만은 아니다. 진짜 이유는 따로 있다. 바로 그의 성실함과 겸손함 때문이다. 지난 6월 9일, 프랑스오픈 테니스대회에서 12번째 우승을 차지한 후 라파에게 기자가 물었다. "지난 1월에 노박 조코비치가 호주오픈을 우승함으로써 15번의 그랜드슬램 우승컵을 들어 올렸는데, 페더러의 20번 우승 기록을 넘어서고 싶다고 말했다. 당신은 이번 프랑스오픈 우승으로 그랜드슬램에서 18번 우승했다. 그랜드슬램 우승 측면에서 당신은 놀랍게도 페더러와 단 2개 차이로 좁혀졌다. 앞으로 어떤 목표가 있

는가?" 라파가 대답했다. "우리 셋은 서로에 대해 큰 격려와 자극이 된
다. 그렇다고 페더러의 그랜드슬램 기록에 내가 도전을 하고 넘어서야
할 것으로 생각하지는 않는다. 이웃집에 더 좋은 TV가 있고, 더 넓고
화려한 정원이 있다고 해서 좌절하거나 욕심을 내거나 하는 것은 내 삶
의 방식이 아니다." 기자의 예상을 빗나간 라파의 대답은 많은 사람들
에게 큰 울림으로 다가왔다. 30세가 훌쩍 넘은 나이, 부상으로 인한 숱
한 위기를 극복하고 여전히 라파가 빅쓰리로 존재하는 이유가 무엇일
까? 다른 경쟁 상대를 존중하고 높여주며, 성실함과 겸손함으로 자기를
발전시켜나가고 있기 때문일 것이다.

테니스만 잘 친다고 고수가 되는 게 아니듯이 목회만 잘한다고(?) 고
수가 되는 건 아니다. 나는 저자를 일컬어 '재야在野의 고수, 숨은 고수'라
부른다. 그 말은 진심이다. 그가 책을 많이 읽고, 글을 잘 쓰고, 목회를
잘하고, 설교를 잘하기 때문만은 아니다. 그의 삶과 목회에 겸손함이
배어있기 때문이다. 내가 섬기는 하늘평안교회에 저자를 설교자로 초
청한 적이 있다. 그때 저자가 아들과의 에피소드를 소개했다. 서울신학
대학교 신대원에서 〈설교의 이론과 실제〉라는 과목을 통해 나에게 가
르침을 받은 적이 있는 저자의 아들이, "아버지, 오생락 목사님이 동기
시죠? 친구니까 좀 배우세요"라고 말했다는 것이다. 그 말을 듣고 조금
은 시기심이 생겼지만 오히려 너무 감사했다는 저자의 말을 듣고, 고개
를 숙이지 않을 수 없었다. 겸손함과 당당함을 겸비한 진정한 고수가
아니고서는 할 수 없는 말이기 때문이다.

저자는 예배당을 건축하고 입당하는 감격스러운 순간에도, 섬기는
세인교회가 혹시라도 세속화의 물결에 함몰될까봐 염려할 정도로 건강
한 고민을 안고 사는 목회자다. 시대와 역사를 보는 안목 또한 탁월하
다. 그뿐만이 아니다. 성도들과 함께 울고 웃는 가슴 따뜻한 목회자다.

故 서정수 집사의 글이 빛을 볼 수 있게 된 것도 그에게 따뜻한 가슴이 있었기에 가능했으리라. 또한 저자는 음악과 문학, 커피를 아는 감성이 풍부한 목회자이며, 사람 냄새 물씬 풍기는 목회자이기도 하다. 나는 목사 같은(?) 목사를 그리 좋아하지 않는다. 아니, 솔직히 말하면 싫어한다. 그런 사람을 만나면 왠지 숨이 막히기 때문이다. 그래서 사람 냄새 나는 저자가 나는 좋다. 신학교 동기인 저자는 나에게 있어서 매우 특별한 '지음知音'이다. 지음이 곁에 있어서 기쁘다. 그 지음을 사랑하고 존경할 수 있어서 감사하다. 지음의 세 번째 책을 가리키는 손가락이 될 수 있어서 영광이다. 적어도 이 책을 읽는 독자라면 견지망월見指忘月의 우를 범하는 사람은 없으리라.

이 책을 먼저, 지성과 영성의 균형을 갖추기 원하는 목회자와 설교자들에게 권한다. 아직 가지 않은 길에 대한 두려움을 안고 목회의 여정을 준비하는 신학생들에게도 권한다. 특히 신학과 목회, 두 마리의 토끼를 잡기 원하는 신학생이라면 지체하거나 미루지 말기를 바란다. 또한 목회자의 삶을 이해하고, 목회자와 더불어 섬기는 교회를 보다 더 건강하게 세우기를 원하는 평신도들, 책 읽기와 글쓰기에 대해 고민하는 모든 사람들에게 권한다. 마지막으로 가족이나 친구, 동역자 가운데 환우가 있는 분들이라면 고 서정수 집사의 글을 꼭 읽기를 추천한다. "당시의 나는 그 분들의 아픔을 백분의 일도 공감하지 못했었고, 지금의 나는 그 아픔을 온몸과 마음으로 감당하고 있다. 어떤 위로의 행위도 공감이 전제되지 않으면, 참된 위로가 될 수 없음을 이렇게 알게 되었다"는 그의 고백들을 접하노라면, 우리가 그동안 주변의 환우들에게 얼마나 값싼 동정을 했었는지를 깨닫게 될 것이다.

"하나님, 아들이 절대로 나 같은 목회자가 되지 않게 해 주십시오. 아버지인 내가 본받을 수 있는 성령이 기름 부은 지성적 목회자가 되게 해 주십시오." 사랑하는 아들을 위해 애끓는 심정으로 기도하는 저자의 기도를 읽는 순간 겟세마네의 주님이 떠오른 이유를 모르겠다. "친구여, 자네는 아들이 가장 많이 닮고 본받아야 할 참된 목회자의 표상이라네. 그리고 자네 아들은 벌써 자네를 아주 많이 닮아 있다네. 물론, 언젠가 자네를 뛰어넘고야 말겠지만…." 동병상련(?) 때문이었을까? 가까스로 참았던 눈물을 결국 쏟아내고야 말았다.

춘천 하늘평안교회
오생락 목사

도장 팔기(賣)가 아닌 도장 파기(刻)

몇 년 전에 친구와 함께 강남 쪽에 갔다가 문구점에 들어갔는데, 마침 그 문구점은 도장도 파는 곳이었습니다. 마침 한 사람이 급하게 들어오더니 도장을 파달라고 하면서 얼마나 기다려야 하는지를 묻는데 급해 보였습니다. 그런데 주인은 느긋하게 '금방 됩니다' 하면서 컴퓨터에 이름을 입력하니까 컴퓨터 모니터에 도장의 모습이 나타나고 도장의 모양과 글씨체를 선택하자 자동으로 기계가 움직이며 금방 도장이 완성되었습니다. 언뜻 보기에도 사람이 손으로 파는 것보다 더 정교해 보였습니다.

며칠 뒤에 제가 쓰는 안경이 문제가 있어서 고치려고 동네 안경점에 들어갔는데, 안경점과 함께 도장을 파는 일도 겸하고 있었습니다. 마침 그 주인아저씨는 도장을 파고 있었는데 직접 손으로 도장을 파고 있었습니다. 그 순간 얼마 전에 보았던 장면이 떠오르면서 눈앞에서 손으로 도장을 파고 있는 그 모습과 겹쳐져 보였습니다. 기계가 하는 일을 이 가게에서는 사람이 직접 파고 있었던 것입니다. 기계가 하는 일을 사람이 하는 건 별로 경쟁력이 있어 보이지 않았고, 답답해 보였습니다. 그러면서 "남들은 컴퓨터로 도장을 파는데 손으로 도장을 파는 건 생산성이 떨어지는 것 아닌가요?"라는 말을 하고 싶은 마음이 들었습니다. 그런데 그 순간 도장을 파던 아저씨의 책상 앞에 쓰여 있는 한 문장이 눈에 들어왔습니다.

　도장은 손으로 파야 합니다.

　그 순간 손으로 직접 도장을 파던 아저씨의 모습이 다르게 다가왔습니다. 손으로 직접 도장을 파시던 그 아저씨한테는 설명할 수 없는 어떤 멋과 자기 직업에 대한 어떤 철학 같은 것이 느껴졌기 때문이었습니다. 그 사람은 도장을 파는(賣) 것이 아니라 도장을 파고(刻) 있었습니다.

　이강덕 목사를 보면 도장을 파고 있던 그 아저씨의 모습이 떠오릅니다. 절대로 쉬운 길을 가지 않고, 어려운 길, 꼭 가야만 하는 길을 고집하는 장인의 모습이랄까, 그의 삶에는 진지함이 있습니다. 사람들이 듣기 원하는 말이 아니라, 이 세상이 들어야 할 것이 무엇인가를 고민합니다. 그리고 아무도 들어주지 않더라도 끊임없이 이 이야기를 멈추지 않습니다. 마치 하나님께서는 이스라엘 족속에게 가서 그들이 듣든지 아니 듣든지 하나님의 말씀을 전하라고 말씀하셨을 때(2:5; 3:11), 유다 백성들이 자기를 통하여 들려주시는 하나님의 말씀을 듣지 않을 줄을 알면서도 묵묵히 외쳤던 선지자 에스겔의 열정이 그의 글 안에 녹아 있습니다.
　그래서 저는 저자의 목회 칼럼을 자주 읽습니다. 저자의 칼럼에는 이야기가 있습니다. 목사라면 누구에게나 일어날 수 있는, 아니 일어나고 있는 일상들인데, 그 일상들이 이 목사의 칼럼에서는 특별한 이야기들로 변합니다. 같은 목회 현장에서 같은 경험을 하는 저에게 이 목사의 글은 다른 세상이었습니다. 단순한 문학적인 재능이 아닙니다. 일상의 삶을 귀하게 여기고, 매 순간을 삶에 충실히, 정성을 다하여 작품을 만들어가듯 살아가는 진지함이 만들어낸 결과라고 생각합니다. 이야기는 뉴스가 아닙니다. 깊어 가는 밤, 호롱불 아래서 밤이 새도록 듣는 것이 이야기입니다. 그 이야기 속으로 빨려 들어가면 딴 세상에라도 간 것처럼 음미하고 느끼면서 듣습니다. 천천히, 깊이, 말하는 사람의 호흡에 듣는 사람도 호흡을 맞추어 들어야 들리는 것이 이야기입니다. 저자는 그의 글을 통하여 이 이야기를 합니다. 그래서 그의 글을 허투루 읽지 못합니다. 아예 안 읽으면 모를까.

그래서 그의 세 번째 책『시골 목사의 목양심서』를 기다려 왔습니다. 내가 기다리던 책이기에 나에게 추천하는 마음으로 추천합니다. 반복적인 목회의 틀 속에서 특별함의 은혜를 잃어버린 채 익숙해져가는 우리 목회자들이 꼭 읽어보기를 바랍니다. 그리고 이 책은 목회자의 이야기가 아니라 함께 살아가고 있는 공동체 모두의 이야기(교우들의 이야기)입니다. 교회 안에서 일어나는 작은 일들 속에 담겨 있는 특별한 은혜 이야기이기에 평신도들에게도 의미 있는 책입니다. 우리의 평범한 일상이 특별한 순간이 되는 그 은혜가 이 책을 읽는 모든 사람들에게 있기를 기대합니다.

서울 서부교회
임채영 목사

차 례

들어가는 말

나 자신을 파는 일을 하고 싶지 않다. '친절한 사람'이 되려고 사람들을 위해 친절한 일을 하고 싶지 않다. 돈을 벌려고 일하고 싶지 않다. 일하기 위해 일하고 싶다.

— 휴 프레이더, 『나에게 보내는 편지』 중에서

미국의 「뉴욕타임스」가 20세기의 칼릴 지브란이라고 격찬한 휴 프레이더Hugh Prather가 한 말이다. 그의 글을 처음 만났을 때, 조금은 필자의 심장이 요동쳤다. 숨어서 나를 관찰한 누군가가 독설로 한 말도 아닌데 설교자로 살고 있는 당사자로 뭔가 숨기려고 했던 것이 들통 난 느낌이라고나 할까, 뭐 그런 별로 유쾌하지 않은 감정 때문에.

아주 가끔은 이런 두려움이 엄습할 때가 있다. 목사가 설교를 하기 위해 글을 쓰고, 또 다른 목양의 흔적을 남기기 위해 틈날 때마다 근근이 기록한 필설들이 혹시나 나를 파는 일은 아닐까 하는 마음에 급격히 위축되어 오싹해지는 두려움, 뭐 그런 경우가 종종 있다. 물론 이런 감정의 소용돌이에서 빠져나오는 데 걸리는 시간은 잠시이다. 곧바로 마음을 추슬러 내가 하는 글쓰기는 나를 천박하게 파는 일이 아니라 도리어 나를 돌아보고 성찰하며 다시 옷깃을 여미게 하는 보물과도 같은 선물 보따리라 믿는 쪽으로 방향을 튼다. 착각은 자유이니까.

젊은 작가의 반열에 속해 있는 최은영이 일곱 개의 단편 소설을 묶은 단편 소설집『내게 무해한 사람』을 세상에 내놓고 조금은 수줍은 듯한 억양으로 남긴 후기가 필자에게 너무 큰 위로가 되었다.

> 나쁜 어른, 나쁜 작가가 되는 것처럼 쉬운 일이 없다는 생각을 종종 한다. 쉽게 말고 어렵게, 편하게 말고 불편하게 글을 쓰는 사람이 되고 싶다. 그 과정에서 인간으로서 느낄 수 있는 모든 것을 느끼고 싶다. 그럴 수 있는 용기를 지닌 사람이 될 수 있기를.

필자는 개인적으로 작년 가을 녘에 참 힘든 시기를 보냈다. 다양한 사람들과 부대끼며 겪어야 했던 상식적이지 않은 일로 인해서 밀려왔던 자괴감은 나를 심장이 떨어져 호흡할 수 없을 정도로 뻐근하게 했다. 그런데 어떻게 버텼을까? 명쾌한 답이 떠오르지 않았던 탓에 고루했었는데 최 작가가 대신 정답을 찾아준 셈이 되었다. 그때, 편하지 않게 아주 불편하게 글을 썼다. 글을 쓰면서 나를 보았고, 다른 사람들의 '다름'을 보았다. 행운이었다. 은혜였다. 글을 쓰지 않았다면 그 '봄seeing'이라는 과정을 통한 '다름'은 결코 느낄 수 없었던 단초였기에 말이다. 글을 '씀writing'으로 인해 다가온 폭넓은 '봄seeing'과 그 '봄'을 통해 명확하게 그려진 '다름'을 경험한 필자는 아주 자연스럽게 도무지 헤어 나오지 못할 것 같았던 고통의 늪에서 빠져나올 수 있었다.

> 내 몸 밖을 나간 나는 남들 앞에 노출되어 마치 나인 듯 행동하고 있지만 진짜 나는 몸속에 남아서 몸 밖으로 나간 나를 바라보고 있다. 하나의 나로 하여금 그들이 보고자 하는 나로 행동하게 하고 나머지 하나의 나는 그것을 바

라보는 것이다. 그때 나는 남에게 '보여지는 나'와 '바라보는 나'로 분리된다. 물론 그중에서 진짜 나는 '보여지는 나'가 아니라 '바라보는 나'이다.

은희경이 장편『새의 선물』에서 밝힌 소회다. 수년 전, 열두 살밖에 되지 않은 소설 속의 주인공인 진희가 남긴 이 뜻밖의 애늙은이 같은 덥수룩한 글을 만났을 때 너무 큰 충격을 받았다. 그랬다. 필자 역시. 가짜 '나'가 '보여지는 나'로 대변되도록 결벽증적인 성향을 갖고 살아왔다. 단지 목사라는 직업 때문에. 허나 진짜 '나'인 '바라보는 나'를 찾기 시작한 것은 글을 쓰면서부터였다. 어줍지 않은 글이라고 '보여지는 나'가 공격할 때마다 그래 알아, 그래서 뭐? 하고 에두르며 변호했던 '바라보는 나'가 글을 쓰게 해주었다. 너무 고마운 또 하나의 '나'다.

오늘의 시대에 목사로 산다는 것처럼 척박한 일이 있을까. 어떤 이는 이렇게 말한다. "나는 다시 태어나도 목사가 될 거야!" 존경을 표해야 하는 일인지, 애도를 표해야 하는지 헷갈리지만 난 결코 같은 생각이 아니다. 이런 생각을 해보았다. 목사로 살면서 신앙생활을 잘하는 것은 기적이다. 적어도 상식적으로 사는 목사라면 그렇다. 여기에 내놓는 졸문撫文들은 거창한 이야기가 아니다. 상식적으로 살며 신앙생활을 잘하는 목사가 되기 위해 기氣를 쓰며 몸부림친 소박한 이야기다. 조금 더 과격하게 표현하자면 목사로 살아남기 위해 주군께 떼를 쓴 '스티그마 stigma'다. 그래서 한편으로 독자들에게 내놓기 부끄럽고 애잔한 목회 수기요, 일기요, 심서心書다. 그럼에도 세상에 펼치기로 마음먹은 것은 필자 같은 형편없는 사람도 은혜로 살았음을 독자들이 보고 용기를 내주었으면 하는 소박한 희망 때문이다.

첫 번째 마당은 지천명의 나이에 무모하리만큼 용감하게도 교회를 개척한 이후, 정글 같은 목양의 현장에서 주군께서 나에게 맡겨준 소중한 사람들과 제천이라는 갈릴리에서 부대끼며 울고 웃었던 '목양심서牧羊心書'다. 목회 현장에는 신학교에서 배웠던 이론으로 설명할 수 없는 희로애락이 있다. 기도만 한다고 해서 만사형통하지 않는 고루固陋함과 지난至難함이 있다. 목사가 가지고 있는 성향으로 감히 나갈 수 없는 다름이 으르렁거리고 있다. 성경 중심적인 성경 해석이 아니라 상황 중심적인 성경 해석을 하지 않으면 도무지 도달할 수 없는 치열함이 있다. 이 치열함의 한복판에서 목사로 살아왔던 지난 16년 동안의 질퍽한 흔적들 중에 근 3년의 글말들을 모은 80편의 스티그마를 발췌하여 소개했다. 심서로 남겨놓은 원고의 양이 너무 많아 글들을 취사선택하는 것이 결코 쉽지 않은 작업이었지만 그래도 독자들과 함께 나누고 싶어 필자의 가슴에 담아두었던 글들을 올려놓았다.

두 번째 마당에서는 조금은 특별한 작업을 시도했다. 필자는 작년 초에 너무나 아꼈던 섬기는 교회의 동생 같은 집사를 췌장암으로 잃었다. 목사가 잃었다고 표현하는 것이 하나님을 향해 불경스러운 표현인 것을 알지만 아직도 이 일에 대하여 주군께 억하심정이 있다. 그를 살려보려고 무던히 애썼다. 불철주야 엎드렸다. 하지만 그렇게 엎드린 지 1년 만에 하나님은 일언반구도 없이 그를 데려가셨다. 믿음이 좋은 목사는 에녹을 데려가신 하나님의 방법이라고 치부했겠지만 필자는 아직도 이 일을 생각하면 하나님께 도전적인 마음이 든다. 그래서 그날이 되면 그곳에서 제일 먼저 하나님께 이렇게 물을 것이다.

도대체 왜?

그런 그가 투병 중에 죽음을 인지하고 유고일기를 남겼다. 그가 별세한 후, 그의 유고 글을 유족을 통해 건네받고 눈물로 글을 읽다가 한

동안 아무런 일도 할 수가 없었다. 너무 무력한 내가 미웠고, 그를 데려
가신 하나님의 일하심에 태업으로 항의하고 싶었기 때문이다. 이제 그
의 글을 필자의 졸저에 담기로 했다. 유족의 동의하에 바로 이곳에 그를
다시 태어나게 하고 싶어 용기를 냈다. 그의 글은 살아 있는 모든 이를
겸손하게 만든다. 해서 그의 글이 도리어 졸저의 본문이 되어도 무방하
리라는 마음으로 세상에 내놓는다. 귀천歸天에 성공한(?) 사랑했던 고 서
정수 집사의 글은 이 책을 접하는 모든 이에게 너무 귀한 감동으로 다가
오리라 기대한다.

제천이라는 낯선 땅에 들어와 발 디디며 제2의 고향이라는 셈 치고
삶을 살아낸 지 16년이라는 세월이 흘렀다. 전적인 타지인他地人으로, 혹
은 이방인으로 칩거하게 된 이곳에서 참 많은 것을 배웠다. 목사다운
목사의 삶과 그렇지 않은 목사의 삶도 배웠다. 교회다운 교회, 그렇지
않은 그 반대의 교회도 경험했다. 성도답지 않는 흉물스러운 성도의 나
신裸身도 보았다. 헌데, 뒤돌아보니 경험했던 일체의 일들 중에 그 어느
것 하나 나에게 공부가 아닌 것이 없었고, 선생이 아닌 것이 없었다. 그
래서 그랬던가 보다. 공자의 일설이 마음에 와 닿았던 것이.

> 태어나면서부터 아는 이가 최상이고, 후천적으로 배워서 아는 이가 그다음
> 이고, 살다가 어려움을 겪고서 배우려는 이가 또 그다음이다. 살다가 어려
> 움을 겪고서도 배우려고 하지 않으니 앞뒤 꼭 막힌 인민이 가장 아래다.
> — 신정근, 『논어(세상을 바꾸는 것은 사랑이다)』, 76쪽.

내 배움이 적어도 세 번째에 위치에 있는 것만 해도 위로가 된다.
필자는 이 치열했던 삶의 과정에서 느끼고 배웠던 공부를 항상 글쓰기

로 정리하는 편이다. 이런 이유 때문에 글쓰기는 나에게는 삶의 활력vitality
이자 역동dynamics이다.

재론하지만 오늘 여기에 내놓는 글은 제천에서 살았던 목회자로서
16년의 삶 중에 근래 3년 정도의 시간 동안 목양의 희비를 다룬 필자의
신앙고백이다. 책 제목을 '목양심서'라 만든 것은 평소 존경하던 다산이
민초들을 위한 정치를 해야 하는 이유에 대하여 마음으로 쓴 목민심서
처럼 주군께서 그렇게 맡겨주시고 위탁해주신 양들에 대한 사랑의 고
백이자 노래이기 때문이다.

여기에 담은 글들은 한자리에 앉아서 글쓰기 시작하고 단번에 써 내
려간 속기록이 아니다. 글감 중에는 노래가 있고, 분노가 있고, 울음이
있고, 웃음이 있다. 그래서 단언하건대, 개그콘서트식의 일회성 웃음을
주고자 했던 대본이 아니라 적어도 이 땅에서 그리스도인으로 살아가
는 데 있어 함께 고민하고 되새김질하고 싶었던 심서임을 밝힌다.

프롤로그를 쓰는 지금 이 시간, 서재에 The King's Singers의 환상
적인 아카펠라 음악인 'Watching the white wheat'의 선율이 거의 천
국의 노래처럼 울려 퍼진다. 다 그런 것이 아니라서 대단히 조심스럽지
만 필자는 나름 행복한 목사임에 틀림이 없다. 음악과 책과 주군과 함께
동행하고 있으니 말이다. 이 땅의 교회를 섬기고 있는 모든 동역자가
행복하기를 기도한다.

세상이 인정하는 교회가 되고 싶은 세인교회를 섬기는 시골 목사
이강덕

牧羊心書

1부

목양심서

牧羊心書

I

목(牧)

목사는 치열하게 사는 사람이다. / 안인환 권사님을 추모하며 / 이세진 장로님을 추모하며 / 담임목사의 협박(?) / 밥이 모자라요! / 사수(死守)함 / 2%의 유감 / 종호, 종훈, 동혁, 수민이에게 / 디지털 예배당에서 / 어디 한번 감동시켜 봐! / 좌로도 우로도 / 부활절의 부활 / 이 짓은 계속할 거라고! / 건너뛰지 않기 좀 알려주세요! / 울컥하는 위로 / '노사모'를 뛰어 넘는 '주사모' / 속골이 아파요! / 아팠지만 / 1961년 생

목사는 치열하게 사는 사람이다

금요일 오전이다. 한 해의 시작이어서 그런가. 한 주간, 치열하게 보냈다. 이제 한 주간 내내 틀을 만든 설교를 원고화하는 작업을 해야 한다. 새롭게 시작하는 또 한 해, 설교라는 거대한 담을 여전히 넘어야 하는 고독한 투쟁을 사는 사람이 목사인 듯하다. 한 해의 시작을 알리는 첫 번째 주, 내가 나에게 할당한 독서 몫은 다분히 고의적으로 존 스토트의 '설교'와 팀 켈러의 '설교'로 정했다. 현직 목사로 살아내야 할 또 한 해의 시작을 알리는 짐Burden으로 손색이 없는 작품들이라 보았기 때문이다.

허먼 멜빌이 쓴 '모비딕'에 나오는 설교에서 설교자는 뱃머리 모양의 강단에 서는 데 멜빌은 이 모양이 어울린다고 여깁니다. '강단은 세상을 이끌기' 때문입니다.

— 존 스토트, 그레그 샤프, 『존 스토트의 설교』, 217쪽.

설교에는 모종의 긴장감이 있어서, 다음에 나올 내용을 듣고자 하는 열망을 불러 일으켜야 하고, 목적지를 향해 여행을 떠나는 느낌을 자아낼 수 있어야 한다.

— 팀 켈러, 『설교』, 299-300쪽.

두 거인은 그냥 평범하게 말한 상식의 교훈이겠지만, 필자 같은 범인凡人에게는 옥죄는 멍에처럼 들린다. 그렇지만 또 한편으론 스스로 자위한다. '치열함'이라는 단어가 떠올라서다. 아직은 이 치열함이라는 단어가 나를 흥분하게 한다. 어느 날 이 치열함이라는 단어에 무감각해지는 때가 오면 정말로 그때는 끝이지 않겠는가 싶다. 설교를 하는 목사가 설교라는 짐에 대하여 고민하지 않고, 자신만만해하는 날이 오면 그때야말로 목사로서의 생명력이 끝나는 것이 분명하다. 존 스토트와 팀 켈러의 글을 접하다가 아직은 내 심장 깊은 곳에서 두 사람이 말하고 있는 이 선언들이 나를 흥분하게 하는 것이 꼭 나에게 부정적인 것으로만 다가오지 않고, 두 거인이 먼저 걸어갔고 또 지금도 걸어가고 있는 그 길에 나도 동행해보겠다는 의지의 결단으로 비쳐지는 긍정의 효과도 있어 짜릿했다.

언젠가 읽었던 책에서 이런 글을 본 적이 있었다.

스물넷에 사망, 칠십에 묻힘.

순간, 참 많은 생각을 했던 기억이 남아 있다. 이 사람은 분명 비극의 주인공임에 틀림없다. 사람이 죽어 땅에 묻힌 것은 70세였지만, 꿈과 비전을 잃어버려 실질적인 사망에 이른 것은 24세였다는 교훈으로 받았기 때문이다. 치열함이라는 말은 나쁘지 않은 단어다. 몸부림, 바상임, 움직임에서 아직은 살아 있다는 방증이기에 그렇다. 그러기에 사람이 치열함을 잃어버린다면 가장 슬픈 죽음을 이미 경험했다고 말해도 지나치지 않은 표현이라고 나는 믿는다.

앞서 언급한 존 스토트 목사의 책 원제가 *I believe in Preaching*(나는 설교를 믿는다)이다. 전율하는 도전을 받는다. 본인이 전하는 설교에 얼마나 큰 자존감과 자부심이 있으면 이렇게 선언할 수 있단 말인가? 필자는 존 스토트가 말한 내용을 교만함이라고 보지 않고 그의 선언을 도전과 진정성이 있는 교훈으로 받아들인다. 그가 살아생전에 살아냈던 삶의 치열함을 알고 있기 때문이다. 성령께서 인도하시는 가장 아름다운 설교를 만들어내려고 했던 영성, 좌우로 조금도 치우치지 않으려 했던 올곧은 복음주의적 고집, 그리고 삶으로 본이 되었던 그의 족적들이 나로 하여금 그의 치열함을 인정하게 만든 요소들로 작용했다.

2017년을 시작하는 첫 주간에 목사로서 더 치열한 삶을 살아내야 할 이유를 존 스토트와 팀 켈러 먼저 시연해준 것 같은 은혜를 받았다. 더 치열해야겠다. 무뎌지지 않도록 더 치열하게 공부해야겠다. 그래야 세상의 식에게 당당히 말할 수 있는 하나님의 식을 살아내지 않겠는가!

안인환 권사님을 추모하며

오래전, 김수환 추기경이 선종했을 때 나라가 한 번 들렸다 놓여 진 것 같은 김수환 신드롬이 있었다. 그 광경을 보다가 종교를 초월하여 그분의 선종에 대하여 수많은 사람이 존경의 예를 보내는 것은 아마도 영웅이 그리웠던 시절이었기 때문이 아닌가 하는 서글픈 생각까지 들 었다. 그래서 그런지는 모르겠지만 어느 일간 신문에서 '가장 예수님 처럼 산 사람'이라고까지 김 추기경을 극찬한 것을 본 기억이 있다.

지난 주간, 김수환 추기경에 비하면 일생의 삶이 참으로 초라하고 보잘것없어 보였지만 도리어 필자에게는 김수환 추기경보다 더 '예수 님처럼 사셨다'고 조금도 주저하지 않고 토로할 수 있는 〈섬기는 교회〉 의 안인환 권사님을 하나님의 나라에 파송했다. 극도의 경제적인 어려 움으로 고통을 받고 있는 권사님의 젊은 시절의 삶이 굴곡 천지였음을 그분을 만나고 나서 알게 되었다. 가슴 아픈 상처인 연탄가스 사고의 후유증으로 평생 동안 육체의 질고를 안고 사셨던 권사님, 설상가상으 로 청천벽력과도 같은 사고로 식물인간이 되어 살아야 했던 둘째 아들 에게 임한 또 다른 불행, 인간적인 생각으로 말하면 수없이 하나님께 등질 수 있었던 당신은 도리어 그 모든 어려움을 일사각오의 신앙으로 극복하셨다.

어지간하시지, 쌀독에 겨우 한 줌의 끼니만을 이을 양식밖에는 없는 경제적인 압박이 있었지만 그마저도 더 어려운 이웃을 위하여 퍼 주기에 인색함이 없으셨던 정말로 바보 같은(?) 권사님이 당신이셨다. 필자가 설교를 마치고 내려와 인사를 할 때면 항상 말씀에 은혜를 받았다고 예배 뒤에 이슬 같은 눈물을 흘리시며 감격해 하셨던 권사님의 그 눈물이 오늘따라 더 기억에 남는다.

추운 어느 겨울날, 경제적인 어려움으로 인하여 냉골에서 주무신다는 것을 알고 심방하여 방에 들어가 그 일을 확인한 뒤에 권사님의 손을 붙잡고 제대로 목회하지 못한 죄송함 때문에 울었던 그날, 도리어 제 손을 붙드시고 인자한 웃음으로 목사님께 염려를 드렸다고 죄송함을 표하시던 권사님을 하나님께 이번 주간 올려드렸다. 왜 이리 그리워지는 것일까?

건강이 극도로 악화되어 그렇게도 사랑했던 교회에 출석하여 예배를 드리지 못하는 상태가 되었다는 것을 알고 위로 차 심방한 날, '지금까지 지내 온 것 주의 크신 은혜라'를 찬송하며 빨갛게 눈이 충혈되어 눈물을 흘리시며 다 찬양한 뒤에 조그마한 목소리로 "목사님, 한 번 더" 하시며 찬송을 요청하시던 그 순결한 권사님의 신앙을 이 종이 어찌 그림자나 밟을 수 있을까 싶어 속으로 울었던 그날이 너무나도 그립다.

장례를 인도하며 전해 들은 이야기가 있다. 거의 자리보전을 하며 누워 있는 절망의 상태였지만 그 와중에도 성경을 읽는 것만큼은 양보하지 않으려고 몸부림을 치며 떨리는 몸으로 성경을 붙들고 읽으셨다는 아내 권사님의 이야기를 들으면서 필자는 왠지 모를 희열이 몰려왔다. 김수환 추기경의 선종을 경험하며 왜 개신교에는 저런 사람이 없을까 하는 자괴감이 있었다. 한데 안인환 권사를 하나님의 나라에 파송하면서 그 자괴감의 고통에서 벗어날 수 있었던 것은 그분은 추기경에 비해 절대로 조금도 부족함이 없이 예수님처럼 사셨던 분이셨음을 알았기 때문이다. 해서 이렇게 감격으로 파송기도를 드렸다.

"주님, 오늘 당신께 보내드린 안인환 권사님은 진정으로 예수님처럼 사셨던 분이십니다. 권사님을 영접하고 맞이하신 주님은 분명히 스데반이 순교할 때 그랬던 것처럼 일어서서 영접하셨을 것으로 믿습니다. 많이 칭찬해주십시오. 충분히 그렇게 칭찬받을 당신의 아들입니다."

그리고 행복하게 인사했다.

"안인환 권사님! 정말로 수고하셨습니다. 다시 뵐 때까지 우리 세인교회를 응원해주십시오. 그리고 편히 쉬십시오."

이 세상에 속한 것들을 지나치게 바라면 하늘나라의 것을 영원히 잃어버릴 수 있다.

— 토마스 아켐피스, 『그리스도를 본받아』, 127쪽.

권사님은 토마스 아켐피스의 이 말을 필자에게 몸으로 가르쳐주신 그리고 남겨주신 좋은 선생님이셨다.

이세진 장로님을 추모하며

신약의 역사서인 사도행전에 기록된 의미 있는 한 구절을 주목할 때가 있다. 13장 36절 말씀이다.

다윗은 당시에 하나님의 뜻을 따라 섬기다가 잠들어 그 조상들과 함께 묻혀 썩음을 당하였으되….

성경을 묵상하는 독자들인 우리 그리스도인들에게 집중하지 않으면 그냥 생각 없이 지나칠 수 있는 평범한 말씀 같지만 정말로 주목하고 또 주목해야 하는 중요한 말씀이라고 필자는 생각하는 구절이다. 신앙의 선배였던 다윗은 어찌 보면 파란만장한 삶을 살았던 인물이다. 가장 높은 권력의 자리에 있었지만 결코 좋은 것만을 경험한 인물이 아닌 인생의 가장 고통스러운 삶의 자리sitz im leben까지 경험했던 사람 다윗을 후대에 믿음의 후배인 누가가 이렇게 평가했다.

하나님의 뜻을 따라 섬기다 잠들었던 자.

이 평가는 하나님의 사람이 받을 수 있는 최고의 평가라고 필자는 확신한다. 직전 교회에서 존경을 받으실 만한 최고의 어르신이셨던 이

세진 장로께서 하나님의 부르심을 받았다. 필자가 목회하는 동안 평가할 때 최고의 신앙인이라고 평가를 해도 전혀 손색이 없으신 장로님께서 이 땅에서의 육적인 교통을 마감하고 하나님의 나라에 부름을 입었다. 더 표현할 수 있는 극찬의 언어가 있으면 더 수식해도 조금도 어색하지 않을 정도의 신앙의 삶을 보여주시고 필자의 곁을 떠나셨다.

종이 5년을 몸담았던 직전 교회에서 사역할 때 가누기 힘든 육신의 나약함이 있으셨지만 조금이라도 거동을 하실 수 있는 기력이 있으시면 주일 예배에 나오셔서 영적인 무게로 필자를 위해 중보하시던 모습이 선하다. 여러 번 입원하실 수밖에 없어 병원 신세를 지실 때마다 필자의 심방을 받고는 송구하다며 몸 둘 바를 몰라 하시던 장로님의 선하심이 필자의 눈에 이슬을 젖게 한다.

언젠가 병원으로 심방을 했을 때 기도해 드리기 위해 장로님의 손을 잡자 내 오른손을 잡아끌며 머리에 당신이 직접 필자의 손을 올려 안수 기도를 받으신 것을 기억한다. 아들뻘 목사이지만 주의 종에 영적인 권위를 인정해주시는 장로님은 외형주의로 도배되어 있는 기득권 세력의 판 속에서 피어난 샘물 같은 존재셨다. 평소에 집으로 심방을 할 때마다 필자에게 "제천 중앙에서 뼈를 묻으세요"라고 독려하셨던 그 청을 들어드리지 못하게 되어 장로님의 영정 앞에서 자책하는 회개를 드렸다. 하나님의 부르심을 받기 하루 전날 병원에서 장로님은 종에게 유언과도 같은 기도를 해주셨다.

하나님, 우리 이 목사님을 축복하셔서 지금도 주의 종으로 올바른 목회를 하기 위해 몸부림을 치셨는데 끝까지 사람을 보지 말고 하나님만을 보며 목회에 승리하게 하옵소서.

이 기도가 유언이 될 줄이야.

끝까지 함께 섬겨드리지는 못했지만 필자의 마음에 장로님을 향한 비석을 이렇게 새겼다.

오직 평생 주님만을 바라보고 달려간 진짜 하나님의 사람.

존 버니언의 역작인『천로역정』을 편집한 C. J. 로빅은 이렇게 마지막 장을 주석하며 소회를 남겼다.

죽음이란 영혼이 건너뛰어야 할 마지막 크레바스다.

인간은 누구든지 언젠가 반드시 영혼의 크레바스 앞에 서야 한다. 예외는 없다. 단지 두 종류의 사람만이 존재한다. 수월하게 건너뛰는 방법을 아는 사람과 방법을 몰라 크레바스에 빠질 가능성이 농후한 사람이다. 이 죽음의 크레바스를 건너뛰는 도약대는 예수시다. 하나님의 뜻을 따라 섬기다가 크레바스 앞에 서는 자는 예수로 인하여 수월하게 건너뛰게 되겠지만 예수의 도움을 거절한 수많은 사람들은 그 크레바스에 빠지게 될 가능성이 높다. 도약대 되신 예수님의 마음을 정말 많이 닮은 이세진 장로님의 영혼에 하나님의 평강이 있기를 기대한다면 욕심일까!

담임목사의 협박(?)

유능한 목사는 성도들에게 헌금을 잘 하도록 하는 목사야, 그래야 성도들이 축복을 받거든!

필자가 사역을 막 시작한 초년병 시절, 선배 목사께 들은 이야기다. 이 이론에 따르면 현장에서 30년째 목회를 하는 나는 분명 무능한 목사임에 틀림없다. 헌금을 잘 거두는 목회하고는 담을 쌓았기 때문이다. 무능하다 못해 아예 젬병이다. 각설하고, 그래도 괜찮다. 왜? 그 선배의 헌금 강의를 믿지 않기 때문이다. 필자는 지금까지 목회를 하면서 어쩔 수 없이 교우들에게 헌금을 말할 때는 강해 설교 순서가 헌금에 대한 텍스트로 자리 잡고 있을 때다. 이때를 제외하고는 입도 벙긋하지 않는다. 하나님께 드리는 헌금 행위가 성서적이지 않기 때문이라고 이해하기 때문이 아니라, 헌금을 하고 안 하고의 주체가 '나'라는 존재가 아니고 그렇게 하도록 하시는 역동의 주체가 '하나님'이라고 해석했기 때문이다.

그럼에도 거창하게 단어를 억지로 만들어 헌금학(?)이라고 어설프게 이름 지을 때 필자가 갖고 있는 정의, 나의 물질관과 헌금에 대한 신학적인 소신은 이렇다.

헌금을 많이 드리고 잘 해야 축복을 받는 것이 아니라, 올바르게 물질을 사용할 때 복을 받는다.

이제 뜸은 그만 들이고 본론을 말하련다. 일 년에 한 번 필자는 교우들에게 협박성으로 갹출(?)하는 물질이 있다. 어르신들을 모시고 경로잔치를 행할 때 효도를 표하는 약간의 물질이다. 거의 반강제적으로 교우들에게 효도의 나눔을 실천할 것을 강요한다. 이렇게 강하게 표현했지만 솔직히 말하면 전술했듯이 배운 것이 도둑질이라고 그래도 부담스러운 것은 사실이다.

지난 주간에 〈섬기는 교회〉의 지체와 개인적으로 식사를 하며 교제할 수 있는 기회가 있었다. 그 자리에서 언제나 교회 어른들을 숨어서 혹은 여러 방법으로 섬겨온 그 지체에게 일부러 이렇게 농을 던졌다.

집사님, 어르신들이 출발하는 시간에 '빈손' 들고 오면 안 되는 거 아시죠?

담임목사의 속마음을 너무나 잘 알고 있는 '쿨'한 지체는 필자에게 이렇게 맞받아친다.

목사님, 너무 노골적인 거 아니에요?

경로잔치가 있는 날, 교우들의 진심어린 섬김에 눈물이 날 정도로 감사했다. 담임목사의 협박(?)을 그리스도의 사랑으로 이해하고 귀한 물질과 간식으로 어르신 섬기기에 최선을 다한 교우들, 부침개를 부치며 수고한 여전도회 회원들, 직장에서 밤을 지새웠음에도 인사를 나온 지체들, 직접 어르신들을 섬기기 위해 직장에 연차를 내며 차량 운전 봉사를 자청한 지체들의 섬김이 가슴을 뭉클하게 하였다.

> 나는 신자라고 불리는 사람들과 우리가 또는 비신자라고 부르는 사람들 간
> 의 근본적인 구분이 없다고 확신한다. '자신을 숭배하는 자'와 '타인과 공감
> 하는 자' 사이의 구분이 있을 뿐이다. 타인의 고통 앞에서 고개를 돌리는 사
> 람과 타인들의 고통을 구하기 위해서 싸우는 사람들 사이의 구분이 있을 뿐
> 이며, 사랑하는 사람과 사랑하길 거부하는 사람들 간의 구분이 있을 뿐이다.
> — 아베 피에르, 『단순한 기쁨』, 93쪽.

프랑스 사람들이 가장 존경하는 아베 피에르의 신부의 금언과도 같
은 고백이다. 필자는 현장 목회자다. 해서 믿지 않는 사람보다는 믿는
사람들을 더 많이 만나는 운명적인 유감을 경험할 수밖에 없다. 하지만
아이러니하게도 교회 안이라는 로컬에서 생각보다 더 많이 만나는 자
는 아쉽게도 '교회 안에 존재하는 불신자'들이다. 이들이 예수를 믿지
않기 때문에 불신자라고 지칭한 것이 아니다. 이타적인 삶을 살 때만
그리스도인일 텐데 전혀 이타적이지 않은 극단적 이기성으로 매몰된
참 많은 이가 그리스도인이라는 이름으로 교회 안에 변장하여 매복하
고 있는 아픔을 목격하기 때문이다. 그래도 효도는 억지로 흉내라도 내
라는 마음으로 이타적 섬김을 강요하고 협박하지만, 언제까지 이럴 수
있을지 조금은 불안하다. 필자는 모든 SNS 계정의 자기 소개란에 이렇
게 붙여놓았다. 왜? 긴장을 놓지 않기 위해서.

> 교회는 이타적일 때만 교회다.
> — 디트리히 본회퍼

밥이 모자라요!

지난 주일에 섬기는 교회 점심식사 식탁공동체 시간에 터져 나온 볼 멘(?)소리다. 평상시 주일 2부 예배를 마치고 식사를 하는 인원보다 훨 씬 더 많은 교우가 식탁공동체를 나누었기 때문에 일어난 해프닝이다. 새로 나온 교우들과 더불어 하나님의 교회에 등록은 하지 않았지만 주 일에 함께 은혜를 나누고 있는 비등록 교우들이 함께 식사를 나누게 되 어 예상한 인원보다 훨씬 더 오버되어 밥이 모자라게 된 기쁜(?) 일이다. 할 수 없이 2차로 밥을 새로 짓게 되었고 주일학교 교사들은 조금 늦게 식사를 하게 되는 촌극이 있었지만 지난 주일 식사를 주관한 여전도회 회원들은 다행스럽게 이미 식사 봉사에는 도(?)가 튼 분들이었기 때문 에 아주 신속하고 발 빠르게 식사를 다시 준비하여 식탁공동체를 무사 히 마치게 되었다. 지난 주일에 몇 사람에게 동일한 이야기를 들었다.

밥이 모자라요!

그런데 이렇게 외치는 교우들 전부의 공통점은 기쁜 아우성이었다. 밥이 모자랄 정도로 주일에 사람들이 모여 예배를 드리게 된 것에 대한 간접적인 표현이었기에 말이다. 주일 예배를 마치면 항상 부사역자에게 주일 결산 보고를 받는데 지난 주일에도 평상시 다른 주일과 비교해서 결석자가 크게 줄지 않았다는 보고였다. 통상적으로 40~50여 명 정도의 결석자가 주일에는 항상 있었던 것처럼 지난 주일에도 43명의 결석자가 보고되었기에 밥이 모자랄 수가 없는 것이 상식인데 지난 주일에 밥이 모자란다는 비명이 있었다는 것은 다른 주일에 비해 새 식구 10여 명 정도가 보였기 때문이다.

필자는 목회를 하면서 등록을 강요하거나 집요하게 등록을 압박하는 스타일의 목회를 하지 않는다. 그럼에도 지난 6개월 동안 하나님께서 당신의 교회를 축복하셔서 등록하는 교우들을 꾸준히 허락하셨다. 열악한 2층에 위치해 도저히 부흥될 것 같지 않은 환경의 교회이지만 동역자들을 보내주셨다. 아직 하나님의 교회는 전도다운 전도를 해 본 적도 없다. 그냥 교우들이 묵묵히 자기의 받은바 은사대로 있는 영역에서 최선의 사역들을 감당해준 것 이외에 교회에서 한 것이 없다. 그럼에도 지난 주일에 '밥이 모자라요!'라고 외친 볼멘소리는 교회를 섬기는 목사를 감동시키기에 충분한 아우성이었다.

지극히 속된 마음인지는 모르겠지만 교회가 정체나 침체되지 않았으면 좋겠다. 사람의 수가 많아지는 것이 교회의 부흥이냐고 대드는 사람들이 많이 보이는 살벌한 시대이지만 난 교회가 줄어들고 멈추는 아픔을 경험하지 않았으면 좋겠다. 바른 신학, 바른 신앙, 십자가의 도로 무장한 본질적인 케리그마가 선포되고, 하나님 나라의 공의와 정의가 교회를 통해 실천되며 그리고 그 결과 상업적이고 인위적인 말도 안 되는 기적 양산이 아닌 하나님의 오순절 마가의 다락방에서 공급하셨던 그 기적들이 성도들의 삶의 현장에서 날마다 일어나는 교회가 되기를 소망한다.

공교롭게 지난 주간 새벽예배에 함께 나누었던 레마가 사도행전 12

장 24절이었다.

하나님의 말씀은 흥왕하여 더하더라.

한 번 더 거룩한 욕심을 내보기로 한다.

매주 밥이 모자랐으면 좋겠다.

두 번 밥을 해야 하는 불편함은 얼마든지 감당할 각오가 되어 있으
니까.

오늘따라 아리스토텔레스의 촌철살인이 떠오른다.

존재하지 않는 것에서는 아무것도 나오지 않는다.[1]

나는 세인교회가 세인世認교회인 것이 자랑스럽다. 왜? 세인世認은 존
재할 때만 가능한 것임을 알기에 말이다. 존재한다는 것은 자라는 것이
고, 성장한다는 의미와 부합한다. 자라지 않는 것은 오로지 한 가지이
다. 그것은 송장 즉 시체뿐이다.

교회가 이 땅에 존재하면서 자라야 이유는 교회를 위해서가 아니다.
이타적인 사역을 위해서다. 그래서 난 세인교회가 자라기를 기대한다.
꼭!

사수(死守)함

기실, 12월 31일과 1월 1일은 특별한 날이 아니다. 그냥 우리들에게 주어진 수없이 많은 날 중에 또 주어지는 평범한 한 날, 또 한 날일 뿐이다. 다만 인간이 그날에 대하여 특별하게 의미를 부여하기에 이 두 날은 타의에 의해 들썩이는 것에 불과하다. 그러기에 이 두 날에 대한 우리들의 삶의 태도는 매일의 날에 그렇게 살았던 것처럼 또 최선을 다해 살아내면 된다고 생각한다. 이런 의미에서 특별한 의미를 부여하지 않고 그냥 12월 31일과 1월 1일에 우리가 해야 할 일은 지난 365일을 되짚어보고 조용히 내 자아를 성찰해 보는 것으로 만족하면 될 듯싶다.

생각이 여기에 이르자 지난 한 해 제일 잘한 일이 무엇일까를 사유하다가 섬기는 교회에서 예수를 사수死守한 것이라고 결론 맺었다.

에이, 내가 그럴 줄 알았어, 목사가 다 그렇지 뭐! 너무 식상해, 상투적 멘트야!

여론과 지인들의 반응이 이렇게 싸늘해도 괜찮다. 왜? 정말로 잘한 일은 예수를 사수한 것이 분명하기 때문이다. 지난 한 해를 살아내면서 가장 견디기 어려웠던 일은 오늘 내가 살고 있는 현장을 출애굽기 32장에 나타난 모세 없는 시내산 난장亂場의 현장으로 만들라는 압박이었다.

음으로 양으로 조여 왔던 이 압박은 정말로 현장 목사로서 견뎌내기 버거운 폭력과 같은 것이었다.

> 남들도 다 그렇게 해! 네가 잘난 게 도대체 뭐길래 그렇게 고집이 세니! 너도 별거 아니야! 시내산 밑에서도 우리들이 만든 금송아지에게 드린 건 우상 제사가 아니라 하나님이라고 이름 지은 존재에게 드린 번제와 화목제잖아! 다른 게 아니라 시대에 부합한 하나님의 상을 만들어 달려간 것뿐이라니까. 다른 복음이 아니라 똑같은 건데 그렇게 유별 떨 것 없잖아! 너도 도전개전인데 잘난체하지 마!

하루에도 수없이 듣는 이런 비수들이 날아들 때 심장을 강타하는 타격은 이루 말할 수 없는 고통이었다.

5년 전, 소아시아의 7개 교회를 탐방하는 성지순례를 다녀왔다. 그때 바울이 도보로 걸으면서 죽음의 위기를 수없이 경험했던 타우르스 산맥을 필자는 고급 리무진 버스를 타고 오르내리면서 너무 황송했다. 해서 너무 낭만적이라고 욕해도, 두 번째 그 산맥을 넘을 때는 남모르게 뜨거운 눈물을 흘린 적도 있었다. 이렇게 무시무시한 산맥을 도보로 걸으면서 넘었던 바울은 도대체 어떤 사람이었을까, 도대체 얼마나 주군을 향한 사랑이 컸기에 이 무모한 짓을 감당했단 말인가, 그러다가 불현듯 필자에게 스며들었던 감동 중의 감동은 사수死守함이라는 감동이었다.

> 내가 달려갈 길과 주 예수께 받은 사명 곧 하나님의 은혜의 복음을 증언하는 일을 마치려 함에는 나의 생명조차 조금도 귀한 것으로 여기지 아니하노라. [2]

디트리히 본회퍼는 『나를 따르라』에서 이렇게 갈파했다.

교회는 부당하게 세상 안에 머무를 수도 있고, 부당하게 세상으로부터 도피할 수도 있다. 그러나 이 두 가지 행위는 모두 세상을 본받는 일이다. 그리스도의 교회는 세상과 '다른 모습'을 지녀야 한다. 그 모습은 그리스도 자신의 모습이다.[3]

왜 교회가 예수를 사수해야 하는지를 알려준 고언苦言이다. 교회는 세상과는 달라야 한다. 그게 교회의 운명이다. 그러기 위해서는 교회나 신자가 모두 예수의 모습을 닮아가야 한다. 예수의 모습을 닮아가기 위해서는 몇 가지의 전제조건이 필요하다.

① 편하게 살지 않기로 작정해야 한다. 다시 말해 불편하게 살기로 결심해야 한다.
② 언제나 고독해야 한다. 이 말은 주류가 되기를 포기해야 한다는 말이다.
③ 십자가를 사랑하지 말고 짊어져야 한다.

타협은 없다. 죽기를 각오하고 타우루스산맥을 도보로 넘으며 위에 전술한 세 가지의 삶을 살았던 바울은 그래서 심각한 종교적인 문제로 덧칠하였던 고린도교회의 동역자들에게 이렇게 선언할 수 있었음이 분명하다.

내가 너희 중에서 예수 그리스도와 그가 십자가에 못 박히신 것 외에는 아무것도 알지 아니하기로 작정하였음이라.[4]

2%의 유감

대학원 시절 은사이셨던 연세대 신과대학 교수 김균진 박사께서 수업 중에 이런 당신의 느낌을 전한 적이 있었다.

난 화장火葬까지는 시대의 요구에 맞게 어쩔 수 없이 선택한다고 하더라도 모시는 방법에 대해서는 동의할 수 없다. 고인을 추모하는 최소한의 토지를 만들어가는 것이 필요하다. 자손들이 고인을 찾아와 앉은 자리에서 추모할 수 없는 장묘 문화에 대하여 유감스럽게 생각한다.

교수님이 진보적인 사상을 갖고 있는 신학자이었기에 당신의 발언을 들을 때 조금은 당황스러웠던 기억이 있다. 오히려 화장 문화에 대하여 적극적으로 옹호할 줄 알았던 선생님께서 그렇게 발언하니 많은 것을 생각하게 했던 것 같다.

지난주에 이천 호국원에 모셔져 있는 아버님과 어머님, 장인과 장모님이 모셔져 있는 서울 현충원의 납골당을 방문해서 인사를 드리고 돌아왔다. 느낌 하나, 엄청난 성묘 인파들로 인해 조화 한 송이를 드린 이천 호국원은 아쉽지만 그래도 양반이었다. 현충원은 개별 납골당에 헌화를 드릴 수조차 없었기 때문이다. 느낌 둘, 아주 형식적인 추모를 드릴 수밖에 없게 된 지금의 추세에 왠지 모를 섭섭함이 밀려왔다.

명절에 부모를 찾아뵙지 못한 자식들은 휴대폰 동영상으로 세배를 드리며 아쉬움을 달래는 오늘이다. 조금 더 구체적으로 말한다면 화상통화로 명절 당일에 세배를 드렸다는 이야기다.

종교철학자인 박일준의 말을 인용해 보자.

미디어의 변화는 곧 수용 주체가 세계를 바라보고 인식하는 방식의 변화를 동반하며, 단지 인식의 변화만이 아니라, 자신의 정체성이 미디어를 통해 확장 또는 연장된다는 것을 함의한다.[5]

글을 읽다가 수용하지 않을 수 없는 담론임을 인정했다. 헌데 필자는 시대를 간파하는 한 종교철학자의 지론이 이미 성큼 다가온 '포스트 휴머니즘 혹은 트랜스 휴머니즘 시대'라는 거대한 괴물의 이야기로서 곱게만 보이지 않는 목사라는 직업의식이 발동되는 감정을 억제할 수가 없었다.

할아버지가 이러셨다. 할머니가 이런 분이셨지. 외할아버지와 외할머니는 이렇게 사셨단다.

이렇게 말해줄 수 있는 공간이 없는 형식적이고 요식적인 온라인상의 성묘가 이제는 명절의 기상도가 된 오늘, 상상하지도 못할 변화에 민감하게 대비하라는 한 학자의 외침이 왠지 쓰라리게 들린 것은 모난 성격을 가진 필자만의 소회일까 싶어 두려워졌다.

인천 문학산에 친할머니의 유해가 모셔져 있다. 내가 어릴 때, 그때는 부모님들과 문학산에 올라 성묘하며 할머니의 사랑을 반추하며 돌아보는 기회가 있었다. 아버지를 무척이나 사랑하셨던 할머니, 노년에 치매에 걸리셔서 어린아이의 모습으로 회귀하시는 통에, 며느리가 밥을 굶긴다는 애매한 소리를 동네방네 소문내고 다니신 탓에, 어머니 속을 적지 않게 썩이셨던 웃픈 이야기를 나는 산에서 들었다. 그런데 그 웃픈 추억담이 오늘, 왜 이리 그리운지….

이렇게 조상들의 은덕을 나누는 담소를 나눌 공간마저 사라진 지금, 그래서 그런지 필자는 그 옛날, 문학산에 올라가 길게 뻗은 잡초들을 벌초하며 할머니의 정을 느꼈던 그때가 무척이나 그립고 또 그립다.

매년 맞이하는 명절, 나도 모르게 매번 느끼는 2%의 아쉬움 때문에 절절한 내리사랑을 느끼지 못하는 것 같아 매우 안타깝다. 내 대代가 그러니 후대後代야 무슨 말이 더 필요할까? 이렇게 넋두리하니 이제 필자도 늙긴 늙었나 보다.

종호, 종훈, 동혁, 수민이에게

결과야 어떻든 이제 홀가분하지? 그래, 그런 거다. 먼저 모두에게 정말로 수고했다는 말과 더불어 사랑을 전한다. 내가 대입 시험을 보던 해가 1979년 겨울이었단다. 너무 추웠지. 그날, 적어도 그런 꿈을 꾸었던 것 같다. 내가 결혼을 해서 아이를 낳을 때가 되면 이 입시 지옥을 해결할 수 있는 그런 시대가 오겠지 하는 장밋빛 꿈을…. 그런데 어른들이 너무 못나서 지금 너희들이 뚫고 나아가야 하는 대학 입시라는 벽이 오히려 더 두터워지도록 만들어서 정말 미안하구나. 이렇게 될 줄 정말로 몰랐는데. 결과가 이렇게 되어 미안하고 또 미안하구나. 이런 기막힌 세대에 태어난 종호, 종훈, 동혁, 수민이를 보면서 죄인 된 심정으로 너희들을 위해 기도했던 것 같다. 여느 교회처럼 수능기도회라는 이벤트식 행사하는 것을 싫어하는 목사를 만나서 특별한 대우도 못 받는 것은 아닐까 하는 마음이 있을지 모르겠지만, 그런 너희들을 위해 더 진정성을 갖고 기도했으니 위안이 되었으면 좋겠다. 앞으로 가야할 길이 멀기는 하지만 그래도 이제 수능이 끝났으니 몇 가지를 당부할 게 있을 것 같아 글을 남기기로 했다.

사랑하는 아이들아!

　너희들이 어른이 되고 살아가야 할 날들을 보면 어떤 때는 섬뜩하다
는 생각이 들 정도로 두려워질 때가 있단다. 조지 오웰이라는 작가가
쓴 걸작『1984』에 등장하는 '빅 브라더'보다도 더 강력한 괴물이 사람
들의 인성을 완전히 갉아 먹고 있는 신新 '1984' 이후의 주인공들이 바
로 너희들이라서 말이다. 그래서 두렵고 또 안쓰러운 것이 사실이란다.
이 시대를 살아가야 하는 너희들의 어깨에 많은 짐을 져주는 것 같아서.
그렇지만 꼭 이렇게 우울한 전망만이 있는 것은 아니란다. 왜냐하면 너
희들이 2018년 판 빅 브라더와 싸우는 사람이 될 것을 기대하기에 말이
다. 어느 대학이든 이제 입학하기 위해서 약 4개월 정도의 시간이 있을
터인데 이 시기를 알차게 보냈으면 좋겠구나. 취미를 위해 해야 할 일도
만들어보고, 좋은 곳에 여행도 다녀오고, 이 시기에 좋은 책들을 접했으
면 하는 마음이 있단다. 특히 고전과의 만남을 꼭 경험했으면 하는 마음
이란다. 일반 고전은 물론 신앙적인 고전도 섭렵할 수 있다면 최고의
알찬 시간을 대학 입학 시간 전까지 보낼 수 있으리라고 믿는다. 정말로
너희들의 시대를 알차고 행복한 시대로 만들기 원한다면 이제 내가
소개하는 고전이나 고전과 맞먹는 책들을 붙드는 시간이 되기를 기
대한다.
　박경리 선생의『토지』를 비롯해서 조정래 작가의『태백산맥』, 시오
미 나나미의『로마인이야기』, 씨알 함석헌 선생의『뜻으로 본 한국 역
사』등등은 너희들의 역사의식이나 지성적 스펙트럼들을 열어주는 양
서 중의 양서란다. 더불어 신앙적인 천거의 양서로는 토머스 머튼의
『칠층산』을 비롯해서 존 번연의『천로역정』, 토마스 아켐피스의『그리
스도를 본받아』, 본회퍼의『나를 따르라』, 아베 피에르의『단순한 기쁨
』, 엘리 위젤의『나이트』등등은 꼭 한 번 접하기를 바란다. 물론 소개하
고 싶은 책은 너무 많지만 폭식하지 말고 열거한 정도의 책들만이라도

먼저 정독하면서 독서하는 시간을 가져보면 좋겠다 싶어 너희들에게 추천해 본다. 일본의 큰 지성인 다치바나 다카시가 이렇게 말했단다.

이상한 현상과 만나는 것은 인간이 건전한 적응 능력을 기르기 위해 꼭 필요한 것이라고 할 수 있다.[6]

책을 통하여 스스로 그동안 알지 못하던 이상한 현상을 자주 만나 고민하고 성찰하는 지성인으로 성장해 주기를 기대한다. 난 너희들이 더 크게 성장하는 기간으로 남은 4개월을 보냈으면 좋겠구나. 종호, 종훈, 동혁, 수민아, 정말로 수고했다. 그리고 품에 안는 마음으로 사랑을 전한다.

디지털 예배당에서

작지만 소박한 예배당을 건축하고 우리만의 건물로 이사 온 지 5년이 되어간다. 개척 당시 세 들어 살던 예배당에 영상시스템을 세팅하기 위해 정말로 눈물겨운 노력을 해 준 영상부원들의 수고가 지금 생각하면 웃픈 추억으로 주마등처럼 지나간다. 이런 기기들이 있었나 싶을 정도의 싼 중국산 제품들로 영상시스템을 3년이나 버텨 준 것은 전적인 영상부원들의 노력이 있었기 때문에 가능했다. 예배당을 건축하고 지금의 장소로 이전하면서 상상할 수 없이 업그레이드된 음향, 영상시스템으로 설비가 완료되었을 때, 하나님께 또 다른 감사의 내용들을 드렸다. 함께 고생하고 불편함을 참아준 교우들 그리고 영상 사역자들의 지속적인 헌신에 대한 감사가 너무 진하게 다가와서.

지난 주간, 건축을 한 지 5년 만에 부분적인 영상시스템 보완공사가 진행됐다. 아날로그 믹서 시대의 종말을 맞이한 지 오래되었는데 그래도 그 기계로 버텨왔던 것이 이제는 한계점에 도달했고, 스크린 시대에 만들어진 빔 프로젝트의 생산처가 사업을 접어 더이상은 부품 조달과 AS가 불가능한 시점에 이르러 이제는 영상 사역을 진행하는 데 어려움이 있다는 것을 알았기에 영상의 기기들을 거의 반영구적인 시스템인 디지털 믹서와 TV 모니터로 바꾸는 공사가 이루어졌다.

공사를 완료하고 디지털 기기들을 시연하며 나에게 사용법을 교육해주는 영상부장의 설명을 들으면서 디지털 믹서 앞에서 지금이 어떤 시대로 접어들었는가를 눈으로 확인했고, 그 감회는 마치 큰 문화적인 충격을 받은 것과도 같은 놀람이었다. 소프트웨어의 기계적인 스킬이 없으면 도무지 접근조차 하기 어려웠던 아날로그 기계들을 접고, 눈으로 보며 간단한 터치로 내가 원하는 조작을 할 수 있게 만든 디지털 믹서 사용법을 배우면서 그냥 감탄했다. 그 편리함과 용이함 때문에.

교우들이 바뀐 시스템을 수요일 예배에서 경험하고 새로 세팅된 텔레비전 모니터로 방송되는 영상시스템을 보면서 매우 만족했다는 후담도 들었다. 그도 그럴 것이 개척 당시 그 우울했던 예배당 환경을 경험한 증인들이 많기에 너무나 쾌적하고 훌륭한 예배 도우미들의 내용물은 그냥 감사의 조건일 수밖에 없음을 공히 인정하였기 때문이다. 이제 예배당이 아날로그 예배당에서 디지털 예배당으로 바뀌었다. 너무 좋은 환경으로 바뀐 우리 교회 예배당을 보면서 감사하지만 또한 긴장한다. 카타콤베와 데린구유의 지하 교회에서 숨죽이며 순교적 신앙생활을 하며 핍박 받던 초기 그리스도인들은 승리했지만, 드디어 콘스탄티우스 대제 이후 지상으로 올라온 교회는 성공 종교로서 탈바꿈하면서 그때부터 세속화의 길을 걸으며 무너지기 시작했던 것을 너무나 잘 알기 때문이다. 자크 엘륄의 비수가 그래서 더 크게 공명되어 와 닿는다.

성공을 바라지 않고 복음 자체를 위해 복음을 전파하려고 애쓰고 나자 성공은 이루어졌다. 그러나 언제나 그렇듯이 일단 성공이 이루어지면 성공에 대한 갈망이 생겨났고, 그리스도인들은 성공에 대한 갈망에서 벗어나지 못했다. 그리스도인들이 비난 받을 수 있는 점은 바로 이 성공 뒤에 무엇이 일어나고 있는지 의식하지 못했다는 점과 그래서 사회가 기독교에 의해 뒤집히

기는커녕 오히려 사회가 기독교를 뒤바꾸었다는 것이다.[7]

강타强打다. 안락하고 편리한 디지털 예배당 앞에서 바른 방향성에서 틀어지지 않고 주군이 원하셨던 방향을 향해 더 고집스럽게 복음의 본질을 사수하며 잘 달려가는 교회가 되기를 그래서 더 긴장하며 기대해 본다.

어디 한번 감동시켜 봐!

지난 주일에 고린도전서 강해를 근 2년 만에 마쳤다. 마지막 90번째 설교를 할 때 갑자기 울컥했다. 지난 90번에 걸친 강해 설교 준비의 과정이 스쳐 지나갔기 때문이다. 목사가 설교 준비를 소홀히 한다는 것은 하나님께 참 부끄러운 일인 것을 알기에 할 수 있는 역량으로는 나름 최선을 다하려고 노력했다. 하지만 돌이켜 보면서 '더 잘할 수 있었을 텐데' 하는 아쉬운 마음을 품는 것은 설교자만이 갖는 소회임에 틀림없다. 가만히 생각을 해보면 필자는 목양 현장에서 유독이 강해 설교에 집착했던 것 같다. 누가 뭐라 하는 것도 아닌데 그렇게 옹고집을 부리며 달려온 것은 아마도 융통성이라고는 1도 없는 성격 탓이리라.

고린도전서 강해를 진행하는 어간, 12-14장의 은사에 대한 기록들을 해석할 때 참 많이 힘들었다. 텍스트와 콘텍스트가 유리遊離되어 있는 한국교회라는 정서적 텃밭은 필자가 시무하는 교회도 예외일 수 없었다. 교우들 중에 일부는 은사를 추구하는 경향이 농후한 부류가 있는가 하면, 사도행전적인 은사는 이미 사도 시대를 끝으로 종결되었다고 믿는 또 다른 이성적 신앙을 추구하는 부류들이 함께 존재하고 있기에 이 양면성의 균형을 잃지 않는 설교를 준비한다는 것은 피를 말리는 수고를 필요로 한다. 이 싸움은 고린도전서 강해 중 특히 은사 장이라고 명명된 12-14장을 통과할 때 적지 않게 필자에게 임한 부담이었다.

설상가상으로 고린도교회라는 주후 1세기에 존재했던 로컬 처치가 갖고 있었던 다양한 문제점들을 직시하며 그것을 21세기의 오늘의 현장에서 반면교사 삼아야 했던 것도 설교자에게는 대단히 예민하고 민감한 부분이었다. 여타 다른 지역 교회에 해가 되지 않게 전해야 한다는 공예배적인 부담감이 컸다. 그렇게 2년을 고린도전서와 씨름하다 보니 검은 머리가 많았던 2년 전보다 지금은 흰 머리가 부적 많이 보인다.

근래 설교하기가 무섭다. P. T. 포사이스가 '현대성'이라는 개념을 설명하면서 말한 대로 주일에 예배당에 앉아 있는 지체들은 너나 할 것 없이 팔짱을 끼고 '우리가 우리 자신의 권위다'라고 시위하며 설교인 필자에게 이렇게 말하는 것 같기에 말이다.

어디 한번 나를 감동시켜 봐라.

허나 이 압박보다 더 슬프고 두려운 것은 나이 탓인지, 상처 탓인지 하나님이 그동안 민감하게 주셨던 감동이 희미해지고 있다는 점이다. 그 감동이 희미해지니 '설교자는 설교한 대로 사는가?'에 대한 답할 수 없는 자괴감이 더 커지고 있다. 일전에 샘터교회 정용섭 목사가 이렇게 갈파했는데 비수를 맞은 느낌이었다.

나는 역설적이지만 목사가 하나님 경험하기가 일반 신자보다 더 어렵다고 생각한다. 이게 불행한 일이다. 목사 자신에게는 물론이고 그런 목사에게 설교를 듣고 가르침을 받아야 하는 일반 신자에게는 더더욱 그렇다.[8]

그렇다. 동의한다. 불편해도 어쩔 수 없다. 나에게 적용해 봐도 빠져

나갈 구멍이 없다. 설교를 듣는 신자에 비해 턱없이 말씀대로 살지 못하는 뻔뻔함이 있는데도 또 설교단에 서야 하는 목사의 고통은 상상을 초월한다. 그래서 매일 하루에도 수없이 고백하는 독백 기도가 있다.

주님, 나이를 빨리 먹어 은퇴하게 해주세요!

말도 안 되는 어리광을 부리지만 그 마음만큼은 비장하고 진솔하다. 설교 없는 세상에서 살면 최고로 행복할 것 같다. 그때가 되면 또 다른 주책을 부리는 늙은이가 될지는 모르겠지만.

좌로도 우로도

목사도 대한민국 국민이다. 그래서 국민의 한 사람으로서 마땅히 지지하는 정당이 있고, 마음이 가는 정치인도 있다. 그러나 그것을 공개적으로 표현하지 않는 것이 목사의 도리다. 목사는 적어도 공교회 공동체 안에서는 공인이기 때문이다. 목사가 한쪽으로 치우치면 그때부터 교회 질서는 와해된다.

선거 시즌이 되면 SNS에 선거와 관련된 지지를 부탁하는 상당수의 메일들이 도착한다. 가입한 적이 없는 데도 정당 출마자들은 마치 필자는 본인들이 속한 당의 당원처럼 친근하게 대하고 심지어는 다른 사람에게 지지를 부탁하는 청원의 글까지 보낸다. 해서 이렇게 도착하는 메일은 스팸 메일로 돌려놓았는데도 다른 IP를 동원해서 끈질기게 메일 공세를 한다. 이런 이유 때문에 짜증이 날 때도 부지기수다.

탁구장에서 운동을 하다가 유세차 나온 아주 익숙한 시의원에 출마한 여성 후보자를 만났다. 오랫만에 만났기에 반갑게 인사를 하고 그녀와 몇 마디를 나누었다. 아니나 다를까 명함을 돌리던 그녀는 나에게 본인이 출마한 상황에 대하여 짧게 설명을 하며 강하게 한 표를 그리고 신자들에게 지지를 부탁한다는 애정(?) 공세에 가까운 부탁을 했다. 웃음으로 그녀의 유세를 받아넘기고 좋은 결과를 바란다는 덕담을 던지

고 상황을 종료했지만 화장실에 갔다가 뒤처리를 제대로 하지 못하고
나온 느낌의 어색함이 그녀와의 만남에서 느껴졌다.

교회는 공교회다. 이 말은 신학적인 의미로 표현하면 교회는 가톨릭
Catholic 교회라는 말이다. 우리나라에 정착된 천주교회가 고유명사처럼
가톨릭교회라는 명칭을 사용하기에 '가톨릭'이라는 단어가 천주교회만
을 의미하는 것처럼 변질되었지만, 이 단어의 의미는 '보편적Universal'이
라는 의미다. 이 말을 풀자면 교회는 '누구든지'의 교회라는 말이다. '누
구든지'의 교회는 '더불어민주당'의 교회도 아니고, '자유한국당'과 그
외의 다른 정당의 교회가 아니라는 말이다. 그렇다면 '누구든지'의 교회
안에서 한쪽으로 치우치는 일체의 선거유세나 지지 유도는 인정될 수
없으며, 인정해서도 안 된다는 것은 상식이다. 만에 하나, 교회 공동체
에 속해 있는 신자가 본인이 원하는 후보자를 지지하고 싶으면 예배당
밖으로 나가서 해야 한다. 어떤 경우에도 교회 안에서 특정 정당을 지지
하고 두둔하는 발언들을 해서는 안 된다. 금기 사항이다. 몇 해 전, 국회
의원 후보자가 섬기는 교회에 찾아와 예배를 드렸다. 예배가 끝나고 예
배당 밖에서 그와 인사를 나누기 전까지는 그가 교회에 왔다는 이야기
를 입 밖으로 한 마디도 내지 않았다. 왜? 상식 중의 상식이기 때문이다.
필자는 기독교 연합회 모임을 별로 좋아하지 않는다. 형제가 연합하여
동거하는 자체를 거부하는 것이 아니라 모임 속에 나타난 정치적 행보
에 대하여 전혀 지지하지 않기 때문이다. 지지는 고사하고 그런 행태에
진저리가 난다. 목사의 편향적인 정치적 행태는 촌스럽고 천박하기 그
지없다. 반드시 사라져야 할 구태다.

하나님께서는 모세의 뒤를 이어 이스라엘 신앙공동체의 리더십을
물려받은 여호수아에게 이렇게 당부하며 특별한 정치적 색깔을 드러내
지 말 것을 강제하셨다.

오직 강하고 극히 담대하여 나의 종 모세가 네게 명령한 그 율법을 다 지켜 행하고 우로나 좌로나 치우치지 말라 그리하면 어디로 가든지 형통하리니. [9]

교회 밖에서는 얼마든지 좌로 갈 수 있고 우로 갈 수 있다. 그러나 교회 안에서는 치우치지 말아야 한다. 얼마든지 바른미래당으로 갈 수 있고 정의당으로 갈 수 있다. 그러나 교회 안에서는 입을 닫아야 한다. 그리고 혹시 내가 지지한 정당과 국가가 하나님의 뜻에 원하지 않는 길을 가면 그때에 이렇게 예언자적인 소리를 내는 것, 이것이 교회와 신자가 해야 하는 일이다.

오직 정의를 물 같이, 공의를 마르지 않는 강 같이 흐르게 할지어다. [10]

일본 전후 세대의 지성이었던 작가 가토 슈이치는 이렇게 갈파했다.

압도적인 힘을 배후에 두고 논의를 진전시켜 나아가는 것은 지적인 퇴폐요, 도덕적 퇴폐다. [11]

일본이 택했던 군국주의적인 도발에 대해 깨어 있는 지성인의 강력한 경고 메시지였다.

종교적 강제를 힘의 배후로 다른 것을 인정하지 않고 한쪽으로 치우치라고 다그치는 것은 신앙적 퇴폐다. 치명적 범죄다. 결코 교회가 정치적인 치우침에 함몰되지 않기를 기대해 본다.

부활절의 부활 ·

목사님, 현섭이 몸에 마비가 왔어요. 응급실로 가고 있는 중입니다. 중보를 부탁합니다.

흐느끼며 섬기는 교회 김 집사가 전화를 한 시간은 일주일 중에 가장 여유로운 시간을 보내고 있는 주일 늦은 저녁이었다. 다급한 목소리를 듣고 다시 세면을 하는 둥 마는 둥 옷을 주워 입고 시속 120km의 속도로 달려 원주 세브란스병원에 도착해 보니, 아내인 집사는 정신 나간 사람처럼 울고 있고, 얼굴이 벌겋게 달아오른 김 집사의 첫 마디가 이랬다.

뇌로 연결되어 있는 혈관이 막혀 급하게 혈관을 뚫는 시술을 시행했는데 지금으로서는 아무것도 장담할 수 없다고 합니다.

응급실 담당의의 이 말에 몹시 힘들어하고 있는 김 집사를 뒤로 하고 한 사람 밖에는 들어갈 수 없는 응급실에 들어가 현섭이를 보는 순간 동공이 풀려 있는 것 같아 속으로 숨죽이며 그의 손을 붙들었다. 그리고 이렇게 속으로 울부짖으며 기도했다.

하나님, 아들이 이제 갓 스물을 넘겼습니다. 이건 정말로 아닙니다. 어떻게 든 하나님이 이번에는 아들에게 다시 기회를 주시고 울고 있는 부모들에게 돌려주십시오. 데려가시면 안 됩니다. 너무 아픈 일이 벌어지면 안 됩니다. 에스겔에게 보여주신 그 은혜를 현섭이에게 허락해 주십시오.

그렇게 울부짖음에 가까운 기도를 드리고 응급실을 빠져나와 두 집 사들을 붙들고 다시 기도를 했다.

하나님, 현섭이가 다시 온 몸이 건강하게 돌아와 집사님들이 간증할 수 있게 도와주옵소서!

기도는 이렇게 드렸지만 믿음이 약한 필자는 만약을 대비하여 서울에 있는 대학 병원으로 옮길 수 있는 방안을 모색하기 위해 여기저기 지인들에게 전화를 해서 입원해야 하는 급한 상황 설명을 했다. 이윽고 다시 교회로 돌아와 교우들에게는 비상 상태를 선포하는 단체 톡 공지를 하고 그날 이후 온 교우들의 중보기도 시스템을 가동하여 2주 동안 현섭이의 소생을 위해 중보했다. 그렇게 세인교회 성도 모두의 아들인 현섭이를 위해 기도한 끝에 지난 부활주일, 현섭이가 기적적으로 소생하여 부모들과 함께 예배에 참석했다. 성도의 교제 시간에 손을 붙들고 기쁨의 눈물을 흘리며 말 그대로 부활주일에 부활의 감동을 맛보는 은혜의 시간을 가졌다. 온 교우들이 가졌던 내 아들, 내 손자 의식의 공동체 중보가 응답받아 승리하는 현장을 바라본 뒤에 맞이한 주일이 공교롭게 창립 10주년 기념 주일이었다.

10년 전, 이 땅 제천에 사람에 의해 좌지우지되는 비극적 교회가 아닌, 교회 정치가 하나님보다 우선시되는 참담한 교회가 아닌, 결코 음부의 권세가 이기지 못하는 주존심主尊心의 마음으로 달려가는 교회다운 교회를 만들겠다는 일념으로 세인世認교회는 태동되었다. 그렇게 세워진 지 이제 막 10살이 되는 오늘, 벅찬 은혜와 감동으로 달려온 지난 10년을 회상하면 에벤에셀의 시간이었음에 틀림없다. 오늘 이후, 세인은 또 다른 향후 10년을 향하여 출발한다. 이 엄숙한 순간을 맞이한 필자는 소박한 꿈이 하나 있다. 그것은 세인교회가 예언자 이사야가 외친 대로 '남은 자 교회'로, '그루터기 교회'로 서 가는 것이다. 거기에 걸맞은 합당한 교회로 든든히 서가는 것이다.

지난 주일 오후에 사석에서 우리 교회에 등록한 지 그리 오래되지 않은 지체 한 명에게 이런 이야기를 전해 들었다.

목사님, 김 집사님은 제가 세인교회에 나온 이후 처음으로 말을 건네며 저에게 손짓해준 지체였습니다. 해서 아들 같은 현섭이 이야기를 듣고 눈물로 기도했습니다. 그리고 오늘은 이렇게 기도했습니다. '하나님, 오늘 현섭이가 부모님들의 손을 붙잡고 감격적인 부활절 예배를 드리도록 도와주세요.' 오전 10시 50분이 조금 넘어 세 사람이 손을 잡고 교회에 들어오는데 얼마나 울었는지 모릅니다. 하나님께 얼마나 감사했는지 모릅니다.

그래, 이게 교회다. 이게 주님이 주인 되시는 교회다. 여기저기에서 끝없이 추락하는 교회들이 산재해 있다. 그것이 자의든 타의든 교회가 무너지고 있고, 소생의 기미도 잘 보이지 않는다. 김기석은 1세대 종교학자인 정진홍 교수의 어록을 그의 책에 이렇게 담았다.

3,000년을 지속하던 이집트 종교는 다 사라지고 신전神殿만 남아 있다. 신도信徒가 없어지면 신神도 사라진다고 했다. 그런데 이 말 앞에 '바르게 믿는'이

라는 말을 추가해야 할 것 같습니다. 우리가 제대로 믿지 않으면 하나님은
우리 곁을 떠나실 것입니다.[12]

정말로 기대하고 또 기대하는 세인을 향한 노래가 있다. 난 우리 세
인교회가 바르게 믿는 교회이었으면 좋겠다. 교회는 너무 많은데 갈 교
회가 없다는 탄식의 장 앞에서 갈 수 있는 교회가 세인이었으면 좋겠다.
왜? 우리 교회는 세인世認교회이니까.

이 짓은 계속할 거라고!

서울신학대학교 학부에서 공부할 때, 인천에 소재하고 있는 모 재활원에서 약 1년 동안 영어 교사로 야학을 지도한 적이 있었다. 중증 장애우들은 물론이거니와 교통사고로 졸지에 장애인이 된 청소년들을 성심성의껏 지도하면서 필자 스스로 도리어 많은 감동을 받고 은혜를 경험했던 아름다운 추억이 있다. 당시에 보모로 사역하던 출신교회 선배가 한 뇌성마비 장애를 가진 형제를 불러서 근처 가게에 가서 두부를 사가지고 오라는 심부름을 시켰다. 마침 옆에서 그 일을 우연히 보게 되었는데 그 형제는 보모가 자기를 유독 사랑해서 이 일을 시킨다는 마음에 너무 좋아 선배에게 표현했던 어린아이 같은 행동으로 볼을 비비며 발음도 잘 안 되는 어법으로 사랑한다고 말했던 그 행동을 잊을 수가 없다. 20세가 된 장성한 청년이 선배를 향해 던지는 해맑은 그 사랑 고백은 필자에게는 수십 년이 지난 일이지만 지금도 아주 선명하게 새겨져 있다.

필자가 섬기는 세인교회는 대외 섬김 사역으로 1년에 한 번 장애우 선교단인 밀알선교단을 초청하여 섬긴다. 매년 여름의 길목으로 들어가는 6월의 정기 사역이다 보니 언제나 이 섬김을 위해 헌신하는 지체들은 땀으로 범벅이 된다. 감사한 것은 이 사역의 현장은 너나 할 것 없이 교우들이 자발적으로 돕는 품앗이를 한다는 점이다. 약 50여 명 정도 되는 장애우들을 내 몸처럼 돌보며 한 날을 섬긴다. 그 섬김의 장면은 필설로 표현하기 어려운 감동을 준다.

본인도 장애우이면서 같은 입장에 있는 또 다른 장애우들의 권리 보호와 법적인 아비의 역할을 감당하고 있는 변호사 김원영은 이렇게 피력했다.

> 장애인들은 장애가 개인의 비극이나 극복해야 할 대상이 아니라 자신의 일부라고 생각한다. (중략) 우리는 같은 정체성을 가진 사람을 만나 서로의 존재가 비정상이 아님을 확인하고, 우리 존재의 정당성을 사회적으로 인정받기 위해 투쟁으로 나아간다.13)

그의 글을 읽다가 가슴앓이처럼 다가온 단어가 있다.

투쟁으로 나아간다.

왜 투쟁이라는 단어가 그의 뇌에서 만들어졌을까? 어찌 신체적, 정신적 장애를 갖고 있지 않은 내가 그것을 갖고 있는 자들의 마음을 십분 헤아릴 수 있겠는가의 질문에 대하여 자답할 수 있는 건더기는 많지 않아 접근하기가 조심스럽지만 그럼에도 불구하고 포착한 아픔 중의 하나는 왜 편치 않은 장애우들이 투사가 되어야만 했는가에 대해 이 사회가 대답하지 않는다는 점이다. 생각할수록 매우 유감스럽고 또 유감스럽다.

그러기에 이들을 위해 필자가 할 수 있는 것은 너무나 초라하고 보잘것없는 일이지만 그 일이라도 해야겠다고 생각하고 덤벼드는 것이 그냥 그들을 정중하게 초청하여 따뜻한 밥 한 끼 하는 것이다. 아니 더 욕심을 낼 수가 없다. 내 스스로가 그들이 투쟁하지 않고도 살아갈 수 있도록 해 주는 데에 별로 보탬이 될만한 큰 그릇이 아님을 알기 때문이다.

장애우를 돕는 사역은 개척 당시부터 지금까지 10년을 변함없이 달려왔다. 상처가 없었던 것은 아니다. 초창기 교회 개척을 곱지 않은 시선으로 바라본 자들에게 마음에 대못을 박히는 일들을 다반사로 당했다.

자기 교회 건물도 없는 개척교회가 별짓을 다한다고.
분수를 모른다고.

그때부터 지금까지 필자는 그들에게 들리지 않는 소리로 이렇게 대항했다.

그래도 이 짓은 계속할 거라고!

세인世認교회, 이름값은 하는 교회가 되어야 하지 않을까 싶어 고집스럽게 지난 10년을 한마음으로 달려왔다. 가끔 인용해서 이제는 교우들에게는 상용구가 될 정도 익숙해진 표어 같은 이 슬로건을 외우고 또 외운다, 의도적으로.

세상에게 살려달라고 손 내미는 쪽(?)팔리는 교회 되지 말고, 세상이 살려달라고 손 내미는 주존감主尊感이 있는 교회가 되자.

아무리 생각을 해도 우리 교회의 이름은 너무나 잘 지은 것 같다.'세
상이 인정하는 교회 세인교회'

그래, 이게 우리 교회다.

건너뛰지 않기 좀 알려주세요!

　　한국교회를 섬기는 담임목사들의 설교 수는 가히 살인적이다. 주일 예배 설교는 물론 주중에 있는 여러 공 예배 설교 그리고 각종 심방 예배 설교는 기본적으로 해야 하는 설교의 마지노선과 같은 것들이다. 하지만 횟수로 부담을 주는 설교를 택하라면 부동의 1위가 새벽 설교일 것이 분명하다. 새벽예배 설교는 각 교회에 상황에 맞게 여러 가지의 방법(큐티 설교, 요약 설교, 아침 묵상 자료집 나눔 등등)으로 목회자들에 의해서 취사선택되지만 목사에게 부담감이라는 측면에서는 거의 대동소이하리라고 본다.

　　필자가 섬기는 교회는 3년 전부터 이런 목사의 부담을 덜기 위해 설교 대신 성서 통독으로 대치했다. 개인적인 입장으로는 교우들과 성경을 깊이 묵상하는 효과는 물론, 설교자로서 새벽 설교를 준비하지 않아도 되는 너무 고마운 팁까지 주고 있는 정말로 엄청 감사한 일이 아닐 수 없다. 문제는 그렇게 시작된 고마운 성경 통독 사역에 복병이 등장했다는 데에 있다. 노안이 시작된 필자는 돋보기는 아니지만 책 읽기를 위해 만든 안경을 끼고 통독을 인도해도 아주 가끔 나이가 나이인지라, 또 하나 새벽의 몽롱함(?) 때문에 한 구절씩을 건너뛰는 일이 다반사茶飯事로 벌어지는 쓸쓸함을 경험한다. 설상가상으로 새벽예배는 무반주로 찬양을 하다 보니 이전에는 정말로 상상도 하지 못한 찬송가 음 이탈의 참사까지 자행한다는 아내의 서슬 시퍼런 핀잔으로 인해 그때마다 기가 죽는 감추어진 또 다른 비애가 있다.

더 놀라운 것은 사랑이 충만한 교우들이 필자가 한 구절을 건너뛰면 놀라운 순발력으로 알아서 역시 한 구절을 건너 뛰어주는 소위 말하는 성경 통독 보폭 맞추기까지 일상화시켜 주어 목사 스스로 틀렸다는 사실조차도 모르게 해주는 환상의 조합을 이루어 준다. 목사와 성도들 간의 모종의 하이파이브를 하는 꽤 괜찮은 교회가 세인교회다. 벌써 이래서 되겠느냐는 아내의 서릿발 충만한 야단을 맞는 것도 이제는 맷집이 세졌다. 그래서 그런지 아내도 지쳤는지 예전보다는 야단의 강도가 약간은 주춤하는 듯해 더 씁쓸하다.

이순耳順의 나이도 아직 안 되었는데도 이 정도인 필자는 깜깜한 데 70세를 훌쩍 넘기고도 현장에서 물러나지 않으려는 운동을 벌이고 있는 목회자들을 보면 정말로 존경의 존경(?)을 표하고 싶다.

그래서 지혜를 쫓던 전도자는 이렇게 읊조렸나 보다.

범사에 기한이 있고 천하만사가 다 때가 있나니.14)

하비루의 코헬렛이 노래한 이 구절을 지천명의 말미에 있는 필자가 요즈음 피부에 더 새기려는 이유는 두 가지다. 하나는 세월이라는 숙명 속에 살아가는 나를 거부하려는 교만과 대항하려는 것과 또 다른 하나는 나이에 걸맞지 않은 욕심에서 벗어나고자 하는 몸부림이다. 적어도 추하게 늙어서야 되겠는가의 다짐 그리고 '멋진 나이 듦'이라는 발걸음에 보폭을 맞추기다. 말로 되는 것이 아니기에 이것을 위해 나이가 더 들어가면 들어갈수록 기도 쉬는 죄를 범치 않으려고 한다.

씨알 아쉬람 창립자인 김진 박사가 간디를 평가하면서 이런 평가를
내렸다.

> 그는 세상을 다르게 보고(Insight Different), 다르게 생각하며(Think
> Different), 다르게 행동한(Practice Different) 사람이다.[15]

읽다가 생각한 감회가 이렇다. 목사로 한평생을 살았는데 간디와 같
은 평가까지는 아니더라도 욕심대로 살았다는 평가는 받지 말아야 하
지 않을까! 뭐 그런 소박한 소망 말이다.

나름 거창하게 말했는데 현실로 돌아왔다.

> 한 구절 건너뛰지 않고 성경을 읽는 방법, 누가 좀 가르쳐 줄 수 없나요? 아내
> 에게 야단 좀 그만 맞게. ㅠㅠ.

울컥하는 위로

1년에 한 번 행하는 어르신들의 경로 위로회를 금요일 다녀왔다. 여러 곳을 타진하다가 개장한 지 일주일 된 백두대간 산림수목원을 택하여 고즈넉한 여행을 맛보고 왔다. 1,500만 평이라는 어마어마한 넓이에 산세 좋고 공기 좋은 백두대간에 세워진 수목원은 문을 연 지가 얼마 되지 않아 대학에 갓 들어온 새내기 같은 풋풋함까지 가미되어 어르신들과의 기분 좋은 여행의 최적의 장소가 되었다. 그렇게 시작된 백두대간 탐방을 시작하면서 여기저기에 조각된 참 아름다운 풍경을 배경으로 교우들이 한 컷 하는 것을 보던 나에게 갑자기 울컥하는 위로와 감동이 임했다.

지난해 11월, 암이 재발하여 의사가 진단한 결과가 상당히 부정적이었음에도 다시 받은 항암 치료의 고통스러운 과정을 기적적으로 통과하여 건강을 회복한 뒤 참석한 노老 집사님 부부의 활짝 웃는 한 컷이 보였기 때문이다. 서울에 거주하는 노부부의 큰딸이 작년 말, 필자에게 보낸 장문의 문자 메시지는 이런 중보 부탁이었다.

목사님, 아버지께서 구원 그 이후의 삶과 소망을 이제는 놓지 않고 바라보는 새해와 새 봄이 되었으면 좋겠습니다. 목사님이 그렇게 선포해주시면 분명히 아버지가 그 믿음으로 서실 것입니다.

그렇게 '구원 그 이후'를 위해 중보한 지 어언 6개월, PET 결과 분명히 림프를 점령하고 있는 일체의 암세포가 보이지 않는다는 진단을 받았고, 지난 금요일에 함께 여행에 나선 집사님이 아내와 함께 활짝 웃으며 '김치' 하는 모습을 보다가 나도 모르게 울컥했다.

작년 가을 그리고 금년 봄 초 그토록 사랑했던 두 명의 젊은 집사들을 먼저 하나님 나라에 파송하고 하나님께 대들고 있는 어간이기에, 또 그 아픔의 상흔이 아직은 내 심장 한 편에 멍 자국으로 그대로 남아있기에, 집사님을 보면서 하나님은 또 이렇게 모난 종을 위로하신다는 생각에 눈시울이 붉어졌다. 단체 사진을 찍기 위해 모여 있는 다른 지체들에게 집사님의 건강해지심에 같이 박수를 보내드리자고 요청하자 같이 여행에 나선 23명이 너나 할 것 없이 우레와 같은 박수를 보내주었다.

호랑이 숲에 들려 백두산 호랑이의 기개를 보고 싶었는데 마침 이들이 오수를 즐기고 있어 약간은 아쉬웠지만 그곳에 만들어진 호랑이 미니어처를 배경으로 한 컷 한 집사님 부부의 사진을 보면서 이제는 연로해서 호랑이와 같은 기개를 가질 수는 없겠지만 그럼에도 그렇게 살아 움직이는 생명력이 집사님에게 오랫동안 계속되시기를 화살기도 하였다. 성도들이 건강한 그것이 목사의 행복지수 100이다.

전적인 타의로 요즈음 너무 많이 들어서 가사를 거의 외운 노랫말이 나도 모르게 튀어나와 흥얼거렸다.

육십 세에 저세상에서 날 데리러 오거든/아직은 젊어서 못 간다고 전해라/
칠십 세에 저세상에서 날 데리러 오거든/할 일이 아직 남아 못 간다고 전해라/
팔십 세에 저세상에서 날 데리러 오거든/아직은 쓸 만해서 못 간다고 전해라 참 싱겁다. 목사가.

오늘따라 먼저 보낸 고 최정희 집사와 서정수 집사가 무척이나 보고 싶다. 교회 공동체의 어르신들이 건강하시기를 다시 한번 기도해 본다.

'노사모'를 뛰어 넘는 '주사모'

목사가 정치적인 색채를 드러내는 것만큼 미련한 것이 없다. 그러나 교우들에게는 공인의 입장인 목회자이기에 피치 못할 경우에 정치에 대한 담론을 필설筆舌할 수밖에 없을 때는 개인적으로 중도적인 입장에 서려고 의도적으로 노력한다. 목사라고 지지하는 정치가나 정당이 없을 수는 없겠지만 그럼에도 불구하고 이렇게 하려고 최선을 다하는 편이다.

해서 지난 주간에 경험했던 일에 대한 소회를 필하는 것 역시 조심스럽기 그지없지만 논해보고자 한다. 전직 대통령 노무현 씨가 검찰에 소환되었다. 헬리콥터까지 동원된 전직 대통령의 검찰 출두 중계방송을 보면서 만감이 교차했다. 군사적인 도발로 정권을 찬탈한 자들에 이어 14년 만에 또 다시 경험해야 하는 전직 대통령의 검찰청 출두 중계방송은 웬만한 역사의식을 갖고 있는 사람이라면 얼마나 치밀하게 계획된 살아 있는 권력이 연출한 정치적인 드라마인지를 안다.

필자는 그의 출두를 보면서 유난히 정직을 강조했고, 청렴함을 강조했던 전직 대통령이 '포괄적인 뇌물죄'에 연루되어 전 세계의 언론들이 보는 앞에서 또 다시 국가적인 신인도에 치명타를 입히는 검찰 소환이라는 망신살이 뻗치는 것을 보면서 마치 내가 치욕을 당하는 것 같은 감정이입을 체휼했다. 강조하지만 전직 대통령이 포괄적인 뇌물을 받았는가, 안 받았는가는 필자에게 중요하지 않다. 동시에 이 일이 정권이 바뀔 때마다 언제든지 일어날 수 있는 전직 대통령에 대한 정치보복이든 아니든 그것 또한 중요하지 않다. 다만 내가 태어나고 자라난 조국에서 벌어지고 있는 정치적인 후진성을 면치 못하고 있는 일련의 일들이 가슴 아플 따름이다. 그럼에도 불구하고 이번 전직 대통령의 검찰 소환의 과정을 보면 필자가 주목하려는 또 다른 스펙트럼이 있었다.

'노사모'의 반응이다.

주지하다시피 '노무현을 사랑하는 모임'이라는 이 단체는 범인凡人 노무현을 일약 한 나라의 대통령으로 서게 하는 결정적인 역할을 한 온라인상에서 만들어진 강력한 힘이요, 지지 세력이다. 중계방송 탓에 종종 텔레비전 상에 비쳐진 그들은 자신들이 사랑하는 대상이 불명예스럽게 검찰에 소환되는 그 날에도 조금도 주눅이 들지 않았다. 도리어 그들을 노란 풍선을 들고 사저에, 검찰 청사에 몰려들었고, 심지어 노란 장미꽃을 도로에 뿌리며 노무현을 지지하는 시위를 벌였다.

그들을 보면서 충격적으로 성경의 한 장면이 내 머리에 오버랩되며 스쳐 지나갔다. 예수께서 나귀 새끼를 타시고 예루살렘으로 입성하시던 그 날, 예루살렘 시내의 연도에는 많은 사람들이 예수의 예루살렘 입성을 환영하여 연호하는 그 장면이.

지금 우리를 구원하소서!

이렇게 외쳤던 그들, 그러나 그렇게 소리치며 연호하던 그들은 불과 5일 만에 예수를 십자가에 못 박으라고 외치는 장본인들로 돌변했다. 왜? 이유는 간단했다. 민족을 해방시킬 정치적인 메시아로서의 역할을 예수가 실패했다고 판단했기 때문이다. 얼마나 인간이 정치적인 것에 목숨을 걸고 있는 정치적인 동물인지를 보여주는 아픈 대목이다.

웨스트민스터신학교의 역사신학자 칼 트루먼은 이렇게 일갈했다.

> 우리는 정치 담론의 상투적인 수단인 논증과 논리를 대체하는 일종의 야단
> 법석을 떠는 대중영합주의populism에 신임장을 주어서는 안 된다.16)

이것을 모를 리 없는 필자에게 그래서 이런 감회가 밀려왔다. 자신들이 주군主君처럼 믿었던 전직 대통령이 불명예를 얻는 자리인데도 끝까지 그와 함께 한 '노사모'의 대담한 용기(?)를 보면서 그것이 혹시 그들만의 포플리즘인데도 목숨을 거는 반응을 보인 것은 아닌가? 그들에 비해 나는 현장에서 목회를 하는 현직 목사로서 '주사모'로 살고 있는가, 물었다. 바로 '나'를 위해 자신의 위치를 스스로 급전직하하면서까지 본인의 생명을 버리신 신앙적 그리스도이시고, 동시에 2,000년 전 가장 열악한 땅 갈릴리에서 그 땅의 민초들과 함께 울고 웃으셨던 역사적 예수의 삶을 바라보는 주사모인가를 말이다.

노파심이지만 노사모의 주군은 얼마든지 사람을 실망시킬 수 있는 존재이고, 그럴 가능성 또한 있는 인간이다. 반면 필자와 독자의 주군이신 주 예수 그리스도는 절대로 우리를 실망시키시지 않는 분이시다. 그래서 그런지 전직 대통령의 검찰 출두 중계방송을 본 필자에게 스멀스멀하게 스며드는 다짐이 있었다. 절대로 나를 실망시킨 적이 없으신 '주사모'가 되기를.

> 하나님, 한 번도 나를 실망시킨 적 없으시고 언제나 공평과 은혜로 나를 지
> 키셨네.

곡조에 붙여진 이 가사가 필자의 신앙고백이 되기를 두 손 모아본다.

속골이 아파요!

지난 주간, 침 치료를 받는 한의원에 들렀다가 옆 베드에 누워 있는 80대 즈음 되어 보이시는 어르신 두 분이 주고받는 대화 속에서 건져 올린 말이다. 통상 "속이 아파요!"와 "골이 아파요!"는 가끔 듣는 말이지만, "속골이 아프다"라는 표현은 참 생소했다. 어르신 중 한 분이 하신 말을 듣다가 생뚱맞은 생각을 해보기로 했다.

속골은 어디를 말하는 것일까? 전두엽, 후정엽, 측두엽? 그것도 아니면 소뇌일까? 그러다가 이렇게 나름 결론을 맺기로 했다.

잘 모르겠지만 무슨 말인지 알겠다.

80년이라는 삶을 산 이 땅의 어르신들 중에 속골이 안 아프신 분들이 과연 어디에 있겠는가? 뇌 과학에 문외한이라 그 위치는 자세히 모르겠지만 그 의미는 자식으로 살아온 자로서 어렴풋이 이해할 수 있을 것 같다. 이야기를 엿듣다가 속골이 아프다는 어르신의 말에 심정적으로 그 속골의 위치를 이렇게 정하기로 했다.

속골은 머리가 아니라 마음이다.

그렇다면 속골이 아프다는 것은 마음이 아픈 것이리라. 대한민국의 치열했던 근·현대사를 목도하면서도 정치적인 이데올로기의 옳고 그름을 따지는 것은 사치였고, 다만 자식들 굶기지 않는 것이 최우선사最優先事였던 삶이었기에 허리띠를 졸라매야 했던 어르신들은 본인들의 몸은 돌보지 않았다. 나처럼 못 배운 것 때문에 무시당하는 삶을 자식한테만큼은 물려주지 않겠다는 비장한 일심으로 소 팔아, 땅 팔아 자식에게 올인했던 부모들이기에 노후를 대비할 틈이 없었을 것도 분명하다.

우리 세대는 소위 자기 자신의 출세를 위해 고향을 등지고 부모를 버렸던 최초의 세대입니다. 이런 내가 과연 오늘 이 자리에서 효에 대하여 이야기를 할 자격이 있는지 두렵습니다.17)

국문학자 김열규 교수가 텔레비전에서 방송한 효에 대한 프로그램에 패널로 나와 제일 먼저 내뱉은 이 말의 공범자적인 당사자는 필자다. 그러기에 뼈가 녹는 가슴 저림이 있다. 김 교수의 말대로 속골이 아프신 분들은 그렇게 키운 자식들에게 배신당한 어르신들일 수도 있다. 그렇게 배신을 당했음에도 불구하고 그 자식을 놓지 못하고 끝까지 돌보다 보니 골병이 들 수밖에 없는 그 지경에 이른 어르신은 한의원에 와 이렇게 말했던 것이다.

원장님, 속골이 아파요!

원장이 최선을 다해 침을 놓고 치료를 하지만 속으로 이렇게 결론을 맺었다.

저 병은 이 땅에서의 호흡이 끝나야 낫는 병이다.

더이상 나빠지지 않도록 의학적, 한의학적 임상 치료는 의사들이 하겠지만 어떻게 평생의 한을 짊어지고 난 뒤에 온 속골이 아픈 것을 한 번의 침으로, 한 번의 약물로 치료할 수 있단 말인가?

개인적으로 하나님이 부르실 날이 얼마 남지 않으신 이모님의 병상에 도착하여 피골이 상접한 상태의 고통 중에 계신 이모님을 붙들고 이렇게 기도해 드렸다.

하나님, 제발 빨리 부르시옵소서! 그것이 하나님이 이모님을 사랑하시는 증거입니다.

근래, 하나님께 사랑하는 자들을 속절없이 많이 보내서 그런지 하나님께 기도할 때는 점잖게 기도가 나가지를 않는다. 가정의 달을 맞이한 차제에 이 땅에 존재하시는 속골이 아프신 일체의 부모님들에게 엎드려 절을 드리며 한 마디 사족을 남겨드린다.

수고하셨습니다. 감사합니다. 그리고 모두를 존경합니다.

아팠지만

이제 나이 육십을 바라보는 서서히 저물고 있는 목사라서 그런지 조국 교회를 생각하면 할수록 후배들이 마주 대해야 하는 조국 교회의 미래 때문에 더 마음이 아릴 때가 있다. 지난번 대학 입시 정시 모집 현황 중에 신학대학의 신학과 정원 모집에 대한 분석 자료가 보도되었는데 상당수의 학교들이 정원 미달 사태를 맞았다는 보도는 곧바로 한국교회의 현실이자 자화상을 보여주는 직접적인 자료들이라는 점에서 적지 않은 충격이 아닐 수 없었다. 사정이 이렇다 보니 필자의 아들은 물론 후배 목회자들을 생각하면 선배로서 미안한 마음을 금할 길이 없다. 한국교회를 이 지경을 만들어 놓은 사람 중의 한 명이 바로 나라는 자책감 때문에.

개척해서 작은 교회를 목회하는 목회자입니다. 시대적 아픔과 신앙생활의 기초를 제대로 세우기 위해 사사기와 로마서를 강해해 나가는데 주어진 과정 속에 열심 하지 않는 결과가 결국 성경을 해석의 어려움을 통해 밑천 없음을 드러냅니다. 여러 강해집을 살피면서도 주제넘게 마음에 채워지지 않는 아쉬움 속에 우연찮게 접하게 된 목사님의 기사로 세인 홈피를 방문하게 되었고, 목사님의 설교를 접하면서 성경을 접근해 가시는 시각이 기존 강해와는 차별된 느낌과 제 맘에 부딪치는 것이 있어 많은 도전을 많이 받았습니다.

지난 주간, 남녘에서 목회하는 이름을 전혀 알지 못했던 젊은 목사에게 받은 메일에 있는 내용의 한 부분이다. 후배는 이런 아픔을 토로한 끝에 부족한 사람에게 로마서와 사도행전 강해 등등의 자료들을 얻을 수 있겠느냐는 조심스러운 표현으로 정중한 예의를 갖추고 강해 자료를 요청해 왔다.

글을 읽고 얼마나 힘들었으면 이런 메일까지 보냈을까 하는 마음이 들어 마음이 아렸지만 후배 목사에게 유감스럽게도 정중하게 거절하는 글을 보냈다. 두 가지 이유 때문에.

첫째는 필자의 글이 그렇게 누군가에게 인용될만한 영향력이 있는 글이 아님에 대한 진정성 때문이었고, 또 하나는 내 글이 앞으로 오프라인 상에서 책으로 출간될 예정이기에 출판 이전 먼저 외부로 유출되어서는 안 되는 극히 상업적인 이유 때문임을 들었다.

그러나 이런 이유는 형식의 이유였고, 진심으로 필자가 거절한 진짜 이유는 후배에게 설교는 스스로의 땀 흘리는 수고와 공부를 통해 본인의 것으로 만들어져야 하는 것은 물론, 그렇게 만들어진 귀한 설교 내용의 엑기스에 본인의 영성이 담보된 향기와 엎드림이라는 진국이 같이 어울러질 때 진정한 살아 있는 말씀이 된다는 것을 익명의 후배에게 알려주고 싶었기 때문이다. 더불어 그럼에도 불구하고 너무 야속한 거절 같아 부족한 사람의 글을 사용하기를 원한다면 우리 교회 홈페이지 설교 동영상 콘텐츠에 링크되어 있는 설교 원고를 스크랩하는 수고를 하되 반드시 출처를 밝혀줄 것을 당부했다.

필자가 이렇게 세밀하게 당부한 이유는 내게 메일을 보낸 남녘에서 사역하는 그 후배 목사의 마음에 누군가들처럼 설교를 도둑질하고 표절을 하겠다는 비윤리적인 태도가 아니라 섬기고 있는 교회의 지체들에게 정말로 좋은 꼴을 먹이겠다는 그런 열정과 영적인 자세가 담보되어 있다는 것을 보낸 메일을 읽으면서 느꼈기 때문이다. 그리고 한편으로 이 후배 목사가 정말로 고마웠다. 섬기는 교회의 지체들을 위해 적어도 상투적인 언어가 아니라 영적 몸부림을 치며 좋은 꼴을 먹이겠다는 젊은 목사의 그 순수함이 나를 감동시켜 주었다. 거절해야 하는 이유로 아팠지만 목양을 위해 몸부림치고 있는 익명의 후배 목사는 나에게 조국 교회로 인해 심히 아파하는 나의 마음을 위로해 주는 희망처럼 다가와 반면 행복했다.

이런 후배가 있는 한 한국교회는 무너지지 않을 것을 믿기에 말이다. 후배의 목회 현장이 승리하기를 간절히 중보해 본다.

1961년 생

약 3개월 전부터 왼쪽 어깨와 목 주변을 좌우로 움직일 때마다 심한 통증이 느껴졌다. 잠을 잘못 잤나 싶어 파스도 붙여보고 목 안마기도 사용해 보았지만 소용이 없다. 지난 목요일 아침은 통증이 조금 더 심해져 마음먹고 늘 다니던 정형외과에 진료 차 다녀왔다.

목사님, 목 경추 5번, 6번이 염증으로 인해 신경이 많이 눌려 있는 목 디스크 초기입니다. 신경박리시술을 받아야 될 것 같습니다. 어깨에 석회석 건염으로 보이는 조그만 돌멩이도 예전처럼 그냥 있고요.

해서 내친김에 시술을 받았다. 처음 받아보는 시술이기에 무척이나 긴장했지만 뒤로 미룰 수 없을 것 같아 목 부위에 마취 주사를 맞고 통증이 심한 5, 6번 목 경추 신경을 누르고 있는 염증을 제거하는 박리술을 받고 돌아왔다. 성공적으로 시술을 해 준 원장이 이렇게 말하며 필자에게 몇 가지를 당부했습니다.

목사님, 이 부분에 디스크 증상을 호소하는 사람들은 대체적으로 은행원, 저 같은 의사, 사무직 관리직원, 교사, 목사 등등 한 자리에 오래 앉아 있는 스트레스를 많이 받는 정신적 노동에 종사하는 분들입니다. 해서 직업이기에 어쩔 수 없다 하더라도 몇 가지만 잘 실천하시면 예후가 좋아집니다. 첫째, 스트레칭을 생활화하는 것, 둘째, 사우나 자주 하기, 셋째, 자리에 2시간 이상 오래 앉아 있지 않기, 넷째 하루 30분 이상 햇빛 보고 걷기입니다.

첫 번째, 두 번째는 나름 제가 좋아하는 것이기에 지금까지 해 온 것을 그대로 실천하면 되고, 네 번째 당부도 마음먹기 달렸다고 생각해서 해보기로 했다. 문제는 세 번째 당부다.
'2시간 이상 자리에 앉아 있지 말기.'
곧이곧대로 실천하면 실상 지금 필자가 하고 있는 일을 아무것도 할 수 없었다. 설교를 준비하는 일이 그냥 순식간에 되는 일이 아니기에, 책 집필 또한 그렇고. 고도의 집중력을 요하는 작업이기에, 더불어 주어진 독서 일과 실천하기와 성서 읽기 역시 서너 시간을 필요로 하는 것이기에 어느 것 하나 녹록하지 않은 것이 사실이다.

여보, 이제는 그렇게 하나하나 고장이 나는 건 어쩔 수 없잖아요. 때마다 수리해서 써야지.

병원에서 돌아온 나를 아내는 이렇게 위로하지만 그래도 씁쓸한 마음은 지워지지 않는다.

얼마 전, 친구가 SNS에 이런 짤막한 글을 남긴 것을 읽다가 많이 공감했던 적이 있다.

1961년 생, 난 지금 다시 할 수 있는 것이 무엇이 있을까?

'여기도 고장, 저기도 고장.' 이게 현실인데 무엇을 다시 할 수 있을까를 아무리 궁리해도 명쾌해지지 않아 아주 가끔은 우울해지기도 한다. 아내 말대로 그때마다 수리하며 살면 되지 뭐 하고 자위하지만 그래도 그런 말 한 마디 한 마디가 예사롭게 들리지 않는다. 식탁 위에 날마다 조금씩 수가 쌓여가는 건강보조식품과 하루도 거르면 안 되는 약이 담겨 있는 봉지들을 보며 쓸쓸하지만 그래도 마음을 다잡이하면서 한 가지를 다짐해 본다.

오늘에 최선을 다하자!

지난 주간 읽은 벼락 하나,

시간의 두 개의 흐름은 균형을 이루고 있단다. 한쪽의 흐름을 멈추게 하면 다른 쪽의 흐름도 없어지지. 그럼 시간은 존재하지 않게 되는 거야…18)

이제 조금씩 고장 나고 있는 육체의 나신裸身 앞에 손 쓸 수 없는 나약함을 갖고 있는 '나'이지만, 지금 '나'를 통해 '세世'에 '인認'할 수 있는 그 무언가를 만들어가는 것은 젊은 시절 꿈도 꾸지 못했던 일이었다고 자위하기에 1961년생으로 살아온 시간의 흐름이 균형 있게 흘러온 것 같아 다시 행복하기로 했다. 그래서 그런지 한 주간 바울의 고백이 더 귀하게 들린다.

그러므로 우리가 낙심하지 아니하노니 우리의 겉 사람은 낡아지나 우리의 속사람은 날로 새로워지도다.19)

II

양(羊)

모르면 배우면 됩니다

월요일, 아내와 취미인 목욕을 다녀오다가 길가에 핀 노란 자태를 뽐내고 있는 꽃을 보고 나도 모르게 탄성을 질렀다.

와! 개나리가 이제 피기 시작했네.

아내가 저의 말을 듣고 핀잔을 주며 웃었다.

저건, 개나리가 아니라 산수유예요. 산수유!

졸지에 자존심에 금 갔다.

수요일, 저녁 예배를 마치고 사택에 올라와 뉴스의 앵커 브리핑을 기다리며 잠시 화면에 집중하는데 남도에 탐스럽게 핀 벚꽃이 화면에 나타나 반가운 나머지 월요일의 망신살을 새카맣게 잊고 또 한마디를 했다.

벚꽃의 계절이 이제 시작이네.

내 말을 듣고 화면으로 시선을 돌린 아내가 이제는 박장대소하며 돌직구를 또 던졌다.

꽃잎이 하야면 당신은 다 벚꽃처럼 보이지. 저건 벚꽃이 아니라 매화라는 거예요. 매화.

그날 절망스럽게 깨달았다.

잘난 체하지 않으리라. 모르면 입 다물리라.

하기야 몇 년 전, 교회 뒤뜰 정원을 교우들과 돌보는 중에 '민들레'를 보고 '강아지풀'이라고 말했다가 권사님 한 분한테 치도곤을 당한 일이 그리 멀지 않은데 또 가장 취약한 꽃 이름을 운운했으니 망신당해도 싸다. 이럴 줄 알았으면 나도 대도시에서 태어나지 말고 깡촌에서 태어날 걸 그랬나 보다. 아니면 지금이라도 식물도감을 옆에 차고 열심히 다시 방과 후 하는 나머지 학습을 하든지.

인도의 성자로 추앙받는 간디가 했던 말이 떠오른다. 그는 사람에게 있어서 두 가지의 질 나쁜 죄가 있다고 했다.

① 모르고도 배우지 않는 죄
② 알고도 가르치지 않는 죄

간디의 이 말을 곱씹으며 참 힘들었던 시절, 조국을 위해 더 놀라운 사유함으로 동포들에게 고했던 함석헌 옹의 말이 이미 내 가슴에 새겨져 있다.

배웠으면서도 행하지 않는 죄.

전적으로 선생의 말을 공감하고 지지하면서 오늘 나와 같은 목사들이 부심하고 또 부심해야 하는 항목이 무엇일까를 곱씹을 때가 종종 있다. 그리고 항상 도달하는 결론은 필자 개인적 소견이지만 '모르면서도 배우지 않으려는 것'이 아닐까에 방점을 찍는 편이다. 모르는 것은 약간의 창피함을 동반하지만 그건 결코 비난받을 만한 중죄가 아닌데도 모르는 것을 모른다고 말하는 것에 대해 필자를 비롯한 목사들이나 교회 지도자들이 익숙하지 않은 것 같아 유감이다. 도리어 모르는 것을 아는 체함으로 인해 더 걷잡을 수 없는 곤란에 빠지는 것을 허다하게 경험하고 보는데도 그런 일이 닥치면 도무지 인정하지 않으려는 무지에 대한 방어 때문에 과유불급過猶不及으로 더 거짓된 것으로 항변하다가 더 깊은 상처를 받는 것이 아프고 또 아프다. 오늘의 누구처럼.

몇 년 전에, 중세 영성신학자라고 명명해도 조금의 손색이 없는 마이스터 엑카르트가 행한 설교를 편집한 성공회 사제인 매튜 폭스의 책을 접하면서 무릎을 쳤던 기억이 있다.

> 하나님이 나를 위해 준비하는 동안, 나는 텅 빔과 독거와 광야에서 입을 다물고 있어야 한다.[1]

필자는 당시 이 글을 읽으면서 정신이 번쩍 들었던 기억이 있다. '텅 빔, 독거, 광야'라는 익숙하지 않음과 모름에 지금 내가 머무르고 있다는 존재의 실체를 인정하는 자만이 하나님이 주목하고 계시기에 더 깊은 앎으로 나아갈 수 있는 여백이 있는 자라고 말하는 엑카르트의 갈파에 공감했기 때문이다. 목사로 살면서 이 결단은 그래서 현재진행형이

다. 모르면 입 다물고 있다가, 공부한 뒤에 말하면 된다. 모르는 것은
모른다고 말하면 된다.

아, 그래도 오기로 사족은 하나 남겨야겠다.

왜 꽃은 비슷한 게 그렇게 많니?

꽃들은 어둠 속에도 자란다

　나는 개인적으로 레베카 솔닛을 참 좋아한다. 그래서 작년에 출간한 서평집에서도 그녀의 역작인 『이 폐허를 응시하라』(펜타그램, 2012)를 소개한 적이 있었다. 그녀를 좋아하는 이유는 글을 잘 쓰는 작가라는 이유 말고도 나와 동갑이고 동시에 성향이 비슷한 점이 참 많기 때문이다. 특히 그녀의 진보적 트렌드가 매우 매력적이다. 금년 초, 『멀고도 가까운』(반비, 2016)을 읽으면서 그녀의 끈질긴 인연인 어머니와의 질곡을 통해 본 감동적인 에세이 작품을 만나 저자와의 진솔한 데이트를 즐기는 호사를 누렸는데, 2017년 이 땅에 싸늘하게 죽었던 민주주의의 불씨가 다시 광주에서부터 살아난 5.18 밤에 그녀의 또 다른 의미 있는 작품 『어둠 속의 희망』(창비, 2006)을 늦깎이로 완독하면서 내가 지금 생각하고 걸어가고 있는 나만의 색깔이 천박하지 않고, 당당할 수 있는 길임을 다시금 재확인한 것 같아 너무 행복했다.

　권력이 쓴 역사는 우리가 졌다고 가르쳤다. 그러나 우리는 권력이 가르쳐 준 것을 믿지 않았다. 저들이 순응하고 백치가 되라고 가르쳤을 때 우리는 수업에 빠졌다. 우리는 근대성 수업에 낙제를 했다. 반면 우리는 상상력과 창조성과 미래로써 하나가 되었다. 과거 속에서 우리는 패배를 만났을 뿐만 아니라 정의에 대한 욕구와 더 나아지리라는 꿈도 찾았다. 우리는 거대 자본의 낚시 바늘에 매달린 회의주의를 버렸고, 믿을 수 있다는 것을, 믿는 값어치가 있다는 것을, 믿어야 한다는 것을 알게 되었다. 우리들 자신을. 모두들 건강하시기를. 그리고 꽃들도 희망과 마찬가지로 수확이 필요하다는 것을 잊지 마시길.[2]

솔닛의 이 글을 읽다가 그녀가 11년 전에 기록했던 이 글말이 지난 가을부터 겨울 동안에 일어났던 백치로 머물러 있기를 바랐던 자들의 폭력 앞에서 좌절하고 있다가 오늘 5.18일에 우리 땅 광주에서 일어난 민주주의의 감격을 목도해서 그런지 더더욱 감동으로 스며옴 때문에 눈물겹도록 아름다웠다:

솔닛은 이렇게 이 글을 마치면서 이런 사족을 남겼다.

꽃들은 어둠 속에도 자란다. 헨리 데이빗 소로우가 말했다. 숲에서, 들판에서 그리고 곡식이 자라나는 밤에.[3]

밤에도 꽃들은 시들어 있지 않고 핀다. 저자는 물러서지 않고 이렇게 갈파했다.

투항은 미래를 포기하는 것뿐만이 아니라 영혼마저 포기하는 것이다.[4]

영혼을 포기하는 것만큼은 포기하지 않으리라. 나 또한 다짐해 본다. 내 곁에 좋은 선생님들이 너무 많아 행복하고 또 행복하다.

휘저음

마구 흔들어 놓아 어지럽게 함.

'휘저음'에 대한 네이버 어학 사전의 풀이다. 매주 화요일 저녁, '구원 그 이후 저녁 반' 사역이 진행된다. 6명이 모이는 소그룹이지만 모임 자체는 얼마나 진지하고 귀한지 모른다. 근래에는 김기석 목사의 저서인 『삶이 메시지다』를 가지고 세 번째 독서 나눔을 하고 있는데 속 깊은 토론과 나눔을 통해 성숙한 그리스도인의 길을 모색하고 있다. 지난주에 나눈 텍스트는 그 유명한 너희는 빛과 소금이라는 산상수훈의 정수精髓와도 같은 마태복음 5장 본문이었다.

세상에는 소금처럼 보이지만 소금이 아닌 이도 있고, 빛처럼 보이지만 빛이 아닌 사람도 있다. 모양은 닮았지만 실질은 다른 사람, 그리스도인의 외양은 갖췄지만 그리스도의 진정에는 이르지 못한 사람 말이다. 웨슬리는 그들을 가리켜 '절반의 기독교인'이라 했다. 절반의 기독교인은 기독교인이 아니다.5)

김 목사께서 기술한 이 대목에 이르러 지체들이 거의 대부분 두루뭉

술한 신앙의 내 모양새에 통타通打를 당한 것 마냥 멘붕(?)이었음을 토로
했다. 그렇지 않아도 양다리 걸치고 있는 내 신앙의 회색적 자아 때문에
심히 괴로운 지경이었는데 그 상처 난 곳에 소금을 뿌리는 것 같은 휘저
음을 당했기 때문이라고 볼멘소리로 합창한 것이다. 그래서 나온 말이
'휘저음'이다. 이 상황을 나누다가 소그룹 지체들이 거의 동병상련의 마
음으로 저에게 항의(?)한 것이 이것이다.

　목사님, 휘젓는 하나님의 말씀보다 가끔은 그냥 은혜받는 말씀도 그립습
　니다.

　이 투정은 필자의 설교가 김 목사의 글처럼 은혜보다 휘저음이 많다
는 에두름임을 안다. 그래서 그냥 노력하겠다고 말해야 하지만 나는 이
건의를 받고 교우들의 마음을 헤아린 뒤 이렇게 반응했다.

　앞으로는 김기석 목사의 책을 갖고 나누는 것을 그만하고 유기성 목사의 책
　가지고 나누어야 하겠네요. 사람들이 말하기를 유기성 목사께서 쓰신 책들
　은 정말로 '부드러움 그 자체'라고 하거든요.

　그런데 말이다. 이렇게 지체들의 마음을 어루만지는 직업적(?) 멘트
를 하고 난 뒤에 다시 한마디를 던졌다.

　그런데 한 가지만 묻죠? 휘저음은 은혜가 아닌가요? 은혜와 다른 것인가
　요?

　참 아이러니하지 않나? 청파교회 김기석 목사와 선한목자교회 유기

성 목사는 전혀 다른 신학적 틀을 가지고 있는 사람들인데 감리교 신학 대학교 동기인 걸 보면.

금년 초, 광화문에서 촛불 집회가 한참일 때 기독교 관련 저널에서 이런 글을 읽은 적이 있었다. 촛불 집회에 대하여 별로 유쾌한 입장을 내놓지 않는 유기성 목사에게 질문한 기자에게 답한 내용이다.

> 김기석 목사는 저하고 신학교 동기입니다. 그러나 그의 사상과 신학은 저와는 다릅니다. 그가 생각하는 것과 내가 생각하는 것은 다릅니다. 그러나 서로가 존중합니다.

대한민국에서 가장 부드럽고 선한 말투의 메시지로 설교하는 유명 목사의 말을 군이 인용하는 이유는 이것 때문이다. '휘저음은 휘저음대로, 은혜로움은 은혜로움대로 각자의 고유 역할을 하는 것은 아닐까', '이 둘을 흑백논리로 편 가르기를 하는 것 자체가 어불성설은 아닐까' 하는 촌스러운 생각을 말이다. 휘저음을 당한 교우들을 나름 위로하고 소그룹을 마치려고 하는데 참여한 지체 한 명이 이렇게 일갈하며 내가 할 말을 대신해주어 군이 수고하지 않아도 되는 감사함이 있었다.

> 목사님, 그동안, 저는 너무 은혜로운 곳에서만 있었기에 휘저음을 몰랐습니다. 그런데 휘저음을 경험하고 난 뒤에 나름 깨달은 것은 휘저음을 전제한 은혜가 진짜 은혜였다는 사실이었습니다.

어찌 보면 그 지체의 고백이 가장 아름다운 고백이요, 설득력이 있는 술회가 아니었나 싶다. 주의 말씀을 통한 가슴의 후벼팜이 없는 은혜가 진짜 은혜일까? 필자 역시 그렇다고 말할 자신이 별로 없다. 그래서 그런지 극히 개인적인 소회이지만, 유기성 목사의 설교와 글을 읽을 때마다 느끼는 소회는 그가 전하는 것은 정말로 따뜻하며 위로가 되는 메시지이자 거의 틀린 말을 찾을 수가 없는 글인데도 그의 글을 접할 때마다 뭔가 2%의 아쉬움이 있다는 것이다. 교만하다고 말해도 할 수 없다. 그냥 그러니까. 반면, 김기석 목사의 글은 읽으면 읽을수록 불편하고 많이 아프고 쓰린데 그의 글과 설교를 받을 때마다 벅찬 은혜를 경험한다. 수수께끼다. 그래서 이렇게 착념하기로 했다. 그냥 좋은 곳으로 기울기로. 그래서 그런지 서재에 직접 구입한 김 목사의 책들은 내 눈에서 가장 가까운 곳에 놓여 있고, 선물 받은 유 목사의 책은 찾기가 쉽지 않다. 그냥 휘저음 속에서 살기로 했다. 나는 나다.

Comfortable & Leave the town

독일의 신학자이자 정치가인 아브라함 카이퍼는 모든 것에 대한 통치권을
가진 그리스도께서 인간 실존의 전 영역에 대해 '나의 것'이라고 외치지 않
을 영역은 전혀 없다고 말한 바 있다.[6]

아주 옛날, 신학교에 들어오기 전에 트로트를 좋아했다. 이유? 나도
모르겠다. 그러다가 김광석, 김현식 같은 뮤지션들의 노래들을 알게 된
후부터는 그들 노래의 의미 있는 가사로 인해 그들의 노래를 종종 흥얼
거렸다. 목사가 된 이후, 세상 노래를 포기하는 것이 옳다고 생각한 적
이 없었던 것은 아니지만 김광석이라는 가수의 노래를 여전히 좋아해
그냥 생긴 대로 살기로 했다. 목사가 그렇게 세속적이면 되겠냐고 지청
구를 주면 그냥 당하면 되지 하는 배짱으로 가끔 친구 삼기로 했다.
해서 이른 아침, 서재에 출근하여 책을 읽기 전에 핸드드립 커피 한
잔을 할 때면 으레 LP로 아날로그 노래를 감상하는 버릇은 여전하다.
그래도 목사는 목사인가보다. 이렇게 말하고 나니까 왠지 마음이 켕긴
다. 은혜 없는 목사라고 진짜로 야단맞을까 봐 또 하나의 좋아하는 음악
을 소개한다. 찬송가다. 복음성가보다는 찬송가가 훨씬 더 좋은 것을
보면 필자는 아날로그 목사인 게 분명하다. 사정이 이러니 요즈음 젊은

이들이 부르는 빠른 비트의 음악이나 랩이라는 장르의 음악이 나오면 끄거나 다른 채널로 돌린다.

그런데 어쩔 수 없이 들어야 하는 음악이 생겼다. 첫째는 'Dive official'이고, 둘째는 'comfortable & leave the town'이다. 전자는 섬기는 교회 반주자의 아들이 낸 첫 번째 싱글 앨범이고, 후자는 두 번째 앨범이기 때문이다. 손이 안으로 굽는다고 아들이 부르는 이 노래를 너댓 번 들었다. 그것도 집중 또 집중해서. 가사는 이미 온라인상에서 문장으로 읽어보았기에 이 두 곡에서 말하려고 하는 메시지가 무슨 의미인지 알고 있어 큰 무리가 없었지만, 문제는 아무리 들어도 가사가 귀에 들어오지 않는다는 비극적인 상황이다. 아, 오해는 하지 마시라, 노래가 나빠서가 아니라 이제 그런 음악을 들을 능력이 필자에게 없기 때문이다. 비트가 강하거나 속도가 빠른 노래는 아무리 들어도 이제는 들리지 않는다. 슬프지만 현실이다.

지난주, 설교 전에 함께 부르는 찬양을 선곡했다가 아내와 반주자에게 같은 말을 들었다.

목사님, 2부 예배 때는 찬양을 바꾸시는 게 어떨까요?

'무엇이 변치 않아'라는 감성적인 찬양을 선곡했는데, 플랫이 많은 곡이라 음정과 박자 맞추기가 너무 어려워 1부 예배 때 참사(?)가 일어났다. 해서 급조해서 2부 예배 때 선곡한 찬양이 소향 자매가 부른 '마라나타'였다. 부르면서 진짜 '마라나타'의 절박한 마음이 나에게 스며들었던 웃픈 소회가 지난 주일의 일이다. 플랫이 많은 노래를 따라 부르기도 버거운데 요즈음 아이돌에 속해 있는 반주자 아들의 노래를 완벽하게 소화해서 듣는다는 것이 가당키나 한 일인가, 성령의 은혜가 임해도 이

건 불가능하다.

그래서 마음먹은 것이 있다.

듣기는 듣되 이해하려고 덤비지 말자.

요즈음에 내 기도에 담겨 있는 내용 하나를 들추어내 공개한다.

하나님, 현우가 방탄소년단처럼 되게 해주십시오!

꿈이 너무 야무진가? 미안하지만 거둬들일 생각은 추호도 없다. 요즈음 핫한 아이돌 가수 중에 아는 이름이 이 이름 하나뿐이고, 또 유명한 것 같아서 그냥 밀고 나가기로 했다. 반주자 아들이 잘되는 것을 전제한다면 이것보다 더한 기도도 드릴 수 있을 것 같다는 것이 담임목사의 절절한 마음이다. 물론 응답은 하나님의 소관인 것을 알기에 월권은 하지 않겠지만 그냥 그렇다는 것이다.

촌티가 줄줄 흐르는 고향 교회 목사인 필자에게 아들의 노래가 안 들리는 건 상관없지만 세련된 다른 사람들에게는 들렸으면 좋겠다. 그래서 아들이 대중들에게 사랑받는 보컬이 되기를 기도한다. 이번에 발표한 싱글 앨범이 많이 사랑받았으면 하는 마음 간절하다. 그렇지만 필자가 진짜로 아들을 위해 영적으로 기도하는 내용은 이것이다.

하나님, 현우가 하나님께서 인정하는 뮤지션으로 성장하기를 원합니다.

현우에게 하나님이 살아서 역사하시는 표적들이 많이 일어나기를 소망해 본다.

사족 하나. 근데 필자는 현우 노래보다 김광석 노래가 더 들린다. 어쩌지? 키리에 엘레이손!

예쁘게 삽시다

작고하신 박완서 선생의 예쁜 글 하나 소개한다.

포대기 끝으로 나온 아기 발바닥의 열 발가락이 '세상에 예쁜 것' 탄성이 나올 만큼, 아니 뭐라고 형용할 수 없을 만큼 예뻤다.[7]

선생은 이 예쁨을 너무나 간직하고 싶어 이 글을 수록한 산문집의 이름을 '세상에 예쁜 것'이라고 명명했다. 그러고 보면 사람은 본성적으로 예쁘게 살고 싶은 마음이 있는 것 같다. 필자 역시 동의하며 같은 마음을 전해 본다. 예쁘게 살았으면 좋겠다. 아내가 며칠 전에 나에게 조금은 짜증 섞인 톤으로 이렇게 물었다.

ㅇㅇㅇ, 이 사람 도대체 누구에요!

듣고 보니 나와 아내가 속해 있는 모 공동체의 여성 회원 이름이었다. 호명된 이분은 단체톡에 정말로 때를 가리지 않고 글을 올리는 분이다. 속해 있는 단체의 회원들이 이런저런 소식을 알리는 것은 너무나 당연한 일이다. 문제는 이 회원의 글을 올리는 시간이다. 어느 경우에는 새벽에, 또 어떤 경우에는 밤 11~12시가 보통이다. 새벽과 심야 시간에 글을 올린다는 것은 상식이라는 단어를 말하기 전에 상대에 대한 무례이다. 이 무례함을 지적할 수 있는 것은 보통의 담대함을 갖고는 행할수 없는 일이기에 나는 비난을 무릅쓰고 지적질보다는 아예 그 단체톡에서 탈퇴하기로 마음을 먹고 빠져나왔지만, 아내는 본인마저 빠져나오면 비난의 강도가 공동체에서 너무 극심할 것을 예상하여 울며 겨자먹기로 남아 있기로 했기에 이 사달을 경험하게 된 것이다. 신경을 곤두서게 할 정도로 스트레스를 받는 이 일 때문에 소식 받기를 무음으로세팅하기는 했지만 화면에 뜨는 것까지는 막을 수 있는 방법이 없어 아내도 근래에는 심각하게 탈퇴를 고민하고 있는 듯했다.

이런 무례의 예는 또 있다. 어느 경우, 단체톡에 공동체의 공지 사항을 알리는 것이 아니라 본인이 추구하는 이념을 주입하려는 어처구니없는 일을 행하는 것이다. 실례로 태극기 부대의 정체성을 갖고 있는또 다른 회원의 막무가내식의 무차별한 공지가 그렇다. 자유민주주의라는 체계가 다양한 생각 속에 견제와 그 견제에 따른 또 다른 견제가서로 긴장하며 발전해 나가는 기본적인 구조라는 정도는 필자도 안다.하지만 이런 견제가 친교의 모임이나 전혀 정치적이지 않은 모임에서비상식적으로 강제된다는 점은 심히 우려할 만하다. 왜? 이런 행위는전형적인 폭력이요, 무례한 행위가 아닐 수 없기 때문이다. 그래서 그런지 풀러신학교 총장을 역임한 리처드 마우 박사가 갈파한 글이 떠오른다.

하나님은 공적인 의에 대해 온유한 관심과 존중하는 자세를 갖고 계신다. 그러므로 그 공적인 의를 이루려는 우리의 노력은 신중해야 한다.[8]

예쁘게 사는 삶이 무엇일까? 박완서 선생께서 말한 소박한 일상의 예쁨을 소개하지 못해 매우 유감스럽지만 그래도 하고 싶은 말이 있다. 예쁘게 산다는 것은 무례히 행치 않는 것이다.

바울의 노래는 그래서 이러했다.

(사랑은) 무례히 행하지 아니하며 자기의 유익을 구하지 아니하며 성내지 아니하며 악한 것을 생각하지 아니하며…. 9)

특히 예수를 주라고 고백하는 일련의 무리라면 신앙적인 전언을 통해 복음의 확장성을 논하기에 앞서 제발 타인에 대한 무례함부터 거두어주기를 기대한다. 주군이신 예수께서는 최후의 만찬 석상에서 제자들의 발을 씻기기 위해 벗으셨던 겉옷을 다시 추스려 입으시고 만찬 강화를 내리셨다고 복음서 기자들이 일제히 묘사했다는 점이 감동으로 다가온다.

그들의 발을 씻으신 후에 옷을 입으시고 다시 앉아 그들에게 이르시되 내가 너희에게 행한 것을 너희가 아느냐. 10)

DECEMBER

1년에 두 번, 기도 주간에 올라가는 기도원에서 평시 같으면 매일 하는 것이지만 의도적으로 하지 않는 것 두 가지가 있다. 하나는 '말 안 하기'이다. 말을 안 하는 것은 불교의 성직자가 행하는 동안거, 하안거 의 묵언 수행과 같은 필자만의 영성 훈련 일환이고, 가톨릭 성직자들이 정기적으로 행하는 피정 같은 소중한 기회를 만들기 위함이다. 『하나님 의 모략』, 『마음의 혁신』과도 같은 베스트셀러로 우리에게 잘 알려진 영성 신학자인 달라스 윌라드는 그의 또 다른 걸작인 『잊혀진 제자도』 에서 아주 의미 있는 촌철살인을 날린다.

내적 존재가 그리스도를 닮아가는 일은 인간이 이루는 일이 아니다. 결국 그 것은 은혜의 산물이다. 그러나 영성개발은 수동적인 과정이 아니므로 지식 을 바탕으로 한 인간의 노력이 필요하다.[11]

필자는 그의 권고에 동의한다. 해서 영성 개발에 있어서 나름 할 수 있는 일에 노력과 힘을 쓰려고 한다. 이런 노력은 신앙의 여정 중에 적 지 않은 영적 내공을 공급해 준다.

또 하나 하지 않는 일이 있다. 수염 깍지 않기다. 이 일은 묘한 쾌감을 준다. 물론 말초신경적인 매력은 아니다. 도리어 인위적으로 포장하고, 덮어버리려는 육체의 추함에서 자유로워지게 하는 매력과 쾌감이다. 이렇게 일주일을 버티고 기도원에서 내려오는 금요일이 되면 덥수룩하게 자란 수염을 거울 앞에서 보게 된다. 지난 피정 기간, 거울 앞에 섰다가 흠칫한 적이 있었다. 지저분하게 자란 수염의 모양새가 검은 것이 아니라 희어져 있다는 사실 때문이었다. 그동안에는 매일 수염을 깎아서 몰랐던 것뿐이었지, 이미 내 신체 구조에서 수염이 희어져 있었다는 사실은 진행된 과거의 일이었다.

나이를 먹는다는 것에 대한 인지 능력은 인간에게는 민감하게 나타난다. 오장육부의 기능도 그렇고, 하루가 다르게 느껴지는 사람의 겉모습도 그렇다. 무엇보다도 그런 게 아니라고 항변하고 싶은 마음은 굴뚝인데 감각이 예전만 못하다는 것은 피할 수 없는 인간의 나약함이다. 지난 주, 교회 지체가 필자와 상의할 일이 있다고 잠깐 사무실에서 면담을 하고 돌아가며 이렇게 나를 흔들었다.

목사님, 아니 머리에 흰머리가 너무 많아요. 언제부터 그렇게 흰 머리가 많아졌어요?

듣고 그냥 웃으며 한마디 했다.

권사님, 이제 저도 내일모레면 육십인 걸요.

한 주간 머물렀던 수양관은 약 20년 전, 팔팔했던 젊은 목사 시절에 당시 유명했던 목회자 세미나가 정기적으로 열려 자주 찾던 곳이었다. 이번에는 학교 강의와 맞물려서 학교와 아주 가까운 그곳을 정말 오랜

만에 다시 찾았다. 오랜만에 만난 수양관은 나이가 들어버려 여기저기 손보아야 할 곳이 많아 보였다. 그도 그럴 것이 20년이라는 세월이 훌쩍 지나가 버렸으니 퇴색되고 빛바랜 건물들이 여기저기에 늙어버린 수양관의 흔적들로 서 있었다. 그 모습을 보면서 필자의 시간의 흐름 속에 그 건물도 함께 쇠락하였다는 생각에 조금은 우울했지만 그럼에도 불구하고 그렇게 쓸쓸한 것만 있었던 것은 아니었다.

20년 전에 흐르던 계곡의 물소리는 여전히 아름다웠고, 이른 아침 울어대는 각종 새들의 활기찬 아침의 전령 소리도 변함이 없이 상쾌했다. 날씨가 쌀쌀해서 산책이 조금 부담스러웠지만 그래도 수양관의 야외 산책길을 걸었다. 20년 전, 빠른 속도로 산책하던 속도보다는 조금 떨어지기는 했지만 그래도 산책을 하며 얻는 영감은 필자에게는 여전히 하나님의 선물로 그대로 남아 있어 행복했다. 한 가지 더, 20년 전보다 조금 더 좋아진 것이 있음도 발견했다.

가벼움이 아닌 묵직함, 얕음이 아닌 깊음 그리고 빠름이 아닌 느림의 미학이라고 붙여도 손색이 없는 그 무언가가 한 주간 내내 나를 휘감아 주고 있음이 그랬다. 참 감사했다. 이 휘감음의 실체를 알고 있었던 재독학자 한병철은 그래서 이렇게 말했나 보다.

> 전반적으로 삶의 과정이 가속되면서 인간은 사색적 능력을 상실한다. 그리하여 오직 사색적인 머무름을 통해서만 모습을 드러내는 것들은 인간이 접근할 수 없는 영역에 갇히고 만다.[12]

놀라운 통찰이다. 그의 말에 정신이 번쩍 들었다. 앞으로 점점 더 들어가는 나이 듦 앞에서 추해지지 않도록 더 깊이 사색하고 성찰하는 목사가 되어 보기로 다짐해 본다. 조지 윈스턴의 〈DECEMBER〉가 서재의 공간을 가득 채우는 시간이다. 이렇게 나만 행복해도 되는 걸까!

우연이 아니기에

섬기는 교회에 새로 나온 교우가 있으면 함께 교제할 때 항상 하는 말이 하나가 있다.

그리스도인들의 만남 중에는 결코 우연이란 존재하지 않습니다.

이렇게 말하는 것은 상투적인 립서비스 때문이 아니라 진짜로 그렇게 믿기 때문이다. 목양의 현장에서 사역한 지 어언 30년을 넘어섰다. 현장에서 피부로 체감한 목회의 간증이 얼마나 많은지 잘 정리하면 책 한 권으로도 출판할 수 있을 만큼 무궁무진하다. 중요한 것은 이 많은 이야깃거리 중에 세밀한 마음을 갖고 뒤돌아보면 "그 어느 것 하나 주의 손길 안 미친 것이 전혀 없다"는 복음성가 가사의 노랫말이 푸근하게 그대로 적용되어 새겨지는 것을 느낀다. 아슬아슬한 현장에서 주님이 간섭하지 않았던들 어떻게 지금이 존재할 수 있었을까를 들추어내면 또 다른 노래인 "우리의 만남은 우연이 아니야!"라는 한 때를 풍미했던 유행가 가사가 결코 실없는 소리가 아닌 필자의 삶의 고백이기도 하다.

이번 학기에 얼떨결에 맡게 된 신학대학원 강의가 한 주간이 남았다. 처음에는 많이 낯설어 적응하는 데 조금은 긴장했지만, 주차週次가

진행되면서 그럭저럭 은혜 중에 한 학기를 마칠 수 있을 것 같아 안도하고, 또 한편으로는 감사의 조건이 되었다. 돌아보면 76명의 클래스 멤버들과 함께 지난 3개월을 열심히 달려왔다. 가르치는 교수의 신학적 사상과 맞지 않는 것 같아 당황해하던 학생들도 시간이 지나면서 한국 교회의 미래를 염려하고 걱정하는 선배의 단말마적인 소리로 받아들여 공감의 분모를 만들어내는 학생들이 있는가 하면, 매주 충격의 소리로 신선하게 받아주는 마치 스펀지에 물을 빨아들이는 것처럼 보이는 긍정적 모도를 보여주는 학생들까지 있어 이대로라면 한 학기를 잘 마무리할 것 같다.

필자는 가르치는 자였기에 학기의 소회所懷가 아름답기를 바라지만 학생들 쪽에서 바라보면 아쉬움도 분명히 있었을 것이다. 그렇지만 학문의 정직성, 지난至難한 일이지만 공부하는 자의 진보성 그리고 신학의 보폭을 넓히라는 신학의 확장성을 일침一鍼한 교수의 가르침에 적어도 학생들이 꿈틀대고 반응해 주었다면 매주 화요일 제2 영동고속도로 하행 휴게소에서 순두부찌개를 단골 메뉴로 늦은 저녁을 먹는 수고를 한 선생에게 보람을 주는 일이 될 것임을 믿어 의심치 않는다.

가르치는 선생도 공부하는 좋은 기회였고, 보람이었기에 지난 3개월이 행복했다. 주 안에서 만난 사람들의 만남은 우연이 아님을 믿기에 3개월 동안 함께 경주해 준 학생들이 이제 졸업 후 나아가는 정글 같은 목양의 현장에서 목양의 리더, 혹은 팔로워로 아름답게 서 주기를 기대해 본다. 우연이 아닌 필연의 만남을 주군이 허락하셨기에 어느 현장에서 다시 만날지 모르지만 하나님의 선하신 일하심의 현장에서 정직한 사역자로 분연히 서서 쓰러져 가고 있어 늙어버린 거대한 공룡 같은 조국 교회에 하나님의 생기를 불어넣는 도구로 쓰임 받는 제자들이 되어 주기를 화살 기도해 본다.

필연적 만남에 감사하는 마음으로 선생도 심비心碑에 새겨놓은 팁 하나를 제자들에게 주고 싶어 글 마감에 첨부한다.

> 지남철의 여윈 바늘 끝처럼 불안하게 전율하고 있어야 하는 존재가 지식인의 초상이다. 어느 한쪽에 고정되면 이미 지남철이 아니며 참다운 지식인이 못됩니다.13)

필자와 함께 하나님이 주신 필연적 만남을 통한 학문으로 소통한 아세아연합신학대학교 신학대학원 MDiv 학생 모두가 사유하고 또 성찰하는 것에 게으르지 않는 지성적으로 균형 잡힌 사역자들이 되기를 소망해 본다.

김길순 & 김길순

필자에게 출신 교회의 일과 사람의 이야기는 이제 전설의 고향에 나오는 이야기 대본처럼 여겨질 만큼 아득하다. 그 아득함 속에 있는 이야기 중에 한 후배의 이야기를 또 다른 동기 후배를 통해 들었다. 신앙생활을 꽤 잘하던 친구였는데 결혼과 더불어 교회에 나가지 않게 된 등등의 이야기를. 아쉽기는 했지만 멀리 떨어져 있는 선배가 별로 딱히 해줄 만한 일이 없었기에 마음으로 후배를 위해 화살 기도만 하고 있던 차, 주의 사역을 하고 있는 후배에게서 이런 제안을 받았다. 오빠가 주일에 선포한 설교 동영상을 보내주면 큰 도움이 될 것 같다는…. 영혼을 위해서 못할 게 뭐 있겠나 싶어 요청에 선뜻 허락해 필자가 주일에 선포한 주일 설교 영상을 공유하도록 이후 후배에게 보내주고 있다. 그러던 어느 날, 설교를 받고 있는 후배에게 톡 하나가 도착했다.

위에 주소로 보냈어요. 작은 거지만 마음이라 생각하시고 챙겨 드세요. 두 개 중에 하나는 오빠거구요, 남은 하나는 사모님 거예요. 힘내세요.

하루 뒤에 택배로 도착한 것은 건강보조제인 비타민 C 레모나 두 박스였다. 너무 오랫동안 떨어져 있었던 후배가 보내준 사랑이 담긴 선물을 받으면서 감사한 마음에 여러 생각이 교차했다. 같이 고향 교회 학생회 시절을 보내던 때, 까만 먹물을 손에 묻히며 필사본 주보를 만들면서도 뭐가 그리 좋은지 서로 깔깔대며 즐거워했던 일, 철없던 청년의 시절에는 남녀 간의 미묘한 감정들을 가지며 들킬까 봐 함께 좌충우돌하던 추억들, 그런데 지나고 보니 그때 그 일들은 참 나름 꿈같이 풋풋했던 일이었다. 그 추억들이 주마등처럼 지나갔다. 누군가가 이런 이야기를 했단다. 옛사람들이 좋아지고 기억나는 것은 나이 듦의 증거라고. 그렇다. 그러고 보니 나이가 들어가고 있긴 있나 보다.

목사로 산 지 30년이 넘어 산전수전 공중전을 다 겪은 목사의 설교가 뭐 그리 대단하겠나 싶은데 후배가 동영상을 보고 나서 보내주는 문자 메시지에는 영락없이 이렇게 감사의 내용이 여울져 있다.

오빠, 오늘도 좋은 설교 감사해요. 계속해서 잘 듣고 있어요.

후배에게 더더욱 관심을 갖는 이유는 이 친구의 이름이 김길순이기 때문이다. 섬기는 교회에 김길순 집사가 있다. 필자에게는 레모나 같은 집사로 서 있어 항상 힘이 되어주는 뵈뵈다. 그래서 항상 뵈뵈 집사에게 사랑의 빚을 진 느낌으로 섬기고 있다.

요 근래 뵈뵈 집사의 신앙적 성숙이 아름답게 성장해 보여 너무 감사했는데 또 다른 동명이인인 김길순 후배가 필자에게 예기치 못한 따뜻한 사랑을 전해 주어 겹줄의 힘을 얻는 감사가 있다.

인천시 동구 송림 3동에 위치한 송림성결교회에서 함께 꿈을 꾸었고, 희망을 노래했고, 하나님의 은혜를 공유했던 후배 길순이가 다시 주님의 사랑으로 돌아오는 행복한 소식이 고향 오빠에게 들렸으면 하는 마음 간절하다. 작가 이기호의 소설 제목처럼 '누구에게나 친절한 교회 오빠, 강민호' 같은 속빈 강정 같은 오빠가 아니라 후배의 영혼을 위해 진정성을 갖고 중보해 주는 그런 오빠이었으면 좋겠다. 그러고 보니 두 김길순은 언제나 필자에게 기쁨을 주는 행복 바이러스들이다. 작가 이기주의 글에서 이런 문장을 만난 적이 있었다.

> 심장과 심장이 맞부딪혀 일어나는 감정의 공명을 느끼는 순간, 우린 낭랑한 목소리로 외친다. "있잖아 난 그 사람과 사랑에 빠졌나봐!"14)

읽으면서 깊은 공감을 함께 나누는 사랑의 순간을 '빠짐'이라는 단어로 표현한 작가의 필력이 놀랍다는 생각을 했던 것 같다. 가만히 생각해 보니 사랑에 빠져 사랑할 시간이 우리들의 시간 안에 그리 많지 않은 것 같다. 여유롭지 않은 채로 살아가기에 말이다. 그게 우리 인생인 것을 알기에 차제에 의도적으로라도 다시 이렇게 살기로 다짐해 보기로 했다.

> 사랑하는 시간에 더 많이 빠져들자.

김길순 집사님, 고마워요. 그리고 후배 길순아, 고맙다. 힘낼게.

대곡교회에 가보고 싶다

그렇지만 당신의 앞에 펼쳐진 주님의 숲에
지친 당신이 찾아온다면 숲은 두 팔을 벌려.

필자의 휴대폰 컬러링 음악 가사다. 지난 목요일 아침, 서재로 막 출근을 했을 때 휴대폰에서 찬양 소리가 들렸다. 휴대폰에 뜬 전화번호는 경상남도 지역번호의 전화였는데 지인이 경상남도에 많은 편이라 등록은 되지 않은 폰 번호이지만 들고 통화를 시도했다.

"여기 밀양 택배 회사인데요, 택배 보내셨지요?"

"네 그렇습니다."

"대곡교회에 사람이 없어서 받는 분의 전화번호를 정확하게 확인하려고 전화를 드렸습니다."

전화는 필자가 섬기고 있는 교회의 한 지역 셀이 섬기고 있는 대곡교회에 추석 명절을 맞이해서 관심과 사랑을 전하기 위해서 보내준 제천 사과의 전달을 맡은 택배 기사가 현장에 물건을 가지고 갔다가 사람이 없어서 전달 과정을 분명히 하려고 필자에게 전화를 한 것이었다. 전화를 끊고 나자 아련히 떠오르는 추억이 있었다.

그러니까 내 나이 29세 때, 세상 물정 하나도 모르는 신출내기 갓전도사의 신분으로 단독목회라는 것을 하기 위해 물설고, 낯설고, 말설은 땅, 밀양의 한 깡촌에 위치해 있었던 대곡교회로 부임했던 기억이 떠올랐다. 촌에 있는 모든 가구를 다 합해도 100가구가 채 되지 않던 전형적인 소규모 농촌에서 단 한 번도 경험해 보지 못했던 3년의 시골목회를 시작했다. 당시 필자가 속해 있었던 교단은 목사 안수를 받기 위해서는 반드시 통과해야만 하는 단독목회라는 수순이었기에 거절할수 없었던 농촌에서의 3년은 나에게는 지금도 진한 자국으로 남아 있다. 정말로 열악한 생활환경이었지만 그곳에서의 처녀 목회는 실로 천국과도 같은 아름다움이 배태되어 있었기에 말이다.

때 묻지 않은 성도들의 아름다운 헌신, 계산하지 않는 신앙생활, 척박했지만 목사를 온 맘 다해 사랑했던 순결성을 지닌 교우들, 3년의 목회 여정에 단 한 번도 교회 일에 대하여 '아니요' 하지 않던 교우들, 새벽에 간혹 못 일어나는 젊은 담임 교역자가 단잠에서 깰까 봐 교회 문을 소리 없이 여닫고 목사 없이 새벽 제단을 쌓던 노 집사님들, 추수 후에 첫 열매로 산 촌스럽기 짝이 없는 넥타이를 담임목사의 생일 선물이라고 가져와 수줍게 내놓던, 지금은 하나님의 품에 안기신 집사님, 사택이 연탄보일러였기에 일주일마다 쌓이는 연탄재를 발로 짓밟으며 신나게 노래를 부르던 머슴아 같은 여학생(이제는 시집을 갔다고 하니 세월이 화살 같다는 말이 실감난다).

단독목회를 마치고 교회를 떠난다는 소식이 들린 2주 어간, 교우들과 이별의 아쉬움으로 흘렸던 눈물이 그 얼마였는지. 눈이 퉁퉁 부은 신자들을 보고 동네 아낙들이 대곡교회의 신자들은 집단으로 벌에 쏘였다고 놀려댈 정도였다. 목회가 이런 것인데, 목양이 이래야 되는데, 목양의 현실은 날이 갈수록 달이 갈수록 왜 이리 견고한 성과 같아지는지 못내 두렵기까지 하다. 교회를 개척한 후, 섬기는 교회를 바라본다. 처녀 목회지牧會地였던 대곡교회에서 경험했던 그 사랑과 은혜의 회복이 지금 섬기는 교회에서 이루어지고 있음에 눈물겹게 감사하다. 그리고 문득 드는 욕심, 끝까지 아름다운 교회를 만들어보고 싶다는 생각이 목까지 밀려온다. 오늘은 교회에서 장애우들을 초청하여 그들을 섬기는 사역을 하고 있다. 땀을 흘리며 장애우들이 맛있게 먹을 음식을 장만하고 있는 지체들이 자랑스럽다. "교회는 이타적일 때만 교회"라고 말한 본회퍼의 일갈이 예배당에 가득하다. 교회의 신뢰가 바닥을 치고 있는 이때, 목사의 자존심이 불타오른다. 건강하고 행복한 교회를 하나님께 드리고 싶다는 소박한 갈망의 자존감이 가슴 깊은 곳에서 솟구친다.

필자는 교회를 사랑한다. 너무나 사랑한다. 그래서 정호승이 〈서울예수〉에서 노래했던 시구처럼 이렇게 교회에 대한 사랑 고백을 하고 싶다.

사랑하다가 죽어버려라.15)

개독교의 먹사라고 놀림 받는 아픔의 시대에 서서 치열하게 산 자로서 그래도 하나님의 마음을 시원하게 해드리는 삶을 조금이라도 감당했음을 보고하면서 이렇게 사랑을 고백하고 싶다.

너무 사랑했던 대곡교회가 오늘따라 무척 가보고 싶다.

쌩얼이 더 아름다웠어요

아주 오래전에 여성의 화장을 풍자한 인터넷 유머를 읽은 적이 있다.

20대가 화장하는 것은 말 그대로 화장이고, 30대는 분장, 40대는 변장, 50대는 위장, 60대는 포장 그리고 70대는 환장이다.

읽는 순간 많이 웃었던 기억이 새록새록 하다. 웃자고 만들어 낸 이야기이지만 인간이 겪어야 하는 세월의 굴곡은 도무지 어쩔 수 없음을 적절하게 풍자한 글이라고도 생각했다.

지난 목요일, 3주에 한 번씩 반드시 오라고 손짓하는 미용실에 커팅을 하기 위해 들렀다. 제천시에 있는 목욕탕을 가든, 아니면 미용실을 가든 가능하면 '교우들은 만나지 않게 하옵소서!'라고 습관적으로 기도를 하는데 유독 하나님은 그 기도는 잘 안 들어주신다. 그 기도를 응답받지 못하면서도 계속 드리는 이유는 필자를 만나는 성도들이 몸 둘 바를 몰라 하기 때문이다. 그날도 필자의 기도는 영락없이 빗나갔다. 미용실에서 한 교우가 기다리고(?) 있었기 때문이다. 마침 그날은 사람도 많지 않아 미용실 직원들과 나를 기다리고 있던 집사 그리고 필자 세 사람이 함께 자리를 하는 아주 서먹서먹한 분위기가 자연히 연출되었다. 미용실에서 섬기는 교회의 목사를 만날 것이라고는 꿈에도 생각하지 못한 집사는 필자를 보는 순간 아니나 다를까 안절부절하지 못했다. 교회가 아닌 다른 장소에서 목사를 만난 것에 대한 당황함 때문이라기보다는 그날 그 지체는 쌩얼(?)이었기 때문이었음을 직원을 통해 알았다. 교회에서 만날 때 그 지체는 언제나 변장을 하고 만났는데, 그날은 말 그대로 미처 변장을 하지 못한 원래의 모습으로 나를 만났기 때문이다. 머리 커팅을 다 하고 샴푸실로 이동하는데 지체와 정면으로 마주쳤다. 순간 지체가 책으로 얼굴을 가렸다. 쌩얼을 노출하기기 부끄러웠던 것이 분명하다. 그런데 참 이상한 것은 그날 쌩얼을 한 그 집사의 얼굴은 평상시에도 아름다운 집사인 것은 알았지만 쌩얼은 자연적인 미가 풍겨나 더 아름다웠다. 옛날 국악의 귀인이었던 박동진 장로께서 아주 익숙한 멘트로 날렸던 '우리 것은 좋은 것이야!'라는 말씀대로 '원래의 것은 좋은 것이야!'라고 패러디를 해도 좋을 것 같을 정도로 지체의 쌩얼은 보기에 좋았다.

미용실에서의 경험을 늘어놓다가 이런 생각을 해 본다. 훗날 우리들이 하나님의 면전에 섰을 때 우리들의 삶의 흔적들은 화장, 분장, 변장, 위장, 포장, 환장으로도 가릴 수 없는 때가 온다는 뭐 그런 엄숙한 생각 말이다. 그때는 다만 우리들 삶의 흔적을 그대로 지닌 쌩얼 자체로 서게 될 터인데 그렇다면 그날이 오기까지 우리들 삶의 쌩얼이 아름다울 수 있도록 원색적인 복음으로 무장해야 되지 않을까 하는 교훈이 다가왔다.

우리들의 신앙적인 쌩얼이 아름다울 수 있는 방법은 십자가의 도를 간직하는 것이다.

미용실에서 말하지 못한 말을 지체에게 전하려고 한다.

집사님, 그날 쌩얼이 더 아름다웠어요.

화분에 담긴 미학

지난해 겨울, 화분에 심겨 있던 나무들이 추위를 이기지 못하고 얼어서 죽었다. 그래도 나름 교회 안에 있는 대부분의 화분들이 추위를 이기며 잘 자라주어 관리하는 사람 입장에서 너무 고마웠는데, 아쉽게도 작년 겨울에 세 개의 화분에 있던 나무들이 얼어 죽고 말았다. 죽은 잎들이 너무 흉해 아내가 봄에 다른 것을 심어 보겠다는 마음으로 가지치기를 하고 화분 갈이를 해서 사람들의 눈에 띄지 않는 3층 베란다로 화분들을 옮겨 놓았다. 누군가가 그랬다. 생명력이란 조물주가 준 최고의 선물이라고. 이 말에 보폭을 맞추듯 봄이 되자 앙상하게 말라 완전히 고사된 화분의 나무에서 조그마한 움직임들이 보이기 시작했다. 물을 준 것도 아니고 관리한 것도 아닌데 자생적으로 화분에서 신비로운 일이 벌어졌다. 완전히 죽은 나무의 곁가지에서 새싹들이 움돋는 기적이 일어난 것이다. 그렇게 스스로 움돋던 나무의 새싹들이 막 태어난 아기들의 수줍고 앙증맞은 모습처럼, 아니면 갓 결혼한 새색시의 수줍은 볼처럼 어찌나 예쁜 기지개를 펴는지 새싹들의 자태가 너무나도 아름답고 경이로워 보였다.

오래전, 신영복 선생의 글에서 읽었다.

나무의 나이테가 우리에게 가르치는 것은 나무가 겨울에도 자란다는 사실
입니다. 그리고 겨울에 자란 부분일수록 여름에 자란 부분보다 더 단단하다
는 사실입니다.[16]

내 눈에 보였던 속 좁은 이해는 겨우내 나무가 죽었다는 이해였다.
허나 나무는 겉보기에 죽었다고 죽은 것이 아니었다. 나무의 생명력은
인간이 정의하는 성질의 것이 아니다. 겨울에 죽었다고 판단한 얄팍한
인간의 단정적 이해에도 불구하고 나무는 겨울에 더 단단해졌다. 이유
는 혹시나 모를 봄의 노래 때문에 말이다.

문화체육부 장관직을 수행하고 있는 도종환 장관이 쓴 〈담쟁이〉라
는 시가 있다.

저것은 벽/ 어쩔 수 없는 벽이라고 우리가 느낄/ 그때/ 담쟁이는 말없이 그
벽을 오른다.// 물 한 방울 없고 씨앗 한 톨 살아남을 수 없는/ 저것은 절망의
벽이라고 말할 때/ 담쟁이는 서두르지 않고 앞으로 나아간다.// 한 뼘이라
도 꼭 여럿이 함께 손을 잡고 올라간다.// 푸르게 절망을 다 덮을 때까지/ 바
로 그 절망을 잡고 놓지 않는다.// 저것은 넘을 수 없는 벽이라고 고개를 떨
구고 있을 때/ 담쟁이 잎 하나는 담쟁이 잎 수천 개를 이끌고/ 결국 그 벽을
넘는다.

가끔 이런 생각을 할 때가 있다. 인간의 생명력보다 식물의 생명력
은 상상을 초월하는 능력이 있다고. 교만하기 그지없는 인간의 탐욕이
얼마나 헛한 일인지. 인간이 만물의 영장이라고 그 능력을 자랑하지만
벽을 타고 올라가는 담쟁이보다 못한 탓에 인간이 최고라는 건방진 헛
소리를 함부로 내지 말아야 함을 시인이 한 수 가르쳐 주었다. 자연적인

이치 앞에 인간이 택할 수 있는 여백은 한가지뿐이다. 겸허함으로 살아야 한다는 숙연함, 바로 그것 말이다.

'한 뼘이라도 꼭 여럿이 손을 잡고 올라가는 담쟁이'의 그 조화로움은 위대하다. 다시 산 화분에 심겨진 나무는 이미 죽었다고 방치되었는데 그런 인간의 유기함에 주눅들지 않는다는 것을 보란 듯이 내보이며 새로운 생명을 움터 준 화분 속의 나무는 필자에게 너무 많은 것을 가르쳐 주었다.

인위적으로 만든 괴물과도 같은 인간이 만든 바벨탑의 모습을 갖추고 있는 4대강은 보문을 열자 썩어 있던 강들이 다시 살아나고 주변 지형들이 다시 원래의 모습으로 돌아오는 자연의 위대함을 보여주었다. 이 일은 우리에게 경종과 더불어 신비로운 감동을 주고 있다. 같은 맥락에서 필자는 하나님이 계획하신 대로의 순리를 역행하는 것이야말로 인간이 자행하고 있는 최고의 교만임을 공부해 본다.

이제 화려하지는 않지만, 죽음의 터널을 뚫고 다시 거듭난 화분을 교우들이 잘 보는 장소에 옮겨 놓으려고 한다. 해서 그 화분들을 보면서 인간만이 갖고 있는 교만함과 이기적 품성을 반성하는 거울로 삼아보려 한다. 더불어 다시는 그 화분들에게 아픔을 주지 않도록 정성을 다해 돌보는 열심을 내보려 한다. 그러고 보니 모든 것이 선생님이요, 하나님의 선물이다. 새롭게 살아낸 화분 뒤로 배경을 삼아 주고 있는 교회 정원에 흐드러지게 활짝 핀 장미가 오늘 나를 유혹하는데 왠지 심쿵한다. 남자의 계절은 여름인가 보다.

아직 후진 주차를 못해요

언젠가 섬기는 교회에 명예권사 한 분이 필자에게 이런 소회를 전한 적이 있었다.

목사님, 젊은 집사들이 새벽예배를 나오는 건 정말로 대단한 일이에요. 직장생활을 하며 새벽을 지키는 것을 보면 너무 안쓰럽기도 하지만 그건 엄청난 일이거든요. 우리처럼 집에 놀고 있는 나이 든 사람은 새벽예배가 아무것도 아니지만.

아마도 젊은 집사들에게 새벽예배에 나와서 기도하라고 닦달하는 담임목사가 마뜩지 않았든지, 아니면 강권하지 말라는 에두름으로 나에게 슬쩍 던진 말일 게다. 이야기를 듣고 멋쩍어 그냥 웃었다. 왜냐하면 아마도 나에게 조언해 준 권사보다 내 스스로가 젊은 집사들의 상황을 더 잘 알기 때문이다. 마음으로는 백 번이라도 새벽예배는 힘이 드니까 너무 부담 갖지 말라고 말하고 싶은 마음 간절하다. 그럼에도 그렇게 말하지 못함은 내가 목사로 살기 때문인 듯하다.

지난 주간에 지역 소그룹 대심방이 있었다. 셀 사정상 속해 있는 지체들이 직장에서 퇴근해야 심방을 받을 수 있는 가정들이기에 저녁 늦은 시간까지 가가호호를 방문하여 사역을 감당했다. 마지막 가정이 아무개 집사 가정이었는데 사순절을 기해 새벽예배를 작정하고 있는 아무개 집사가 대견하기도 하고, 한편으로는 자랑스럽기도 해서 집에 방문하여 격려하려던 차, 아무개 집사가 차를 아파트 주차장에 주차하지 않고 아파트 외부 이면도로에 주차한 사실을 알고 한 심방대원이 물었다.

집사님, 왜 차를 아파트 밖에 주차했어요?

질문을 받은 아무개 집사가 이렇게 대답했다.

아파트 내부의 주차장에 차를 댔다가는 새벽예배 못 나가요. 주차 전쟁인데 이중 주차를 하는 경우가 많아 어쩔 수 없어요. 새벽예배를 나가려면 그리고 아직은 후진 주차를 잘못해서 더 더군다나….

이야기를 옆에서 듣는데 순간, 가슴이 뭉클했다. 약국에 출근해서 하루 종일 환자들에게 시달리는 것이 얼마나 고된 일일까를 필자는 안다. 약사가 처방전을 내려도 내 방식대로 약을 조제해 달라고 우기는 등 이상한 환자가 너무 많아 그 환자들과 입씨름하는 것이 다반사일 텐데, 그게 얼마나 진 빼는 일일는지도 익히 짐작이 간다.

퇴근 후, 천근만근의 몸을 이끌고 집으로 돌아오면 주부로 해야 할 최소한의 집안 살림이 전투태세를 갖추고 아무개 집사를 기다리고 있음은 안 보아도 비디오다. 아내로, 엄마로 해야 할 일은 또 다른 영역의 봇짐인 것을 보면 아무개 집사의 하루가 얼마나 치열하고 벅차고 고단할지 가슴으로 헤아릴 수 있다. 그러기에 그를 섬기는 목사는 이렇게 말해야 정상이다.

> 이 집사님, 새벽까지 부담을 갖지 말고 생활하도록 하세요. 하나님도 집사
> 님 마음을 아셔요.

　그런데 그 말이 목에 걸려 있지만 하지 못한다. 왜? 지금 하나님께서
아무개 집사에게 기대하시는 하나님의 일하심의 방법이 새벽의 영성을
통해 그녀를 더 자라게 하시는 일일까봐. 그건 내 소관이 아니고 하나님
의 영역이기에. 만에 하나 그것이라면 난 하나님의 일하심을 침범한 그
리고 월권하여 하나님의 일하심을 막은 자가 되기에 말이다.
　교회에서 지금 아무개 집사가 속해 있는 '구원 그 이후 반'에서 나누
는 교재가 달라스 윌라드가 쓴 『잊혀진 제자도』다. 아뿔싸! 지난 주간
공교롭게도 사역한 텍스트에서 이 내용을 함께 공부했다.

> 은혜의 반대는 공로이지 노력은 아니다. 그러나 우리 쪽에서 지식을 바탕으
> 로 적극 행동에 나서지 않는 한 그리스도를 닮는 일은 절대로 불가능하
> 다.17)

　필자는 이런 글이 눈에 크게 들어오니 참으로 난감하다. 그러니 어
쩌겠나 싶다. 생긴 대로 살아야지. 아무개 집사가 새벽예배를 나오기
위해 아파트 외부 이면도로에 주차하는 것이 왠지 안쓰럽기는 하지만
자랑스럽다. 그리고 업어 주고 싶을 만큼 아름답다. 왜? 구원 받기 위해
노력하는 삶이 아니라 구원받은 자로서 마땅한 삶을 살기 위해 노력하
는 아무개 집사의 영성 개발이 너무 귀해서다. 그래서 후진 주차를 못하
면 그 시간에 가서 대신 주차를 해주고 싶은 마음 간절하다. 못 말리는

담임목사다. 이 글을 쓰고 있는 이 시간, 바이올린 연주로 들리는 〈찌고 이네르바이젠〉의 선율이 너무 아름다워 아무개 집사에게 선물로 주련다.

이은주 집사 화이팅!

숲을 이루는 교회

교회 개척 초기 정원에 심었던 느티나무가 푸른 잎들을 내며 자태를 뽐낸다. 역시 5월은 신록의 계절임에 틀림이 없다. 느티나무가 지금은 너무 아름답게 성장했지만, 실은 사연이 있는 나무다. 지금의 나무는 세 번째 만에 혹독한 환경을 이겨준 귀한 나무이기 때문이다. 느티나무가 세워져 있는 토질은 물이 많이 나는 곳이었기에 한 번은 심자마자, 또 한 번은 어느 정도 자라다가 나무들이 고사하고 만 아픔이 있다. 세 번째 심은 지금 나무는 이런 아픔을 당한 후라 고육지책 끝에 땅을 돋우기로 하고 평지보다 약 50cm 정도 높은 지경을 만든 후 심은 이야깃거리가 있는 나무다. 나무를 심던 이들 모두는 이번에도 나무가 고사하면 도무지 나무가 자라지 못하는 환경이라고 생각하고 포기할 셈이었다. 헌데 기도하는 마음으로 심은 나무는 우리 교우들의 간절한 소망을 알았는지 감사하게도 보란 듯이 생장해 주었다. 이 일로 인해 해마다 이맘때 즈음 건강하게 자라난 느티나무의 푸르른 잎들을 보면 일반의 감사보다 배나 더한 감사의 마음이 필자에게는 있다.

지난 주간, 섬기는 교회의 아무개 집사가 전화를 주었다. 느티나무가 심어져 있는 반대편 쪽이 조금은 허전하다는 마음이 들어 포도나무를 심어보고 싶다고. 감사했지만 전술한 사정을 잘 모르는 지체이기에 혹시나 하는 마음에 나무가 생장하게 된 스토리를 알려주었고, 이후 그 지체는 아랑곳하지 않고 포도나무를 정성껏 심었다. 이제 심었으니 잘 자라기를 바라는 것은 우리 모두의 바람일 게다.

> 나무도 흔들린다. 아무리 큰 나무도 흔들린다. 큰 나무는 더 많이 흔들린다. 밑에서는 모르지만, 바람이 불 때 나무 위에 올라가보면 큰 나무가 멀미가 날 정도로 많이 흔들리는 것을 볼 수 있다. 땅이 흔들린다고 생각될 정도로 흔들린다. 나무는 흔들리지 않아서 강한 것이 아니다. 서로 어울려서 강하다. 숲을 이루기 때문에 강한 것이다.[18]

너무나 큰 울림을 주는 나무 박사의 말이다.

필자는 지난달, 포도나무를 심은 교회 지체와 더불어 우리 세인공동체에 속해 있는 모든 지체들이 어우러지는 숲이 되어준 것이 너무 고맙고 고맙다. 이렇게 아름다운 숲을 이룬 세인 숲은 이론으로 설명 불가능한, 세상을 살리는 영적인 피톤치드를 발산하리라는 것 또한 의심하지 않는다. 그럼에도 불구하고 필자는 거룩한 욕심을 하나 더 품고 있다. 우리들이 너무 잘 알고 있는 장 지오노가 "나무를 심는 사람"에서 소개해준 '엘제아르 부피에'의 마음으로 세인이 계속해서 사람을 살리는 영혼의 피톤치드를 중단하지 않고 내뿜어 주는 숲을 이루리라는 기대감 말이다. 그래서 그런지 오늘따라 내 마음의 은사이신 고 신영복 선생님이 인자한 음성으로 들려주셨던 이 글이 따뜻하게 다가온다.

느티나무 그늘

지금은 없어진 풍경입니다.

어른들의 터무니없는
옛이야기가 그립습니다.
눈앞에 두고 보는 것보다
머리속으로 그려보는 것이
훨씬 더 아름답습니다.
아름다울 뿐 아니라
자기가 그려보는 것은
자기의 과거이며
자기의 미래이기도 합니다.[19)]

우리 교회 정원에 심어진 숲을 보며 자라는 다음 세대의 주인공들이 이 정도의 수준 높은 감각으로 무장한 그리스도인들이 되기를 두 손 모아 본다.

무섭다

필자는 그 유명한 80학번이다. 나도 몰랐다. 80학번이 이렇게 유명해질지. 1980년에 대학에 입학하여 2개월 남짓 캠퍼스에 나갔다. 막 중간고사를 준비하려는 즈음, 대학 당국에서 대자보 게시판에 검은 글씨로 휴교령을 알리는 공고를 붙였다. 이미 알고 있는 전두환 정권이라는 흑역사의 시작을 알리는 조종弔鐘이었다. 당시 같이 공부하던 동기가 한동안 보이지를 않았는데, 어느 날 갑자기 거의 반쯤 얼 떠기가 되어 갑자기 전방에서 군 생활을 하고 있음을 알려 왔다.

필자의 고향인 인천에서 가장 번화한 곳은 당시 동인천역 근처였는데 80년 봄에, 그곳에서 대학 교련복을 제대로 입고 다니지 못하던 쓰라린 아픔이 생생하다. 재수 없으면 전방으로 쥐도 새도 모르게 끌려가는 형국이었기에. 모든 사상이 통제되던 말 그대로 소설 〈1984〉에 등장하던 괴물인 한국판 빅브라더에 의해 통치되던 무서운 시대에 필자는 부끄럽게도(?) 살아남았다.

2018년이다. 그로부터 38년이 지난 오늘, 그때와 비교해 보면 거의 상상할 수 없을 정도로 표현의 자유가 보장되는 시대이어서 그런지 그때를 살아본 필자는 격세지감을 느끼곤 한다. 피 흘림으로 지켜낸 대한민국 민주화의 결과다. 그럼에도 딴소리 하나 하자. 나는 오늘이 그때보다 더 무섭다. 비교가 되지 않을 만큼 소름끼치게 무섭다. 이유는 간단하다. 80년대는 그래도 상록수의 노랫말처럼 끝내 이기리라는 희망이라도 꿈꿀 수 있었다. 지금은 비록 서럽고 쓰라린 날이지만 손에 손 맞잡고 눈물 흘리며 나아가면 끝내 이길 것이라는 소망이라도 그때는 있었다. 하나 2018년, 오늘은 이길 것이라는 소망보다도 어디까지 죽일 것인가에 대한 불확실성이 더 강하게 자리를 잡고 있기에 소름이 끼치도록 더 무섭다는 고백은 엄살이 아니라 진정성이 있는 토로이다.

'다름'은 '다름'이지 나쁜 것이 아니라고 수없이 많은 지성들이 외친다. 그러나 '다름'을 인정하지 않으려는 아집의 집합체들이 그 다름을 반드시 척결해야 직성이 풀리는 시대가 바로 오늘인 것 같아 오싹하다. 이 대목에서 인정사정없다. 인터넷 공간은 오늘날의 빅브라더다.

SNS는 1984에 등장하는 빅브라더의 부하들이자, 프리모 레비가 말한 대로 가장 잔인한 카포[20]들이다. '다름'이라는 객체에 대하여 이 괴물들은 반드시 응징을 한다. 더불어 그 응징 이후 확인사살까지 한다. 그래야 직성이 풀린다.

요즈음은 글쓰기도 두렵다. 가장 상식적인 글을 써도 그 글에 대하여 무차별적으로 공격을 받기 때문이다. 이 공격은 좌우의 예외가 없다. 지성과 비지성의 구별도 없다. 신앙의 유무도 상관없다. 이렇게 한번 목표가 되면 실체의 규명에 상관없이 이미 그 대상은 치명상을 입어 재기불능의 상태가 되기 일쑤다.

필자는 몇 주 전, 어느 기고에서 난민에 대한 일고─考를 밝혔다. 또 어떤 다른 시간에 세미나의 강사로 섬기면서 탈교회 시대의 선교적인 대안에 대한 목회자로서의 나름의 몸부림을 피력했다. 그곳에서 교회는 철저하게 이타적인 교회 공동체의 사역을 감당할 때 진정한 교회임도 역설했다. 그러다가 '다름'의 사람들에 의해 참 견디기 어려운 공격

에 시달렸다. '너나 잘 하세요'의 인신공격적인 폭격에 무척이나 힘들었
다. 언젠가 목회자들을 대상으로 강의했을 때 부활하신 예수 그리스도
께서 이 땅에 다시 오실 그날, 주 안에서 죽은 자와 산 자의 부활을 주군
께서 이루실 것을 복음주의 권에 있는 목사로서 신앙의 고백에 따라 전
했다. 결과, 공개된 글에 대하여 아직도 성경에 기록된 방식의 부활론을
믿는 아둔한 목사라고 맹폭격을 당했다. 그 고통은 당해 본 사람들만이
아는 고통이다. 이런 공격에 지속적으로 노출되면 사람들이 우울의 모
드를 경험한 끝에 극단적인 선택을 한다는 것이 이해가 될 정도였다.

　지인들 중에 많은 생각 있는 사람들이 이런 이유로 인터넷으로의 소
통을 끊나 보다. 외롭지만 사회적 관계망과도 결별하나 보다. 아마도
살아남기 위한 최소한의 본능적인 방어기제가 작동했기 때문일 게 분
명하다. 지금 내가 사는 시대는 정말로 무서운 시대임에 틀림없다. 비겁
하지만 필자도 SNS 활동을 접을까를 심각하게 고민하고 있다. 그렇게
하자니 갈등이 하나 있다. 주님의 가르침 때문이다.

내가 너희에게 말하노니 만일 이 사람들이 침묵하면 돌들이 소리 지르리라.[21]

이래저래 고통스럽다.

비가 내리셨다

거의 한 달 만에 반가운 '비'가 내리셨다. 우리들의 선조들은 '비가 내렸다'고 표현하지 않고 '비가 내리셨다'라고 종종 표현했다는 글을 읽어본 적이 있다. 이번 주 목요일 저녁부터 금요일까지 내린 비를 나는 정말로 이렇게 표현하고 싶다.

비가 내리셨다.

너무너무 고마웠기 때문이다. 몸서리가 쳐질 정도로 폭염에 지쳐 있었고 극심한 가뭄으로 인해 고통이 심대된 지금이기에 내리신 비는 너무 소중한 조물주의 선물이다. 그래서 전도서 기자가 말한 명쾌한 성찰이 떠올랐다.

하나님은 모든 것이 제 때에 알맞게 일어나도록 만드셨다. 더욱이, 하나님은 사람들에게 과거와 미래를 생각하는 감각을 주셨다. 그러나 사람은 하나님이 하신 일을 처음부터 끝까지 다 깨닫지는 못하게 하셨다.[22]

창조의 주군이 하신 일은 너무나 아름다웠음을 분명히 토로하는 이 글 속에서 근데 '왜? 창조하신 피조의 세계가 이렇게 고통의 터널을 지나는 것처럼 불가마 속에 있는 것과 같은 자연재해에 허덕이고 있는 것일까?'를 질문하지 않을 수 없었다. 말 그대로 하나님이 깨닫지 못하게 하셨기 때문일까? 그럴 리가 있겠나 싶다. 다는 아니더라도 충분히 하나님이 보여주신 자연계시만으로도 인간은 이 땅을 보존할 수 있는 자유의지가 있었음을 하나님도 인정하셨기에 피조물들의 선택을 존중하셨던 것이 분명하다. 그러기에 작금의 자연재해에 대해 인간은 변명의 여지가 없다.

흔히 하는 말 가운데 '자업자득自業自得'이라는 말이 있다. 풀이하면 '뿌린 대로 거둔다'는 말일 것이다. 너무 소중하게 여기셨던 하나님의 걸작인 자연을 인간이 마음껏 유린하고, 훼손하고, 무시한 결과가 지금 우리에게 닥치고 있는 무서운 자연 재앙들이며, 또 그 재앙은 자업자득으로 고스란히 인간에게 넘겨지고 있다는 점에서 유구무언이다. 더 아픈 것은 우리들의 자손들 세대는 이 고통의 늪이 더 깊어질 것이라는 암울함이다.

인터넷 포털에서 지적된 뉴스는 이렇다. 2030년 북극의 얼음은 완전히 사라지는데 복구는 이젠 늦었다는 것이다. 보도를 읽으면서 오싹해지는 것이 필자만의 착각인가를 두고 깊이 생각해 보았지만 여타 다른 사람들도 이 재앙에서 예외일 수 없다. 자연의 자연스러움은 인간에게 하나님이 주신 최고의 선물인데, 도리어 자연을 부자연스럽게 만든 인간의 욕심 때문에 인간은 그 자업자득의 비극적 결과물을 피할 수 없게 된 것이다. 결국 하나님이 주신 선물을 무시하고 내팽개친 대가를 톡톡히 치르는 셈이다. 비가 내려야 할 때 비가 내리지 않고, 따뜻해야 할 때 따뜻하지 않고, 추워야 할 때 춥지 않은 기형적 현상들로 인해 인간들은 그 신비로운 하나님의 작품을 더이상 경험하지 못하는 불행한

미래를 떠안아야 되는 운명에 처한 것이다. 세계적인 미래학자인 제임스 켄턴은 '극단적 미래 예측'에서 그의 걱정을 이렇게 경고한 바 있다.

> 현재 우리를 위협하고 있고, 미래에 우리 자녀들을 위협할 지구 온난화의 위험성은 대형 환경 재앙이 일어나야만 비로소 사람들이 그 문제의 심각성을 인식하게 될지 모른다는 점이다.[23]

소 잃고 눈물 흘리며 외양간 고치는 셈임을 지적한 이 말이 오늘은 크게 들린다. 왜? 비가 한 달 만에 기적적으로 내리신 것을 보는 세대가 되었기에 말이다. 교회 정원에 간신히 갈하지 않을 정도로 물을 주는데 걸리는 시간은 꼬박 2시간이나 든다. 헌데 비가 내리셔서 마른 대지를 흠뻑 적시는 데 걸린 시간은 채 5분이 안 된다. 그런데도 우리 인간은 켄턴 박사의 말대로 아직도 깨닫지 못하고 있는 것 같아 내 가슴이 강타당하는 아픔을 느낀다. 어느 날 비가 영원히 내리시지 않을까 두렵고 떨린다. 정말로 더이상 회복의 기회와 방법은 없는 것일까? 하나님이 창조하신 그때의 그 모습으로 돌아가는 방법이.

탁구장에서

일과를 끝내고 특별한 일이 없으면 일주일에 세 번 탁구장에 나가 열심히 땀을 흘린다. 흠뻑 흘린 땀은 육체적인 건강은 물론, 정신적인 면에서도 긍정의 효과를 나타내는 것을 알기에 가능하면 꾀부리지 않고 구장에 나가 몸을 움직이고 있다. 탁구장에 나가면 탁구를 막 배우기 시작한 초보자와 지속적으로 운동을 해서 초보의 딱지를 벗고 이제는 제법 기본기를 갖추어가며 탁구를 즐기는 회원들을 만난다. 그렇게 약 5년간 그들을 지켜본 사람이다 보니 어떤 회원은 장점이 무엇이고, 또 다른 회원의 단점이 무엇인지를 알 정도로 이제 나는 소위 터줏대감이 되었다.

필자가 구장에서 하는 일 중에는 개인 운동과는 별개로 탁구 레벨이 낮은 회원들을 위해 가르쳐 주어야 하는 일도 있다. 해서 맞상대를 해주고 회원들의 약한 점을 알려주고 그것들을 고치라고 주문하는 일도 적지 않아졌다. 이 일들을 하다 보니 참 열심히 운동을 하는 데도 그렇게 뛰어나거나 괄목할 만한 기량으로 성장하지 못하는 회원들을 만나게 되는데 그들에게는 똑같은 공통점이 있다는 사실을 자연스럽게 발견하게 된다. 개중에는 아주 천성적으로 운동 신경이 없는 자들도 있지만 그런 사람들은 그리 흔하지는 않다. 그럼에도 실력이 늘지 않는 회원들의 특징을 추적하다 보면 거의 막 배운 사람들이라는 것을 알게 되었다. 매뉴얼에 있는 대로 기본기를 갖춘 회원들이 아니라 습관에 따라 막 탁구를 친 사람들이 대부분이다. 관장에게서 기본부터 착실하게 레슨을 받은 사람들은 성장의 속도가 빠르지만 레슨 없이 그냥 본인이 하고 싶은 대로 탁구를 막 치는 사람들은 거의 정체 상태를 유지한다. 발전하지 않는 것이다.

모든 일이 그렇지만 어떤 하나의 아름다운 작품이 탄생하려면 기초가 든든해야 하는 것처럼 운동도 매일반인데, 그것을 무시함으로 인해 아무리 열심히 운동을 해도 진도가 나가지 않고 그 자리에 머물러 있는 탁구 동아리 회원들을 보면서 목사로서 느끼는 목회적인 성찰이 하나 있다.

신앙도 기본기가 있어야 한다.

한 주간동안 고난주간을 맞아 저녁 집회가 교회에서 열린다. 외부 강사를 초청하지 않고 자체 집회를 해야 하는 부담의 절정은 담임목사에게 있다. 에너지가 충만한 젊은 목사 시절에는 끄떡없이 일주일 정도의 집회는 식은 죽 먹기라는 교만함으로 사역을 감당했지만, 사실 이제 이런 종류의 집회를 자체적으로 감당하려면 제일 먼저 겁이 덜컥 난다. 능력의 부재가 첫 번째 이유이고, 그 다음은 체력이 뒷받침되지 않기 때문이다. 이것을 알기에 꾀가 나 약 2년 동안 집회 없는 해를 보내고 나니 교우들에게도 미안한 마음 굴뚝이고 해서 이번에 용기를 내기로 했다. 이렇게 다짐하고 시작하는 사역이기에 진행될 여섯 번의 집회는 내 체력을 감안하여 엄청난 것을 기대하는 집회가 아닌 기본기 갖추기에 초점을 맞추었다.

한국교회에 너무 많은 집회가 있다. 거기에 걸맞은 기라성 같은 능력자들이 즐비하다. 해서 그들을 초청해서 엄청난 지진과 번개와 벼락이 내리는 것을 경험하고 싶은 지체들도 있겠지만 세인의 정체성은 그렇지 않기에 또 다시 잔잔하게 기본기를 다지는 집회의 기회를 가져 보려고 한다. 화려하지는 않지만 비아 돌로로사의 길을 걸으셨던 주님의 그 은혜를 맛보고, 바울이 고백한 대로 예수의 스티그마를 지니는 신앙의 기본기를 다시 한번 갖추어가는 행복한 사역이 되기를 기대해 본다.

영성 신학자 제임스 패커의 글을 읽다가 만감이 교차했던 글을 만났다. 그 글의 전문이다.

> 최근에 어느 신학생이 '포스트모던 시대에 예수 그리스도는 어떤 의미가 있는가?'라는 다소 도발적인 시험 문제에 '우리가 의미를 부여하기 나름'이라고 짤막하게 답해 A학점을 받았다고 한다.[24]

기본기가 흔들리고, 또 흔들고 있는 시대에 살고 있다. 그러기에 목사의 역할이 그 어느 때보다 중요하다. 기적이 상식이 되는 교회가 아니라 기본이 기적이 되는 교회들이 되었으면 좋겠다.

> 이후로는 누구든지 나를 괴롭게 하지 말라. 내가 내 몸에 예수의 흔적을 지니고 있노라.[25]

괴물 이야기

쓰던 '갤럭시 노트 4'라는 명칭의 휴대폰을 폐기하고 '갤럭시 9'라는 기종으로 교체했다. 결심한 이유는 언제부터인지 기계를 사용하다 보면 화면이 꺼지지 않는 증상, 리튬 배터리 한 개가 소모의 기한을 넘겨 없는 것과 마찬가지인 상태, 상대방에게 전화를 걸면 첫 번째 통화는 불통이 되고 두 번째 다시 걸어야 정상적인 소통이 되는 트러블 등등이 시작되었기 때문이다. 3년을 사용했지만 개인적으로 기기들을 소중히 다루는 습관이 있어 눈으로 볼 때 새것과 같은 휴대폰을 교체하는 것이 속이 상했지만 어쩔 수가 없는 일이었다. 증상을 개선시키려고 AS 센터를 찾아 여러 차례 업그레이드도 해보았지만 직원이 가능하면 바꾸라며 웃는 모습의 압력과 더불어 날이 갈수록 조금씩 맛(?)을 잃어가고 있는 기계의 상태가 심해지는 느낌이 있어 아내가 바꾸라는 말에 동의해서 큰맘 먹고 교체를 했다.

교체 당일에 당사자가 있어야 한다는 말을 듣고 대리점에 나가 계약서에 사인을 했다. 실은 계약 조건이나 용어에 대하여 문외한이고, 아내가 나름 전문이기에 나는 그냥 가서 사인만 했는데도 일련의 일들이 불편했다. 아무리 아내의 도움을 받는다 치더라도 계약 당사자인 내가 해야 할 일이 그랬다. 기기 설정에 따른 이모저모의 일은 내가 해야 하는 몫이었고 해서 난생처음 최신 버전인 기계가 요구하는 일들을 땀 흘리며 아주 겸손하게 순종해야 했다. 새로운 기계를 만난다는 자체가 기계치인 나에게는 두려움 그 자체였다. 생체 인식 기능 중에 홍채虹彩 확인 기능이라는 시스템을 통과해야 했는데 얼굴, 지문 인식 등등을 해야 하는 과정은 한 번에 하지 못하고 여러 차례의 NG 끝에 기본 설정 세팅을 마쳤다. 기존에 갖고 있었던 폰 기능과는 전혀 다른 기능들이 있었는데 그 내용들을 이해하는 데에 꼭 하루가 걸렸다. 아뿔사, 불행하게도 폰을 열어 작업을 하려고 하는데 홍채 인식이 제대로 안 되는 불상사가 일어나 폰 회사 계정으로 옮겨 잠금을 해제하고 다시 세팅하면서 머리가 터지는 줄 알았다.

폰 터치의 감도도 분명한 파워가 가해져야 마음을 열어주는 못된 '폰女'의 마음을 사기 위해 긴장하며 손 터치를 하는 것이 이제는 일상이 되었다. '빅스비'라는 듣도 보도 못한 야릇한 음성의 여인과의 대화를 하는 것도 오랜 노력이 있어야만 소통이 가능했다. 아직도 'SYRUP 월렛', '클라우드 베리', '옥수수' 등등의 가까이하기엔 너무나 먼 어플을 사용하는 것은 왠지 남의 나라의 이야기처럼 보이는 그림의 떡이다. 아들에게 물어보면 약간의 도움을 얻을 수 있겠지만 그것도 쉬운 일이 아니라 그냥 할 수 있는 것만 하기로 했다. 듣자 하니 우리나라에서 만든 폰은 대부분 사용한 지 2년 정도면 수명을 다한다고 한다. 그런 정보를 들어서 그런지 이후에 소비자만 골탕을 먹어야 하는 새로운 폰과의 전쟁을 해야 할 때마다 너무 약이 오른다.

'따르릉' 하면 받고, '뜨르륵' 상대방의 번호를 돌려서 대화를 하던 아날로그 전화기가 너무 그리운 것을 보면 지금 내 손에 쥐어져 있는 갤럭시 9 휴대폰은 분명히 괴물이다. 하필 오늘따라 턴테이블이 고장이 나서 좋아하는 아날로그 LP 음악을 들을 수 없어 CD 기계음에 의지하여 음악을 듣는 것도 왠지 우울하다. 너무 비약한다고 할지 모르겠지만 손에 들고 있는 핸드폰은 가까이 하기엔 너무 먼 괴물임에 틀림없다. 가능만 하다면 2G 시대로 돌아가고 싶은 것은 나만의 소회일까!

　세계적인 IT 계통의 학자인 니콜라스 카는 본인의 책에서 존 컬킨의 말을 이렇게 인용했다.

　　우리는 도구를 만들고, 그 후에는 도구가 우리를 만든다.26)

　꼼짝없이 나를 만들어 가고 있는 '갤럭시 9'은 나에게 분명히 무시무시한 괴물이다.

멈추어 서서

100주년기념교회를 담임한 이재철 목사께서 쓰신 책 중『회복의 신앙』이라는 책에서 이런 글을 읽은 적이 있다. 제네바에 있는 오비브 Eaux-Vives교회는 100년이 넘는 역사를 갖고 있는 교회인데 지금은 교회의 쇠락으로 인해 20~30명 정도의 노인들만 모여 예배를 드리는 상태라고 설명하면서, 이런 방문 소감을 남겨 놓았다. 프랑스어로 성경공부를 한다는 소식에 달려간 그 날, 몇몇 노인들이 마태복음 4장을 읽고 한 사람씩 나눔을 하고 있었다. 한 백발의 노인이 순서가 되어 고백한 내용을 듣다가 얼마나 큰 은혜를 받았는지 모른다는 소회를 나누었다.

돌로 떡을 만들라고 했을 때, 성전에서 뛰어내리라고 유혹했을 때, 나에게 경배하면 천하만국 권세를 주겠다고 유혹했을 때, 예수님은 말씀으로 그 유혹들을 물리치셨습니다. 여러분도 다 알다시피, 우리에게 불현듯 유혹이 엄습할 때가 있습니다. 그때 우리는 잠시 멈추어 서야 합니다. 잠시 멈추어 서서 말씀 앞에 서야 합니다. 말씀은 모는 것이 명료합니다. 명료하지 않은 것은 우리들 자신입니다. 말씀 안에는 빛이 있고 길이 있습니다.27)

필자는 이 글을 아주 오래전에 읽었지만 새길수록 은혜가 된다. 명료한 하나님의 말씀 앞에 멈추어 선다는 것은 일상을 접고 깊은 영적 호흡과 쉼을 갖는 것이 아닌가 싶다. 파주에서 목회를 하던 아주 젊은 시절, 물불을 안 가리고 교회를 부흥시킬 수만 있다면 무엇이든지 해보겠다는 열정이 불타올랐을 때, 당시의 기라성 같은 교계의 목회자들이 강사가 되어 일 년에 한 번씩 목회자를 대상으로 하는 세미나가 대대적으로 열렸다. 넘치는 열정으로 그 세미나에 약 3년 동안 매년 참석을 했던 기억이 있다. 당시에 세미나가 열렸던 장소가 경기도 양평에 소재한 양수리 수양관이었는데 그곳에서 열심을 다하여 목회 성공(?)의 노하우를 갖고 있었던 선배들에게 무엇인가가 있을 것을 기대하며 귀를 쫑긋 세우고 강의에 참석했었다. 조금씩 나이가 들고 목회의 연륜이 쌓여가면서 세미나가 중요한 것이 아니라 자기 목회의 정체성이 가장 중요하다는 것을 알게 된 후로 그런 류의 세미나는 일체의 발길을 끊었다.

지난 주간 젊은 시절, 열정을 다해 강의에 참석했던 그 장소인 양수리 수양관에서 한 주간 하반기 목회의 구상을 하며 지냈다. 시나브로 그렇게 수많은 세월이 흐른 뒤 찾은 수양관이라서 그런지 그곳에서 그 옛날 교회 부흥의 열정의 숨소리가 들리는 듯했다. 필자가 찾은 기간 동안 양수리 수양관은 큰 수양관임에도 불구하고 외부에서 들어온 사람이 단 두 사람이다 보니 무서울 정도로 적막했다. 허나 성격적으로 고요함을 즐기는 스타일이라서 그런지 도리어 필자는 너무나 귀한 재충전과 쉼의 시간을 가질 수 있었다. 하나님의 명료한 말씀에 멈추어 서서 묵상하는 혼자만의 시간을 가졌다.

목회의 여정 중에 일 년에 두 번 전반기와 후반기에 걸쳐 기도원에 올라간다. 너무나 소중하게 여기는 시간이다. 주군과 함께 사랑을 나누는 아름다운 시간이다. 일체의 세속적 계산을 말씀 앞에 내려놓는 목사의 동안거, 하안거다. 말씀 앞에 멈추어 서는 시간이기에. 수양관에 있는 내내, 정말로 매서웠던 지난날의 엄동설한을 회고하고, 영적 비주류의 인생을 사는 것이 얼마나 고독한지도 깨닫고, 하나님의 교회를 사람의 방법이 아닌 하나님의 방법으로 이끈다는 것이 현실적으로 얼마나 치열한 영적인 전쟁인가를 깨달았다. 그럼에도 불구하고 하나님이 함께하시는 광야 교회에서의 사역이 얼마나 행복한지를 가슴에 담는 시간이었다.

교회를 위하여 기도하고, 사역의 동역자들을 위해 중보하며, 그 무엇보다도 한국교회와 제천 산지를 위한 종의 사명을 다시 한 번 각인했다. 바른 신학과 신앙을 전제로 한 바른 부흥을 위해 목회자로서 영적 본질을 놓치지 않고 달려간다는 것만 전제한다면 하나님이 함께하실 것이라는 확실한 조명의 은혜 아래에서 거할 수 있었던 너무 행복한 시간을 산상에서 보냈다.

다릿재 터널과 박달재 터널을 지나 제천에 들어오면서 이런 각오를 다져본다.

조금 더 많이 하나님의 명료하신 말씀 앞에서 멈추어 서자.

첫사랑

고등학교 시절, 첫사랑의 추억이 있다. 고등부 1년 후배였던 아이였다. 고등부실에서 〈아드린느를 위한 발라드〉를 치던 아이를 처음 보면서 사랑에 빠졌다. 이후 온통 그 아이 생각으로 사랑앓이를 시작했다. 하루의 모든 시간이 그 아이 때문에 존재하는 것 같았고, 앉으나 서나 그 아이가 필자를 점령했던 그 시절이 있었다. 지금이야 그때를 생각하면 한편으로 촌스럽기 그지없지만 그래도 간직하고 싶은 풋풋한 첫사랑 이야기임에 틀림이 없다. 첫사랑 이야기는 누구에게나 설레는 노래이고, 시일 게다. 그래서 첫사랑이 더 아름다운 것은 아닐까.

지난 화요일, 대학원 종강을 하는 날, 너무 많은 눈이 내리는 것을 본 아내가 걱정이 된다고 학교까지 직접 운전해 주며 동행하였다. 평소 운전을 싫어하는 필자의 성향을 알기에 필자를 혼자 보내놓고 나면 안심이 안 된다고 아내가 길을 나선 것이다. 그렇게 수업을 마치고 돌아오는 길, 제천에 내렸던 눈을 걱정하며 조심조심 운전해 도착했다.

주차장에 막 도착하면서 눈이 휘둥그레졌다. 주차장에 수북이 쌓여 있을 것이라 생각했던 눈이 깨끗하게 치워져 있었기 때문이다. 몇 달 전, 하나님의 부름을 받은 섬기는 교회의 여 집사 외에는 딱히 평일에 교회 주차장에 쌓인 눈을 치우기 위해 일부러 시간을 낼 수 있는 지체들이 많지 않다는 것을 알기에 눈을 치운 지체가 더욱 궁금해졌다. 그렇게 시간이 지난 뒤, 화요일 저녁에 교회 주차장 눈을 치우며 수고한 주인공을 자연스럽게 알게 되었다. 지레짐작한 지체라고 생각을 했지만, 마침 확인을 하고 나니 더더욱 그 지체에게 감동이 되었다. 아주 공교롭게 그 지체의 눈 치우기 이후 여러 지체들이 눈 치우기에 관심을 갖는 신기한 일도 벌어지기 시작했다.

교회 주차장에 눈 치우는 것이 뭐 그리 대수로운 일이냐고 치부할 사람들이 있을지 모르지만 이제는 교회 봉사마저도 머리를 굴리며 소위 말하는 '낄끼빠빠낄 데 끼고 빠질 데 빠지기'가 대세가 된 작금이기에 담임목사에게 그 지체는 너무 큰 감동을 주기에 부족함이 없는 동역자로 서주었다. 지금 그 당사자는 교회에 대한 첫사랑의 뜨거움에 빠져 있다. 하나님의 교회에서 만나고 경험하는 여러 일에서 마치 첫사랑의 그 감정을 느끼고 있는 지체이기에 아마도 교회를 향한 봉사마저도 자원하는 마음의 뜨거움을 갖고 기쁘게 감당해 주었을 것이 분명하다.

바울이 사역했던 일체의 교회들 중에 유독이 큰 사랑을 베풀어준 교회공동체를 호명하며 다른 여타 교회도 본받을 것을 간접적으로 압박했던 주인공 교회가 있었다. 빌립보교회다. 작은 교회였지만 바울이 원하는 방향성을 갖고 흔들리지 않으며 경주해준 빌립보교회, 바울의 선교 사역을 위해 한 번 정한 물질적 지원을 중단하지 않고 지원했던 빌립보교회였기에 그는 이렇게 뜨거운 사랑을 표했다.

내가 예수 그리스도의 심장으로 너희 무리를 얼마나 사모하는지 하나님이 내 증인이시니라.[28]

목회를 하면서 참 많은 사람의 시작이 뜨거웠던 것을 목격하였다.

허나 몇 날이 못 가 그 뜨거움이 싸늘한 재로 변한 자들 또한 수도 없이 보았다. 그러기에 필자는 지금 첫사랑에 빠진 지체를 위해 이렇게 기도한다.

주님, 첫사랑의 감격에 빠진 지체가 그 사랑, 변하지 않고 이어지게 하옵소서!

필자는 이제 이순耳順의 나이를 낼모레 앞두고 있다. 그런데 가끔, 아주 가끔 이런 생각을 한다.

○○이는 잘 지낼까?

지금 생각해도 첫사랑은 참 풋풋했다.

종호의 연세대 신학과 입학에 즈음하여

모든 신학은 지식을 포함한다. 신학은 최소한 성서, 교회, 세상, 인간에 대한
지식을 요구한다. 이러한 이유로 신학은 지식knowledge을 요구한다. 그러나
신학은 지식 그 이상의 것이다. 신학은 지식의 체계일 뿐 아니라 더 중요하
게 지혜wisdom이다.29)

글을 읽다가 신학의 권위에 대한 무한한 동의로 받아들이며 흡족했다.
전에 시무하던 교회에서 막 부임을 했을 때, 30대 중반의 한 교우가
필자를 찾아와 신학교 추천서를 부탁했다. 그가 신학교를 가겠다고 추
천서를 의뢰하며 했던 말이 이랬다.

사회에서 이것도 해보고, 저것도 해보았는데 되는 일이 없었습니다. 다 실
패했습니다. 이건 분명히 하나님께서 제 길을 막으셨기 때문입니다. 해서
억울하지만 더 매 맞기 싫어서 신학교를 가기로 했습니다.

그의 이야기를 듣다가 은근히 부아가 치밀었다. 왜? 목회와 목사를
얼마나 깔보았으면 이런 방자함을 갖고 있는가에 대한 분노가 치밀어 올
라와서. 단호하게 그의 부탁을 거절했다. 두 가지 이유 때문이었다.

① 세상에서 실패한 자가 하나님의 사역에 승부를 걸겠다는 발상 자체
　가 상식적이지 않다고 생각했다.
② 정상적인 공부를 하지 않은 자는 바른 신학을 정상적으로 할 수 없
　다는 판단이 필자에게 있었다.

필자는 주관적인 소명만 있지 객관적인 실력을 갖추지 않은 사람이
신학을 하는 것에 대해 상당히 부정적인 생각을 갖고 있다. 물론 나와
생각이 다른 사람들이 많다는 것을 인정한다. 그런데 어쩔 수 없다. 나
는 이것이 상식이 통하는 교회로 만들기 위해서 목회자가 최소한으로
갖추어야 하는 조건이라고 믿기 때문이다. 물론 신학교에 들어가 하나
님을 위한 새로운 삶을 만들어가는 사람들이 있다는 것을 인정한다. 허
나 필자는 신학교에 가려는 사람들은 적어도 세 가지의 자격을 구비했
으면 하는 마음이 있다.

① 정상적인 가정에서 부모들이 올바른 신앙적 삶을 살려고 노력했던
　것을 보고 자라며 정서적으로 안정적인 학생
② 가능하면 고등학교 시절, 성적이 중상위권에 있었던 학생
③ 하나님께서 나를 부르셨다는 분명한 소명이 있는 학생

이 세 가지를 역설하고 보니 귀가 간지럽다. 이런 조건을 구비한 학
생들이나 그들의 부모들 중에는 필자에게 제정신이냐고 되묻는 사람들
이 허다할 것이 분명하기 때문이다. 작금, 교회가 추락하고 있는 위기의
시기라 신학생이 극도로 감소하고 있는 이때 우수한 실력을 갖춘 자녀
를 신학교에 보내는 그런 어리석은 부모와 당사자는 전무할 것이다. 맞
다. 동의한다. 그러기에 필자는 차제에 신학교는 더 많이 줄어야 하고,

신학을 공부하려는 신학도도 바닥을 쳐서 더 많이 줄어야 한다고 믿는 목사다.

섬기는 교회에서 성장한 청년 한 명이 지난 학기, 연세대학교 신학과에 입학했다. 지난 대학 수학능력 시험에서 정말로 아쉽게 국어 평가에서 두 문제를 틀린 것을 제외하고는 모든 과목에서 만점을 받은 실력을 겸비한 아이. 전술한 대로 적어도 이 정도의 실력이라면 진로에 대한 많은 길이 열려 있을 것이고, 본인이 마음을 먹으면 나름 엘리트주의, 성공지상주의 천국인 대한민국 사회에 부합하는 길로 충분히 갈 수도 있을 법한 실력이 있는 학생이었다. 어떤 경우에 아이보다 부모가 더 그런 세속적 부와 명예가 보장되어 있는 길로 아들을 압박할 수 있었을 텐데, 아이도 부모도 서로 인격적인 대화와 기도 중에 연세대학교 신학과에 지원하기로 했고, 그 결과 합격을 해 입학을 했다.

일련의 일을 경험하면서 필자는 그 가정을 위해 중보하고 응원하는 담임목사로서 말로 표현할 수 없는 감동이 임했다. 조금 더 과장법을 동원하여 표현한다면 이 일은 제천에서 사역을 시작한 16년이라는 세월의 굴곡 안에서 필자를 가장 기쁘게 해준 복음과도 같은 쾌거로 다가왔다. 재론하지만 지금은 교회 전성시대가 아니다. 더불어 교회를 달갑게 보는 시대는 더더욱 아니다. 설상가상으로 앞으로 한국교회의 미래의 색깔은 우울 색감BLUE COLOR이다. 이런 상황에 신학이라는 학문을 택한다는 것은 세간의 시선으로 접근하면 참으로 어리석은 일처럼 보인다. 그래서 그런가. 필자는 이 고독하고 우울한 색감을 갖고 있는 신학의 길을 선택한 아이에게 목사로서 표할 수 있는 최고의 격려를 보낸다. 더불어 부모들에게 더 뜨거운 박수를 보낸다.

오늘, 신학자로 서 가는 길은 정말로 녹록하지 않다. 엄청난 수고와 노력 그리고 각고의 헌신과 최고의 공부가 전제되기 때문이다. 그래서 아이가 너무 귀하고 또 귀하다. 필자는 그가 아베 피에르와 유진 피터슨과 같은 영성을 갖춘 사역자로, 존 스토트와 팀 켈러와 같이 지성을 겸비한 목회자로, 톰 라이트, 마크 놀 그리고 마이클 호튼과도 같은 최고의 신학자로 성장해 주기를 바라고 기도할 것이다.

종호야, 연세대학교 신학과 입학을 진심으로 축하한다.

Ⅲ

심(心)

하나님, 보고만 계시렵니까?

특별히 작년 한 해는 엘리위젤에게 마음을 빼앗겨 버린 한 해였다. 책을 출간하기 위함도 있었지만, 간접적이기는 했지만, 그동안 적극적으로 만나려고 했던 지식인이었기에 더더욱 필자에게는 그와의 기쁜 만남을 이룬 셈이다. 〈팔티엘의 비망록〉을 위시해서 〈나이트〉, 〈삼고 로드의 재판〉, 〈이방인은 없다〉, 〈홀로코스트〉 등등은 적어도 오늘을 사는 나에게 "인간으로서의 상식적 삶이 무엇인가?"라는 질문과 답을 비롯하여 진정한 신앙인의 정체성까지 다시 한번 확인하게 해준 선생님이 되어주기에 부족함이 없는 도구들이었다.

위젤의 글 중에서 특히 〈나이트〉를 통해 가슴 깊이 새겨본 장면은 이 부분이었다. 부나 수용소가 연합국에 의해 폭격을 당할 때, 배가 고파 음식물을 훔친 세 명의 수감자들이 발각되어 교수형을 당하는 장면이 리얼하게 묘사되어 있다. 만 명 정도의 유대인 수감자들이 보는 앞에서 3명이 즉결심판의 모양새로 교수형에 처해진다. 그중에 한 명은 어린아이 피펠이다. 교수형이 처해지자마자 어른 두 명은 절명하지만 어린 피펠은 몸무게가 가벼워 오랜 시간 동안 숨이 끊어지지 않는 고통을 경험한 뒤에야 생명이 끊어지는 것을 엘리 위젤을 비롯한 수감자들이 본다. 그렇게 그 비극의 현장은 막을 내린다. 이런 일이 있은 후에, 엘리

위젤이 이 작품에서 가슴 먹먹함으로 전하고 있는 또 다른 장면이 있다. 죽은 자를 위해 기도하는 '카디쉬' 기도문을 제사장이 낭독할 때의 일이다. 제사장은 이렇게 노래한다.

하나님의 이름을 찬미할지어다.

이 기도 노래에 엘리 위젤은 강력한 반발심을 표한다. 무기력한 하나님을 찬미하라는 것이 말이 되는가? 아직 피지도 않은 어린 피펠이 교수형을 당할 때 아무것도 행하지 않은 하나님의 이름을 찬미하라는 것이 말이 되는가? 그리고 엘리 위젤은 이후 하나님의 이름을 부르지 않기로 결심했다고 강조한다. 그리고 엘리 위젤은 이렇게 속으로 항의하며 소리친다.

하나님, 보고만 계시렵니까?

필자가 섬기는 교회 공동체는 지금 암 투병 중인 지체들을 위해 중보하고 있다. 나름 최선을 다해 기도하고 있지만 그럼에도 불구하고 환우들의 예후는 별로 좋아지지 않고 있다. 이럴 때마다 목사인 필자 역시 하나님께 항변하고 싶은 것이 있다. 엘리 위젤의 독백이다.

하나님, 보고만 계시렵니까?

가끔 목회 현장이 눈에 보이는 신바람이 나야 목사도 힘이 나는 것이 사실이다. 그러나 목회의 여정 중에 수없이 느끼는 것은 하나님은 내 마음대로 움직여 주시지 않는다는 점이다. 해서 목회 현장에서 30년을 뛰었지만 순간순간 목사는 절망할 때가 더 많다. 하나님이 원망스러울 때가 너무 많다. 그런데도 필자는 아직 그 하나님을 의지한다. 왜? 엘리 위젤은 피펠이 교수형에 달려 숨을 거둘 때 그의 내면으로 누군가의 음성을 듣는데 필자도 그 음성의 주군을 믿고 사랑하기 때문이다.

> 도대체 하나님은 어디에 계신단 말인가?
> 하나님이 어디에 있냐고? 하나님은 지금 저 교수대에 매달려 있단다.[1]

필자가 하나님을 의지하는 이유는 환우들이 아파하는 그 아픔을 하나님도 같이 느끼고 있다고 믿기 때문이다. 이렇게 이야기를 하면 말도 안 되는 자기합리화라고, 비겁한 자들의 궁색한 변명이라고 공격할 것이 분명하지만 그래도 이것에서 물러설 수가 없다. 하나님은 보고만 계시는 것이 아니라 그 아픔을 같이 당하고 있다는 것을 사무치게 느끼기에….

고인이 된 가수 김광석 씨가 부른 노래 중에 이런 가사를 지닌 노래가 있다.

> 못다 한 사랑, 너무 아픈 사랑은 사랑이 아니었음을….

정말로 그럴까? 내가 이 노래의 가사에 천착하는 것은 가수는 너무 아픈 사랑은 사랑이 아니었다고 말하지만 반대로 그 사랑, 너무 아픈 사랑을 누군가가 했다면 그 사랑이야말로 진짜 사랑임을 확신하기 때문이다. 이 확신도 큰 감동이지만 더 큰 감동은 그 아픈 사랑이 지금도 현재진행이라는 점이다. 주군은 지금도 절망하고 있는 자들의 곁에서 절대로 떠나지 않으시고 같이 아파하시며 아픈 사랑을 하고 계시는 분이다. 하나님은 보고만 계시지 않는다. 하나님은 가장 아픈 사랑을 지금도 아픔을 당하는 자의 가장 지근거리에서 하고 계신다. 이 아픈 사랑을 하고 계시는 것을 알기에 오늘도 이렇게 고백하지 않을 수 없다.

하나님의 이름을 찬미할지어다.

시상식 유감

목회자의 보람 중에 하나는 성도가 잘 되는 것이리라. 지체 중에 약국을 경영하는 약사가 지난 주간, 납세자의 날을 맞이하여 정직한 납세자 표창을 받게 되어 축하차 참석했다. 평소, 필자의 목회적인 방향성이 '교회 안'이 아닌 '교회 밖'에서의 승리이기에, '주일만 승리하는 그리스도인의 삶'이 아닌 '월요일부터 더 승리하는 그리스도인으로서의 삶'이기에 지체가 실천한 정직한 납세와 경영을 통해 일구어낸 이번 시상식은 축하받을만한 일임에 틀림이 없다.

시상식장에 도착을 해보니 이미 많은 사람이 식장을 메우고 있었다.

국민의례를 마치고 곧바로 시상식이 진행되었다. 개인사업자, 의료인 그리고 지체처럼 성실한 납세자에 대한 격려와 표창패 수여의 순서로 진행되는 식을 보며 일면식이 없는 주인공들까지 욕심의 시대를 걷고 있는 지금 그렇게 성실한 세금 납부라는 국민의 도를 다한 저들에게 목사로서 마땅히 강복 기도의 화살을 쏟았다.

그렇게 끝날 것 같은 식은 잠시 정적을 뚫고 후속 프로그램들로 진행되었다. 감동의 자리가 견디기 힘든 시간으로 변질되는 데 걸린 시간은 그야말로 순식간이었다. 이름하여 내빈 소개다. 사회를 맡은 세무서장이 '굳세어라 금순아!'의 의지로 약 450여 명의 이름을 호명하고 박수

유도까지 하는 로봇 기능은 눈살을 찌푸리게 하는 악수惡手였다. 그렇게
내빈이라는 이름의 유지들을 소개하는 데 소요된 시간은 약 30여 분,
주인공들인 수상자들의 시상식에 소요된 시간이 약 10여 분. 주객이 전
도된 너무 심한 코미디였다.

오래전, 지구촌교회 원로 목사인 이동원 목사께서 강사로 나선 세미
나에 이렇게 전했던 메시지를 기억한다.

> 어느 교회를 막론하고 교회 예배에 나온 성도들은 오늘 담임목사의 설교를
> 들을 것인가 안 들을 것인가를 1~3분 안에 결정한다.

그가 계속 부연한 내용은 1~3분 안에 내가 감동을 받을 수 있는가
를 평가하고 설교를 수용 여부를 따지는 세대가 지금이라는 이야기를
듣다가 마음에 담았던 기억이 생생하다. 사족 하나. 시상식 순서 중에
재정기획부 장관의 치사를 세무서장이 대독했다. 예수께서도 가끔은
과장하셨으니 필자도 이 대목에서 조금 과장함을 넓은 마음으로 헤아
려 주기를 바라며 일설─說한다. "아무도 듣지 않는 치사."

그랬다. 아무도 그의 치사에 귀 기울이지 않았다. 사람들이 듣지 않
는 이유가 무엇이었을까? 식상함과 상투성 때문이었다. 1º의 감동이
없는 연설, 짜인 프로그램에 의해서 연출된 순서에 감동받을 사람은 없
다. 연출된 내빈 인사, 영혼 없는 재정부 수장의 치사는 그날의 시상식
을 정직한 세금 납부자를 격려하고 그 행위에 대한 박수를 보내고자 만
든 행사, 정직한 세금 납부를 생활화하여 이 땅의 공의로운 상도商道를
형성함으로써 국가 경제에 이바지하게 하는 일종의 캠페인적인 행사였
음을 잊어버리도록 하고, 감동 없는 행사로 만들어 버렸다. 넓은 의미로
해석하자면 나 같은 범인凡人은 다시는 이런 종류의 행사에는 참여하지

않겠다는 의지를 각성하게 해준 반면교사의 시간이라고 볼 수 있겠지만, 결론적인 평가 점수는 심히 유감스러운 실패작이었다.

> 창밖의 바람에 나뭇가지가 살며시 흔들리면 그것은 사랑하는 사람이 널 사랑하고 있는 거야.[2]

흔들리고 싶다. 사랑한다는 사람의 이야기가 듣고 싶다. 하지만 들리는 소리에는 영혼이 없어 보여 슬프다. 감동이 없어 유감스럽다. 언제나 감동의 노래가 들리려나.

인생 성공 단십백(單十百)

따르릉! 여보세요. 이강덕 목사님이시지요? 진해교회 ○○○의 남편 ○○
○입니다.

맨 처음에 낯설게 전화를 받았지만 곧바로 진해성결교회에서 사역
할 때 결혼 주례를 한 형제임을 알게 되었다. 7~8년 만에 받은 전화라
서 맨 처음의 생소함이 있었던 것이 사실이지만 형제의 전화를 받고 무
척이나 반가웠다. 진해에서 사역할 때, 신앙생활을 뜸하게 하는 미모의
여자 청년이 있었다. 사역하던 교회의 집사님 부부의 큰 딸인 것을 안
것은 부임 이후 조금 시간이 지난 후였다. 부임 심방 때, 자매가 교회를
잘 나오지 않는 이유가 나름의 상처 때문임을 알았다.

목사님, 시무장로의 가정은 교회에서 신경을 쓰는데 일반 집사의 가정은 별
로 관심이 없어요. 교회가 이래도 되는 건가요?

자매의 이야기를 듣고 그녀가 갖고 있는 상처가 무엇인지 짐작하게
되었다. 기실, 이런 부류의 실례들을 목회 현장에서 너무 많이 경험하여
크게 놀랄 일로 여기지 않았지만 나름 그 자매의 가정을 위해서 최선을

다해 목회적인 돌봄을 시도했던 기억이 생생하다. 설상가상으로 당시 자매의 가정이 경제적, 심리적으로 많이 어려운 때였기에 그 아픔을 보듬기 위해서 최선을 다했던 것 같다. 육체적으로 나약했던 여동생을 위해 중보 사역에 최선을 다했고, 교회의 일선에서 나름대로 소외되던 자매의 부모들을 격려하며 사역을 도왔다. 목사의 마음이 목양의 자리에서 최선을 다하지 않는 자가 과연 어디에 있겠는가마는 목회자로서의 기본적인 소양이 상업적인 목사가 아닌 이상 정말로 양을 아끼고 사랑하며 돌보는 것이 기본이라고 믿었기에 그런 마음으로 자매를 돌보았다. 이후 닫혀 있었던 마음의 문이 열리고 어느 정도 담임목사와 신뢰를 형성하게 되자, 그로 인해 이전에 경험했던 상처들이 치유되는 것을 목도하며 감사했던 아련한 추억이 그 자매 목양의 언저리에 있다.

그렇게 회복되어 승리를 하던 자매가 건강한 형제를 알게 되고, 이윽고 아름다운 가정을 이루게 되어 담임자로서 마음껏 축복하는 결혼식을 인도해주었는데 그때의 감격은 정말로 목회의 보람을 느끼게 하는 사역의 간증 중에 하나다. 수요일과 목요일 연이어 이틀 동안 그 부부에게서 전화를 받았다. 교회를 개척했다는 이야기를 듣고 많이 염려했고, 그래서 그동안에 제대로 인사를 드리지 못했는데 차제에 핑계 차 인사 전화를 드리게 되었다는 안부 인사였다. 교제 중에, 이제는 두 딸을 가진 부모들로 건강한 가정을 이루고 있다는 소식이 너무 감사했다. 잊지 않고 안부 전화를 해준 것만으로도 한때 비전을 공유했던 목사로 감사했는데, 전화 중에 자매가 이렇게 해주는 한마디가 울컥하게 했다.

목사님, 만약에 제가 목사님을 만나지 못했다면 지금처럼 신앙생활을 하지 못했을 텐데 목사님의 기도 덕분에 이렇게 귀한 가정을 이루고 신앙생활도 아름답게 하고 있습니다.

목회를 하는 목사의 보람 중에 하나는 지체들이 승리하는 것이다. 재론의 여지가 없다. 정말로 오랜만에 받은 전화 한 통은 필자에게 적지 않은 기쁨이 되었다. 해서 멀리 떨어져 있지만 마음으로 축복해 주었다.

예빈 아빠, 엄마! 주 안에서 승리하기를 바랄게요.

목사가 성도에게 인정받지 못하는 서글픈 시대에 살고 있는 목사로 항상 긴장한다. 그것처럼 비참한 꼴은 없기에 말이다. 어느 책인지 자세히 기억이 나지 않지만 이런 문장이 삽입되어 있는 것을 읽은 기억이 있다.

인생 성공 단십백.

풀면 이렇다.

한 명의 진정한 스승, 열 명의 진정한 친구, 일백 권의 좋은 책.

내가 섬겼던 교회 지체들에게 다른 것은 몰라도 이 소리는 듣고 싶다.

목사님은 진정한 스승이셨어요. 그리고 진정한 친구였습니다.

오늘따라 이 찬양을 자꾸만 흥얼거리게 된다.

형제의 모습 속에 보이는 하나님 형상 아름다워라. 존귀한 주의 자녀 됐으니 사랑하며 섬기리

자매의 모습 속에 보이는 하나님 형상 아름다워라. 존귀한 주의 자녀 됐으니 사랑하며 섬기리

우리의 모임 중에 임하신 하나님 영광 아름다워라. 존귀한 왕이 여기 계시니 사랑하며 섬기리.

우물쭈물하다가!

지난해, 계산해 보니 78권의 책을 읽었다. 년年 초에 나와 했던 약속을 실천하지 못해서 나름 부끄럽고 화가 났다. 작심삼일이 또 될지는 모르겠지만 새해 들어 다시 옷깃을 여미고 최선을 다하고 있는 것이 독서다.

첫 번째 책인 정여울의『마흔에 관하여』(한겨레출판)를 통해 이제 이순耳順이 된 내 정체성을 복기해 보는 의미 있는 시간을 가졌고, 신형철의『몰락의 에티카』(문학동네)를 통해 목사로 살면서 절대로 종교성으로 편협해져서는 안 된다는 또 다른 각오를 하게 해주었다. 김제동의 톡투유를 통해 세간에 알려진 노명우 박사의『세상 물정의 사회학』(사계절)은 각박한 세속의 영역에서 분투하고 있는 성도들을 어느 정도로 내가 이해하고 보듬고 있는가를 반성하며 뒤돌아보게 해 주었다.

금년부터 필자가 섬기는 교회에서 함께 중보하게 된 암환자들의 돌봄터인 사랑뜰 쉼터의 안주인이신 조경선 목사께서 눈물로 쓴『살아줘서 고미워요』(노란숲)를 읽으면서 내가 얼마나 편안하고 허접한 목회를 하면서 살아왔는지를 반성하며, 저자에게 너무 죄송하고 부끄러웠다.

김원영은『실격당한 자들을 위한 변론』(사계절)에서 '너 목사답게 살고 있는 거 맞니?'를 비수처럼 질문하며 내 심장을 타격했고, 톰 라이트의『광장에 선 하나님』(IVP)을 읽으면서 그리스도인들이 가져야 할 세속적 권력에 대한 신학적 반응을 나름 정리하며 지금의 정권을 잡은 자들을 위해 목사로서 어떻게 중보할 것인지를 정리할 수 있었다. 권연경 박사의『갈라디아서 산책』(복 있는 사람)과 톰 라이트의『모든 사람을 위한 갈라디아서』(IVP)는 지금 진행하고 있는 주일 낮 예배 갈라디아서 강해의 질을 높이는 데에 일등공신의 역할을 해주고 있다.

장효수의『가시라도 품을 수 있는 사랑』(동연)을 읽으면서 같은 목사로서 진솔한 사목의 내용을 쓰다듬으며 저자를 응원할 수 있었고, 작년에 채 마무리하지 못한 김기석의『인생은 살 만한가』(꽃자리)와『가치 있는 것들에 대한 태도』(비아토르)를 마무리하면서 1년 전에 두 번째 책인 김기석 톺아보기를 출간할 때의 감동이 다시 살아나는 것 같은 가슴 뭉클함에 행복했다.

금년 1월의 시작은 그런대로 출발이 좋아 내심 안심이 된다. 허나 복병이 하나 등장해 곤혹스럽기는 하다. 작년에 비해 눈이 침침해진 상태가 조금 더 심해진 탓에 가슴앓이 중이다. 오역이든 아니든 극작가 버나드 쇼의 묘비명이 주는 조언처럼 '내 이렇게 될 줄 알았어, 우물쭈물하다가'의 희생양이 바로 내가 되는 것은 아닐까 하는 조급함이 드는 것은 어쩔 수 없는 필자의 연약함이다.

2년 전 즈음에 아주 진보적인 교회에서 설교로 섬길 기회가 있었다. 이름만 대면 누구나 알 수 있는 그 진보적인 교회는 한국교회의 이모저모의 병폐들을 고치기 위해 나름 고민하고 노력하는 교회다. 모이는 회중들은 거의 대다수가 지적인 수준이 아주 높은 인텔리 계층들로 이루어진 교회로도 유명하다. 어떻게 하다 주어진 설교 섬김이었고, 더군다나 그 교회의 생리를 너무 잘 아는 터라 설교 원고를 긴장하며 준비했고, 또한 설교를 하는 것은 더 어려운 현장이었다. 일반 보수적인 관점에서의 설교 해석은 그들에게 아무런 의미를 줄 수 없음을 알았기 때문이다.

설교로 섬기는 사역을 마치고 이어진 설교 나눔 마당이 있었는데 그날 초청된 설교자의 설교를 분석하고 회중들이 Q/A를 하는 시간, 약 20여 분 동안 목회 30년 만에 처음으로 경험하는 이런저런 날카로운 질문들에 답하느라 진땀(?)났던 기억이 생생하다.

필자에게 그날의 경험은 작금의 조국 교회 상황에 대하여 많이 고민하고 경우에 따라서는 비판의 장을 열어 놓아 열린 토의의 장에서 건강한 설교 문화 및 회중들의 알 권리를 보장해주는 신선한 경험의 기회였지만, 반면 이날 경험한 문화가 익숙하지 않아 그 분위기에 젖어드는 데까지는 조금 벅찼다는 소회를 지금도 생생히 기억한다. 그럼에도 불구하고 이제는 조금 시간이 흘렀기에 그때의 일을 아주 객관적으로 반추해보면 대단히 중요한 공부였음을 깨달았기에 하나님께 감사했다.

공부하는 목사가 되어야 하는 이유를 알게 된 절절함.

그렇다. 우물쭈물할 시간이 없다. 놀 시간이 없다. 그게 어떤 이유든 목사가 된 사람들의 팔자(?)요 운명이다. 그래서 그랬는지는 모르겠지만 기독교 출판사인 새물결플러스를 경영하는 김요한 목사는 이렇게 일갈했는데 전적으로 동의한다.

목사는 설교자, 교사 이전에 부지런한 학생이어야 한다.[3]

여보, 하얀 와이셔츠는 입지 마세요!

주일 아침, 예배를 인도하러 나가기 위해 옷을 입을 때 아내가 뜬금 없이 이렇게 말했다.

여보, 하얀 와이셔츠는 입지 마세요!

순간 직감했다. 방광암 투병으로 임종을 앞두고 있는 최정희 집사 가족에게서 오늘 내일 연락이 올 것을 아내가 짐작하고 있었음을. 이런 예언의 능은 애석하고 슬프게도 빗나가지 않는다. 아니나 다를까 드디 어(?) 하나님께서 너무나 사랑한 최 집사를 오늘 새벽 호출하셨다.

그러고 보니 벌써 6개월 즈음이 다 되어간다. 상태가 그런대로 괜찮 았던 시기에 병원 심방을 갔을 때, 최 집사가 필자에게 이렇게 말했다.

목사님, 저는 목사님을 만나서 너무 좋고 행복했었어요.

순간, 덜컹했다. 차라리 여 집사가 나를 좋아한다는 고백 때문이었 다면 그냥 구설수로 한 번 홍역을 치루면 끝나는 일일 텐데, 그런 것이 아니었기에 말이다. 아마도 그때부터 이미 최 집사는 본인의 죽음을 예상했던 것 같다. 최 집사의 말을 듣고 멋쩍게 싫은 소리를 했다.

집사님, 왜 과거 시제로 말해요. 건강해져서 지금이 더 좋아한다고 현재 시제로 말해야지.

빙그레 웃는 최 집사 때문에 가슴으로 얼마나 울었는지 모른다. 1년 전, 최 집사의 발병 사실을 알고 그녀가 기도 부탁을 했을 때부터 지금까지 정말로 전심으로 그녀를 살리기 위해 중보했다. 하나님이 어떻게 이럴 수가 있냐고 대들었지만 난 또 한 명의 사랑하는 지체를 하나님께 드렸다. 목사질 30년을 하며 산전수전 다 겪었지만 젊은 지체들이 암으로 세상을 떠나는 것은 언제나 아프다. 그러니 하나님에 대한 태도가 고울 리 없다. 깊은 침잠에 빠져 스스로를 학대하기도 한다. 누군가의 말로 유명해진 멘트 그대로.

내가 이러려고 목사가 된 게 아닌데!

위렌 위어스비 목사가 이렇게 말했다고 한다. "고난이란 변장하고 찾아오신 하나님의 축복"이라고.
CS 루이스도 말했다.

고통은 귀먹은 세상을 깨우는 하나님의 메가폰이다.[4]

그런데 하나님께 억하심정이 생긴다.

하나님, 하나도 안 들리는 거 아시죠?

상주를 만나서 장례일정을 상의하고 첫 번째 임종 예배를 드렸는데 벌써 숨이 막힐 것 같다. 흐르는 눈물 때문에 이 예배를 정말로 인도할 수 있을지 너무나 고통스럽다. 아내에게 이렇게 실없는 소리를 했습니다.

여보, 이번 장례는 할 수만 있다면 강사 초빙하고 싶다.

하늘이 노랗다. 어떻게 장례를 담대하게 치루며 하나님 나라에 사랑하는 딸을 파송할지. 5년 전, 성경통독반에서 일독—讀을 마친 최 집사에게 선물로 준 이제는 주인 잃은 유고품이 된 성경책에 기록된 한 문장을 보고 또 울었다.

이 책을 습득하신 분은 연락을 주시면 달려가겠습니다. 010-XXXX-XXXX

집사님, 내가 이 책을 습득했는데 전화하면 달려오실 거죠?

고아가 된 후

지난해 11월에 장모님이 하나님의 부르심을 받으셨다. 이후, 필자와 아내는 말 그대로 고아가 되었다. 친가와 처가의 부모님들이 다 소천하신 후에 맞는 명절은 의미가 무척이나 다른 명절임에 틀림이 없다. 친가나 처가나 형제들이 고향에 있지만 왠지 부모님이 안 계신 고향에서 맞는 명절은 텅 빈 마음을 쓰리게 하는 그 무언가가 있어 마음을 아리게 한다.

고아가 된 이후 첫 설 명절 연휴, 그럼에도 고향을 찾았다. 어머님 역할을 하는 누님이 계신 집에 형제들과 함께 모여 추도예배를 드리고 안부를 묻고 조카들의 근황도 살폈다. 명절에 부모님이 안 계신 고향을 굳이 찾은 이유는 부모님 부재 후 처음 맞는 명절에 동기간의 위로와 격려를 위함이었지만 더 중요한 이유는 아들을 비롯한 조카들 때문이었다. 명절이 되었음에도 불구하고 부모 세대 간의 모임을 갖지 않는 것이 고착되면 아들도, 조카들도 우리 세대 이후에 모이지 않는 것이 당연한 일이 될 것 같아 교육적인 차원에서 고향을 찾았다.

조크 가운데 이런 이야기를 들은 적이 있다. 대도시에 만들어지는 아파트들 이름을 왜 그리 어렵게 짓는가? 정답, 시어머니들이 찾아오기 어렵게 하려고. 이에 질세라, 시어머니들이 며느리가 있는 집을 찾아갈 수 있는 이유는? 시누이를 대동하기 때문이란다.

가정이 가정인 이유는 부모와 형제가 있기 때문이다. 그러나 유감스럽게도 오늘 우리가 만들고 있는 가정은 그 부모와 형제를 격리시키려는 비인간애가 점령을 하고 있는 것은 아닌지, 가정마저도 물질적인 가치로 재단하고 평가하려는 천박한 자본주의적인 잣대가 꿈틀거리는 것은 아닌가 싶어 씁쓸하다.

설 명절에 하나님께 드릴 추모 예배 순서지를 만들면서 본문을 사무엘상 22장으로 택했다. 다윗이 아둘람에서도 신변을 보장할 수 없는 긴박한 상황이라 어쩔 수 없이 이방의 땅인 모압 미스베로 가서 모압왕에게 나가 가족들의 안전을 부탁하는 장면을 텍스트로 정했다. 자신의 몸하나를 건사하기에도 숨찬 그 시기에 부모들을 끝까지 책임지는 그 기사에서 다윗이 보인 효를 형제들과 조카들에게 알리고 싶었기 때문이다.

가정이 무너지고 있는 시대이고, 그 가정의 소중함을 인식하지 못하게 하는 시대이기에 더더욱 교회와 그리스도인들이 끝까지 지키고 사수해야 할 보루가 가정인 것을 알기에 앞으로도 가정 공동체를 위해 조금은 더 수고를 해야겠다는 생각에 잠기며 추석 명절을 지냈다. 부모님들이 계시지 않는 고아로서 용기를 낸 고향 방문이었지만 막내 동생을 향한 따뜻한 사랑과 관심을 가지고 있는 누님과 형님들 때문에 너무 행복한 시간을 만끽하고 돌아온 고향에서의 추석 보내기였다. 하지만 아무리 그래도 메울 수 없는 것은 부모님에 대한 그리움이다. 박노해는 그래서 그랬나 보다.

아버지, 어머니, 돈이 없어도 당신은 여전히 나의 하늘입니다. 당신이 잘못 산 게 아니잖아요. 못 배웠어도, 힘이 없어도, 당신은 영원한 나의 하늘입니다.[5]

비타민 D

약 2년 정도가 흐른 것 같다. 탁구장에서 운동을 하다가 오른쪽 손 등뼈가 골절된 지가. 병원에 입원하여 치료를 하면서 핑계 삼아 기본 검사를 했는데 비타민 D의 태부족으로 판명 났다. 이후 의사의 강력한 권고로 비타민 D 주사를 맞은 지도 그래서 2년이라는 시간이 흐르고 있다. 비타민 D가 부족한 원인은 매우 다양하지만 제일 큰 원인이 실내 생활이라고 하는데 직업상(?) 어쩔 수 없는 일이기에 주사 요법으로나마 부족한 비타민 D를 보충하고 있다. 3개월에 한 번씩 주사를 맞음으로 보충되는 비타민 D를 지난 주간에 공급받았으니 또 3개월은 그럭저럭 버틸 수 있을 게다.

비타민 D가 부족하면 여러 가지의 신체에 부정적인 결과들이 나타난다. 예컨대 우울증 발생 빈도가 농후해지는 것을 비롯하여, 당뇨, 만성피로, 골절의 위험 증가 등등 여러 가지 어려움에 노출되는 심각성이다. 이런 심각성으로 인해 자생적인 비타민 D 생성을 신체적으로 만들어내기가 어려운 필자는 어쩔 수 없이 의학적인 도움을 받고 있는 실정이다. 주사를 맞고 돌아와 가만히 생각해 보았다. 나이가 나이인 만큼 젊었을 때처럼 비타민 생성의 자의적 능력이 급격히 감소되어 정상적인 수치를 가질 수 없다면 타력의 도움이라도 받는 것이 맞는다는 원시

적이고 일차원적인 생각이 왠지 촌스럽지 않다는 자위를 말이다. 생각이 여기까지 이르자 또 다른 생뚱맞은 소회가 밀려왔다. 배움이라는 것은 무엇일까? 공급받음이지 않을까! 나 혼자의 자생적 능력의 한계를 정직하게 인정하고 더이상 발전할 수 없는 상태라면 이미 공급할 수 있는 자리에 도달한 타인에게 혹은 물리적이고 학습적인 방법들에 의해 이성적, 신앙적, 감성적 지식의 비타민들을 내 인격에 주입받는 것은 아닐까.

몇 해 전에 존경받는 교육학자인 파커 파머의 글에서 이런 글을 읽었던 적이 있었다.

> 진리의 커뮤니티는 그 과정이 단선적이지 않다는 데 그 풍요로움이 있다. 그 단선적이지 않은 창조적인 혼란 속에서 앞으로 점프해 나아가도록 돕는 것이 교육이다.[6]

기막힌 성찰이다. 필자가 분명히 믿는 것이 하나 있다. 배움은 창조적인 혼란 속으로 들어와 앞으로 점프하는 용기라는 것을. 그러기에 공급받음의 단절은 어느 누구에게나 예외 없이 최고의 비극이자 저주가 되는 셈이다. 들은 풍월로 무언가를 읊으려는 일체의 상투성에서 벗어나 단선적이지 않은 창조의 혼란 속으로 들어가려는, 그래서 지금의 '나'라는 정체성에서 한 단계 더 뛰어오르려는 용기가 모두에게 있었으면 좋겠다. 자생적으로 신체적 활동에 의한 비타민 D를 생성해 내지 못하는 한계가 있는 자들이 주사라는 물리적 도구로 비타민 D를 주입받아 건강한 상태를 유지하는 것처럼 공급은 필수적인 요소다.

근래, 젊은 목회자들을 대상으로 강의를 한 적이 있었다. 강의 제목을 '공부하는 목사'로 하였는데 조금은 극단의 표현을 했던 것 같아 막 목회의 열정을 갖고 꽃 피우고 있는 후배들에게 찬물을 끼얹은 셈이 되어 미안하지만 그래도 그때 했던 말은 취소하지 않으려고 한다.

공부하는 것을 게을리하는 사람은 목사 로브ROBE를 차라리 벗어라.

가만히 생각해보니 아직은 비타민 D를 스스로 만들어낼 수 있는 나이인데 주사를 맞는 것이 너무 부끄러워졌다. 하루에 만보 걷기는 아니더라도 비타민 D를 만들 수 있도록 30분 정도는 햇빛과 친구 하려는 의도적인 시도를 해보려 한다. 현장에서 몸을 굴리는 것도 진짜 수 년 후에는 엄두도 못 낼 것 같기에. 인기 절정의 상담학자이자 성공회 신부인 르우엘 L. 하우 신부의 말이 오늘은 절절하게 들린다.

인생이 중년에 접어들게 되면 우리에게 필요한 것은 창조적 능력이다.[7]

공부하지 않고 창조적 능력이 자생적으로 만들어지기를 기대하는 자는 아주 질 나쁜 도둑이다. 이런 도둑 되지 않도록 공부하는 삶의 통로를 계속 구축하는 몸부림이 필요한 시기를 보내고 있다. 누가? 우리 모두가.

험악한 세월을

노환으로 거동도 불편할 수 있었던 야곱은 죽은 줄로만 알고 있었던 열한 번째 아들이 애굽에 살아 있다는 믿기지 않은 이야기를 듣고 단숨에 그 먼길로 내려갔다. 그리고 꿈에도 그리던 요셉을 만나는 장면에서 울컥하는 부정父情을 느낀다. 아들을 공직에 올려준 애굽의 바로는 이윽고 극적으로 요셉과 만난 야곱에게 이렇게 물었다.

네 나이가 얼마인가?

이 질문을 받은 야곱의 뼈있는 고백이 이러했다.

야곱이 바로에게 아뢰되 내 나그네 길의 세월이 백삼십 년이니이다 내 나이가 얼마 못 되니 우리 조상의 나그네 길의 연조에 미치지 못하나 험악한 세월을 보내었나이다 하고. 8)

야곱의 노년 즉 생의 말기에 그가 고백한 이 골언骨言이 가슴을 깊게 저미게 하는 것은 필자만의 소회인가? 아닌가?
지난 주간에 아내와 함께 섬기는 교회 지체 중에 치매와 노환으로 입원 중에 있는 어르신들을 심방하면서 위로하고 돌아왔다. 가장 기초적인 기억만이 남아 있는 권사님, 집사님, 일반 성도님들을 품에 안아드리고 기도해 드림으로 사랑을 전하고 왔다. 80~90 평생의 삶을 이어오신 어르신들의 지나온 세월들이 어떠했을까? 정도의 차이는 있겠지만 아마도 동일한 공통분모가 있을 것이 분명해 보인다.

험악한 세월이었지요.

일제 강점기의 치욕을 맛보고, 해방 이후 분단의 아픔 속에서 좌우의 첨예한 대립으로 인해 정치적인 압박의 세월을 보냈고, 6.25 동란이라는 쓰라린 동족상잔의 비극에서 최절정의 가난과 보릿고개를 경험하면서 당신들은 배를 주렸지만 내 아들, 딸의 세대에서는 이런 아픔과 가난과 비극을 맛보지 않게 하겠다는 일념으로 허리띠를 졸라맨 험악한 세월의 증인들이 바로 어르신들이지 않겠는가. 아내가 노환으로 오래 누워 있는 권사님에게 물었다.

"권사님, 누가 제일로 보고 싶으셨어요?"

"목사니이임~."

또 다른 집사님을 심방하는데 언어를 잃어버린 집사님은 필자의 익숙한 얼굴을 보고 마냥 소년처럼 웃으셨다. 요양병원에 그리고 요양원에 계신 어르신들에게 인사를 드리면서 자연스럽게 같은 방과 병동에 계신 다른 어르신들이 눈에 띈다. 이렇게 말하면 너무 잔인한가 싶지만 코에 달고 있는 호흡기만 떼면 금방 별세하실 분들이 거의 태반이다.

피골이 상접한 육신들, 자가 호흡으로는 생존이 불가능한 어르신들을 보면서 감히 이런 생각을 해 본다.

보내드리는 것이 도리어 효도가 아닐까!

이렇게 소회를 밝히는 필자는 사실 그럴 자격이 없다. 아버지와 어머니를 떠나보내는 마지막 순간까지 "하나님, 부모님들을 하나님의 나라에 안착할 수 있도록 불러주옵소서!"라고 기도하는 것 외에 연명을 중단하려는 그 어떤 의학적이고 물리적인 방법에는 동의하지 않았으니 말이다. 이렇게 이율배반의 삶을 산 자식이기에 이렇게 말하는 것 자체가 어불성설인 것을 안다. 하지만 내 노후는 그렇게 하지 않기로 했다.

아직도 헷갈릴 때가 많다. 하지만 나이가 들어가면서 내 육체에 대한 마지막만큼은 연연해하지 말아야 한다는 생각이 지론으로 굳어져 그렇게 결정한 바다.

험악한 세월을 지내오신 어르신들의 영혼이 마지막까지 귀하고 복되기를 바라는 것은 오늘도 변치 않는 목사의 중보 제목 중에 하나다. 그럼에도 불구하고 야곱이 던진 황혼의 독백은 곱씹고 또 곱씹어도 정답 중의 정답으로 다가온다.

> 야곱이 바로에게 아뢰되 내 나그네 길의 세월이 백삼십 년이니이다 내 나이가
> 얼마 못 되니 우리 조상의 나그네 길의 연조에 미치지 못하나 험악한 세월을 보
> 내었나이다 하고.

'나이 듦'의 아름다움이란?

나이를 먹는다는 것은 어떤 의미일까? 언젠가 텔레비전에 나온 한 노인이 기자에게 이렇게 말하는 것을 흉통_{胸痛}을 느끼며 본 적이 있습니다.

> 자식들에게 가장 하기 싫은 말이 있습니다. 아프다는 말입니다. 해서 많이 숨깁니다.

노인의 말은 이 땅에 사는 대다수의 평범한 부모라면 자식들을 향해 갖는 공통의 언어이며 문장일 것이다. 절친_{切親}으로 지내는 목사가 입원했다는 소식을 단체톡을 통해 들었다. 병명은 달팽이관의 불균형으로 인해 오는 어지럼증인데 때문에 119구조대의 신세를 지고 응급실에 도착한 뒤, 곧바로 입원했다는 전갈이었다. 소식을 받고 위로 전화를 했는데 그래도 친구의 목소리를 밝아 나름 안심했다. 전화 중에 친구 목사왈, 주일 예배 인도가 제일 염려라고 말하는 것을 듣고 천생_{天生} 목사일 수밖에 없는 친구의 말이 왠지 가을비 같다는 생각을 해 보았다.

동기 목사들의 이모저모 소식을 알리는 단체톡에 적지 않게 육체에 관한 소식이 들려온다. 입원 소식, 수술 소식 그리고 발병 소식 등등.

그도 그럴 것이 이제 동기들의 나이가 손보지(?) 않으면 안 되는 AS기간
이 되었기 때문이다. 모든 가전제품이나 자동차도 어느 정도 사용하면
손을 보아야 하는 것이 당연한데 거의 60년을 달려온 인간의 육체야
더이상 설명이 필요하지 않을 것 같다. 생뚱맞지만 그래도 많이 버텼다
는 생각을 하며 한편으로는 자위하기도 한다. 누군가가 무슨 이유로 그
런 말을 했는지 모르지만 빨리 나이를 먹고 싶다는 이야기를 했다고 들
어본 적이 있다. 아마도 그럴 말한 이유가 있겠다 싶지만 한편으로 그
말을 한 당사자가 막상 나이가 들면 그 발언이 그에게 계속 유효한 것인
지는 확신할 수 없을 것 같다. 생각이 여기까지 이르자 객기를 한 번 부
려보고 싶다는 들었다. 나이를 먹는 것이야 인생의 법칙이니 회피하거
나 외면할 수 없는 일이지만, 한 가지는 초점을 잃지 말아야겠다는 조금
은 철학적인 생각을.

늙되 추하게 늙지 말자. 멋있게 늙자.

그래, 분명히 이렇게 나아가보자고 결심해 본다. '나이 듦의 미학'이
라는 말이 내 인생에 적용되게 해보자는 거룩한(?) 생각을. 그런데 이
생각을 한 뒤, 곧바로 다가오는 숙제가 생겼다.

어떻게 늙는 것이 추하지 않게 늙는 것일까? 어떻게 늙는 것이 멋있게 늙는
것일까?

'나이 듦의 미학을 내게 적용하는 것은 혹시 사치스러운 생각은 아
닐까?'의 소회들이 밀물처럼 밀려왔다. 그러다가 혼자 장구치고 북치고
를 해본다. 아마도 이 길은 또렷한 무언가의 실체로 정의할 수 있는 길

이 아니라 나이 듦의 아름다움은 그런 내가 지금 최선을 다해 성실한 삶을 살아갈 때 써 가는 것이 아닐까 싶어 피식 웃었다.

어금니 임플란트 시술을 수요일에 받았다. 아직도 부기가 완전히 빠지지 않고 부위가 욱신거린다. 나이가 들어서 회복이 느린가 싶어 또 피식 웃었다. 그러나 이런 육체적인 한계에도 불구하고 포기하지 않으려는 의지는 여전하다.

나이 듦의 아름다움은 계속 써 가자.

오늘 따라 교부 신학자 어거스틴의 성찰이 깊이 와 닿는다.

과거는 주님의 자비에 맡기고, 현재는 주님의 사랑에 맡기고, 내일은 주님의 섭리에 맡기라.[9]

섞었으면 좋겠어요

아주 오래전, 지구촌교회 원로 목사이신 이동원 목사께서 진행하던 세미나에 참석을 했다가 LA 새생명교회 강준민 목사에 얽힌 비하인드 스토리를 들었던 기억이 있다. 깡마른 체구에 별 볼품(?)이 없어 보이는 한 젊은 목회자가 자기를 찾아와서 멘토가 되어줄 것을 요청한 뒷이야기였다. 이 젊은 목사가 바로 강준민 목사라고 실명을 거론한 뒤에 이 목사께서 이렇게 그에 관한 에피소드 하나를 내놓았다.

> 멘토십을 받기 위해 찾아온 당시 무명에 가까웠던 젊은 목사인 그에게 설교에 관한 팁을 하나 주었다. 그것은 유머였다. 건조하게 설교하지 말고 유머를 담은 설교를 행하라.

이 말끝의 후담은 이랬다. 한 가지 팁을 가지고 돌아간 그 젊은 목사는 지금의 성공한(?) 강준민 목사로 거듭났다고.

필자는 이동원 목사의 덕담에 대해 흔쾌히 동의하지 않는다. 이 목사나 강 목사가 성공한 케이스를 별로 좋아하지 않기에 그렇다. 그리고 신학적인 맥도 필자와는 같지 않기에 그의 말을 진중하게 담지 않았다. 그러나 한 가지를 질문했던 기억이 있다.

유머란 무엇일까?

지난 주간에 춘천에서 동기 목사들과 함께 모임을 갖고 돌아왔다. 친한 친구 목사들이라 그리고 또 오랜만에 만난 친구들이라 행복한 교제와 우정을 나눌 수 있어서 행복했다. 이야기 중에 동기에게 웃픈 이야기 하나를 전해 들었다. 친구와 막역하게 지내는 또 다른 동기 목사의 아내가 전해준 말이라고 했다.

○○○ 목사님하고 제천 세인교회 이강덕 목사님 설교를 영상으로 들어보았는데 듣고 난 뒤에 이런 생각을 했어요. 두 분을 세탁기에 넣고 돌려서 딱 반반으로 나누었으면 좋겠다고.

언급된 친구 목사는 설교에 유머가 많고, 이강덕 목사의 설교는 너무 진지해서 웃음이 없고 그래서 섞어서 흔들면 참 좋은 설교가 나올 것 같다는 충고(?)를 받았다고 저에게 전언해 주었다. 다른 이야기 하나. 설교를 준비하다가 아주 재미있는 글을 발견하여 읽고 난 뒤에 마음으로 스스로 대견해 하며 다짐한다.

대박 칠거야.

이 글을 교우들에게 전해주면 분명히 '대박'칠 거라고 흥분하며 그날을 기다렸다. 막상 D-DAY가 되어서 그렇게도 기다리던 대박 사건을 일으킬 메시지를 전해주었다. 박장대소할 교우들을 은근히 기대하면서. 그런데 그 기대감은 필자의 아픈 상처로 남았다. 전하고 나면 분위기가 더 썰렁한 이 설명할 수 없는 아픔 때문에.

언젠가 섬기는 교회 교우 중에 한 분이 사석에서 필자에게 이렇게 비수 꽂히는 말을 한 적이 있었다.

목사님은 정말로 재미있고 웃기는 이야기를 너무 안 웃기게 전하는 탁월한 은사를 가졌어요.

웃어넘겼지만 슬픈 자화상으로 간직하고 있는 비수다. 동기 목사 사모에게 차제에 전하고 싶은 말이 있다.

사모님, 저희 교회 홈페이지에 들어와서 설교 듣지 마세요.

대학에서 교수를 하고 있는 친구가 이전에 저에게 한 말 중에 이 말이 그래서 같은 종류의 말임을 지난 주간에 깨달았다.

이 목사, 글이 너무 진지해. 그래서 그러지 않으려고 하는데 읽는데 나도 숨 차!

이럴 줄 알았으면 고등학교 동기인 개그맨 출신 김정식 목사한테 사사師事라도 받을 걸 그랬나 싶다. 그러다가 마음을 다잡는다. 이렇게.

나는 나지 뭐. 그냥 생긴 대로 살자!

너희도 나그네였음이라

크리스천연합신문에 격주로 사사기 해석을 기고하고 있다. 지난 주간에 30번째 기고문을 송고했으니 거의 1년 6개월이라는 시간 동안 이 사역을 해 온 셈이다. 이 작업은 개인적으로는 오늘을 살아가는 그리스도인들이 사사기를 중요한 반면교사의 성경적 거울로 삼아 올바른 그리스도인이 되게 하기 위한 팩트 개념으로 공부하게 하는 일이다. 그동안 30번의 외고外稿 중에 기억에 남는 글이 무엇이냐고 혹시 필자에게 묻는다면 사사기 1장에 기록된 아도니베섹 사건이라고 말하고 싶다.

이스라엘 신앙 공동체의 가나안 정복 초기 시절, 유다와 시므온 지파가 예루살렘 근교로 추측되는 베섹을 통치하고 있었던 아도니베섹을 사로잡고 만 명 정도의 그의 군사들을 전멸시키는 혁혁한 전과를 올리는 장면이다. 한데 이 장면에서 참 유감스러운 보고가 신명기 역사가에 의해 보고된다. 아도니베섹이 전쟁에서 패하고 도망을 가다가 유다와 시므온 연합군에게 체포되고, 체포가 된 아도니베섹은 유다와 시므온의 수뇌부에 끌려온다. 결과 그에게 내린 처분은 엄지손가락과 발가락을 자르라는 명이었다. 이 심판은 이전 시대에 아도니베섹이 베섹 지역을 점령할 때 승리하고 나면 패전국 왕들에게 항상 행했던 잔인한 방법이었다. 어찌 보면 뿌린 대로 거두게 한 함무라비 법전의 동해보복법同害

報復法처럼 보이기도 하는 대목이다. 그러나 필자는 이 대목을 다른 스펙트럼으로 해석하여 기고했기에 기억을 한다. 이렇게. "의도적인 가나안화化, Canaanization"라고.

하나님은 여호수아를 통하여 앞으로 가나안을 점령하면 그 가나안의 풍습이나 종교나 문화를 따르지 말고 그들에게 동화되지 말라고 선포하게 하셨다. 그러나 초기 사사 시대의 이스라엘 신앙공동체는 가나안을 점령하면서 그토록 경계하라고 하셨던 가나안의 식을 그대로 도입하는 누愈를 범한 것이 아도니베섹 사건이다. 이것은 단순히 적장에게 심판을 내린 정도가 아니라 이제 우리는 가나안보다 강하다는 것을 보여주는 일종의 무력시위였던 것이다.

> 너는 이방 나그네를 압제하지 말며 그들을 학대하지 말라 너희도 애굽 땅에서 나그네였음이라. [10]

430년간의 지긋지긋한 애굽 노예 생활을 마감하고, 홍해를 가르고, 하나님께서 행하셨던 이모저모의 기적을 경험한 뒤에 시내 산에 도착한 하나님 백성들에게 하나님이 강력하게 권하신 언약법전 중에 약자 보호법에 수록된 명령이다.

> 나그네를 압제하지 말고 학대하지 말라 너희도 나그네였음이라.

제주도가 몸살을 앓고 있다는 소식이 전해지고 있다. 예멘 출신의 난민들이 제주도에 입도했기 때문이다. 그들이 이슬람 문화권에 있는 사람들이고, 벼랑 끝에 서 있는 사람들이기에 그들에게서 어떠한 불법과 무질서적인 행동들이 나타날지 모른다는 생각에 그들을 수용해서는 안 된다는 난민포비아, 혹은 이슬람포비아의 일환으로 반 난민 정서가 제주도에 강하게 형성되어 있음을 알고 있다. 정치 역학적으로 해석하면 이해타산이 맞물려 있기에 결단하기가 쉽지 않은 일임을 필자도 인정한다. 그러나 국가는 그렇다고 하더라도 원론적으로 이 난민들에 대한 입장표명을 교회가 하지 않고 있음은 심히 유감스럽다. 교회는 이들에 대하여 가장 따뜻한 입장에서 분명한 소리를 낼 수 있는 유일한 공동체인데 아직도 묵묵부답인 것은 눈치 보기이고, 언약 법전을 몰라라 하는 직무유기이기에 아픈 일이 아닐 수 없다.

> 어느 나라 국민이든, 어떤 종교를 믿든, 어떤 민족/인종에 속하였는지 상관
> 이 없이 살아 있는 인간은 단지 '생명'을 지녔다는 사실 하나만으로 충분히
> 존중받고 보호받아야 한다.[11]

오늘따라 텍사스 크리스천대학의 브라이트신학대학원 강남순 교수의 일침이 크게 공명되어 울리는 주일 아침이다.

> 나그네를 압제하지 말고 학대하지 말라 너희도 나그네였음이라.

홀로 서 있기

지난 주간, 기도원에서 한 주간을 보냈다. 하반기에 감당해야 하는 사역이 만만치 않기에 기도하고 준비해야 하는 시간이 필요했기 때문이다. 기도 굴에서, 산상 기도처에서 하반기에 감당해야 하는 일들의 목록을 주군께 아뢰는데 그 어느 때보다도 외로움과 싸워야 했다. 내 힘으로 할 수 있는 것이 하나도 없었기 때문이다. 아이든 토저가 이렇게 말했다.

> 세상에서 위대한 사람들 대부분은 외로웠다. 외로움이란 성도가 그의 성스
> 러움을 위해 지불해야 하는 대가인 것 같다.[12]

미국이 내세울 만한 사회학자인 데이빗 리스먼이 갈파한 고독이라는 정서는 많은 것을 생각하게 한다. 그는 역사적으로 고대부터 현대에 이르는 커뮤니티가 대체적으로 세 가지의 형태를 지녔다고 보고하였는데 전통지향형, 내부지향형 그리고 타인지향형이 바로 그것이다. 그중에 가장 최근의 커뮤니티를 '타인지향형'이라고 정의한다. 이 형태는 가장 발전된 인간 커뮤니티라고 할 수 있다. 그런데 기막힌 아이러니가 있다. 최고의 현대적인 과학 메커니즘으로 수없이 많은 혜택을 누리고

있는 이 시대의 사람들을 리스먼은 '고독한 군중'이라고 정의했으니 말이다. 이상한 역설이다. 그러나 목회를 하는 필자는 리스먼의 갈파를 이해한다. 그의 정의와 학문적 기여를 접하다가 이런 생각을 해 보았다.

그리스도인들은 누굴까?

질문을 던지고는 "아마도 '고독한 군중'들 사이에 고독하게 홀로 서 있어야 하는 자'는 아닐까?"라고 자답도 해보았다. 혼자 북치고 장구까지 친 셈이다.

뉴질랜드성서대학 교수를 역임한 선교사이자 신학자인 오스왈드 샌더스는 그의 걸작인 『영적 지도력Spiritual leadership』에서 이렇게 갈파했다.

아주 당연한 이야기이지만, 모든 지도자들은 외로운 사람이 되어야 한다. 그는 언제나 자기를 따르는 자들 앞에 있어야 하기 때문이다. 외로움은 지도자가 지불해야 하는 대가이다.13)

조카 롯이 비옥한 땅으로 여겨진 소돔으로 제 길을 갔을 때 척박한 헤브론 지역으로 가야 했던 아브라함, 금송아지를 돌 판으로 부수고 다시 홀로 산으로 올라가는 모세, 850명과의 치열한 영적 전투 현장에서 엘리야, 모두가 혼자였다. 혼자서 그 길들을 가는 것이 얼마나 고독하고 외로운 길이었을까를 짐작하는 것은 어렵지 않다. 히스기야가 산헤립의 군대 장관인 랍사게로부터 항복문서를 전달받고 항복할 것을 압박받았을 때, 그 항복문서 종잇장을 들고 성전으로 올라가 하나님께 무릎을 꿇었을 때 얼마나 힘들었을까. 느헤미야가 산발랏과 도비야와 게셈의 중상모략으로 살해의 위협을 수도 없이 당했을 때, 그것을 알아주지

않는 포로 귀환 공동체의 무지함을 딛고 가야 하는 길이 얼마나 외로웠
을까, 내가 여호와를 전하지 않으면 내 뼈가 녹아내리는 것 같다고 고백
했던 예레미야, 거짓 예언자 아마샤와 한판 승부를 벌일 동안 자기를
응원해 주던 사람이 단 한 사람도 없었던 아모스의 고독은 또 어땠을까,
소위 말하는 '왕의 도로'를 도보로 걸으며, 타우르스 산맥을 넘을 때 산
적의 위험을 비롯한 도처에 도사리고 있는 신변을 공격하는 일체의 일
들과 싸워야 했던 바울은 또 얼마나 외로웠을까? 100% 장담할 수는
없지만 미루어 짐작해 볼 때 이들은 모두가 고독한 길을 걸었던 사람들
이었고 또 그 길을 인내하며 걸은 뒤에 하나님의 사람들로 우리에게 선
명한 영적인 자국을 남긴 믿음의 선진들로 남아 있다. 가능하면 피하려
고 하는 것이 외로움과 고독이지만 한 주간 동안 그 외로움과 고독 속에
서 조금은 더 하나님께 가까이 다가서는 성숙한 걸음을 걸은 것 같아
하나님께 감사했다.

홀로 서 있기는 은혜였다.

20년 만에

결혼 30주년이 되는 금년, 살림살이들을 뒤돌아보면 그 흔적이 고스란히 남아 있다. 그중에 하나, 신혼살림이었던 침대는 거의 기적적으로 남아 있는 살림 중에 대표적인 것이다. 부서지기 일보 직전의 삐걱대는 소리로 인해 가끔 침실이 '귀곡 산장' 느낌이 들 때가 있다. 냉장고는 더이상은 버틸 수 없다는 신호를 보내며 엔진이 가다 서다를 반복한다. 세탁기는 탈수를 할 때 탱크 같은 소리를 내며 흔들린다. 필자가 사는 집이 아파트나 다세대 주택이 아닌 것이 천만다행이다. 텔레비전은 전원을 켜면 화면이 검게 나오는 것을 신호로 시작한다. 다행히 시간이 지나면 원상으로 회복되지만, 볼륨은 정상으로 회복되지 않는 불능의 상태를 자랑하기에 가능한 한 볼륨을 크게 세팅하며 시청하고 있다.

지난 주간, 드디어 소파를 바꾸었다. 아내가 약 한 달을 고민한 끝에 내린 엄청난 거사였다. 정확하지는 않지만 약 20년 만에 개비한 것으로 추측되는 역사(?)를 진행했다. 겉 소재가 거의 파헤쳐졌고, 소파의 정중앙이 내려앉아 도저히 정상적으로 앉는 것이 불편하여 리폼을 요청했더니 리폼 비용이나 새로 구입하는 가격이나 별반 차이가 없다는 것을 안 아내가 몇 번의 주판알을 굴린 뒤에 결정한 일이었기에 항상 불편을 호소했던 나는 개인적으로 20년 만에 한을 푼 셈이 되었다.

지난 30년 동안의 결혼 생활을 뒤돌아보면 참 많은 일이 있었다. 특별히 경제적인 면에서는 더더욱 감회가 새롭다. 무일푼으로 출발한 전도사의 가난한 결혼 생활은 33만 원의 전담 전도사 사례라는 박봉으로 시작했지만 그래도 월급날 짜장면 한 그릇의 즐거움은 잊을 수 없는 행복이었다. 농촌 교회에서 단독 목회를 감당했을 때는 도무지 생활비라고 말할 수 없는 단지 형식 그 이상의 의미가 없는 사례를 받았지만 아내는 불평하지 않고 버티며 사역을 감당해 주었다. 그렇게 그렇게 살아올 수 있었던 것은 남편의 목회 철학 중에 하나인 물질의 노예가 되지 않겠다는 그 일념을 같은 생각으로 아내가 품고 실천해 주었기 때문이다. 그 마음은 그때나 지금이나 동일하다.

제천이 전국 방송에 나오는 시간은 정해져 있다. 겨울철 아침 일기 예보 시간이다. 철원, 대관령과 패키지로 나오는 지역이 바로 한파 극한 지역인 제천이다. 해서 겨울나기가 녹록하지 않은 지역인데 16년을 살면서 집에서 별로 따뜻하게 살아본 기억이 없다. 아내의 절약 모드 때문이다. 성도들의 헌금이 피 값임을 알기에 단돈 1원도 아껴야 한다는 결벽증 때문이다. 해서 피해는 고스란히 추위에 약한 나에게 돌아온다.

어떤 이는 말한다. 목사들은 참 좋을 거라고. 교회에서 모든 것을 다 해결해 준다고. 심지어는 호의호식한다고까지 하며 인격 살인을 저지르는 자도 있다. 이럴 때 섭섭함을 말하는 것도 이제는 목사가 된 죄로 말하기조차 지쳐간다. 그래서 그런가, 바라는 한 가지가 있다. 정년이 될 때까지 대과大過 없이 마무리하고 은퇴하는 것이 남아 있는 소박한 소망이다. 적어도 상식이 있는 목사는 막 살지 않는다. 그건 목사의 남아 있는 마지막 자존심이기 때문이다. 이 땅에서 목사로 살아내기란 참 쉽지 않다. 20년 만에 바꾼 소파, 그게 그냥 목사의 실상이기에 하나님께 감사하며 살련다. 출판사를 경영하는 대표 목사가 이렇게 말했다.

목사란 누구인가? 어쩌면 그는 하나님께서 자신에게 허락하신 한 사람의 영혼이란 땅에 한 그루의 나무를 심은 후 평생에 걸쳐 물을 주고 말을 건네고, 비바람을 피하게 해주고 그 나무가 자라는 것을 보면서 마음속으로 깊이 기뻐하고 감사하는 자가 아닐까.[14]

이 방향성에 틀어지면 목사도 죽고, 신자도 죽는다는 것을 알기에 남은 목회 여정, 이것만을 실천하며 살련다. 그래야 목사도 상처받지 않으니까. 이래저래 목회는 무거운 짐이다. 그래서 이제는 기도가 노래가 되었다.

하나님이 빨리 은퇴하게 해 주세요!

왜, 이제야 보이는 겁니까?

.

어버이날, 큰형님으로부터 눈물로 쓴 편지가 SNS상으로 도착했다. 읽다가 만 가지 상념이 밀려왔다.

저 흘러가는 구름 사이사이 비추는 푸른 하늘을 향해 오래간만에 외쳐보는 이름, 아버지. 그런데 가슴이 왜 이렇게 메워져 오는 겁니까? 식솔들을 제대로 건사하지 못했다는 그 이유 하나 때문에 매사에 좋다 나쁘다 감정 표현 한번 떳떳이 못하시고 보여서는 안 된다는 남자의 눈물을 스스로 삼키시며 속으로만 울었던 나의 아버지. 그때 그 시절 아버지에게 반항하며 당신의 가슴에 못을 박았던 이 불효막심한 이 자식 눈에 고개 떨구며 죽쳐졌던 당신의 뒷모습이 왜, 이제야 보이는 겁니까? 그것은 당신께서 일부러 만들어내신 신파극이 아닌 당신의 인생이며 당신의 삶이며 당신의 운명이었거늘, 이 불효자는 당신의 그때 그 연세를 훌쩍 지난 이 나이가 되어보니 후회의 눈물이 왜 이리 흐르는지 모르겠습니다. 이제 뻐꾹새 우는 저 하늘 저편으로 가신지 어느덧 11년이 되셨습니다. 모든 게 후회스럽기만 합니다. 아버지! 용서해주세요. 부끄럽고 죄송합니다. 그리고 사랑합니다.

필자는 막내였다. 그래서 큰형님이 당시 맏이로서 감당해야 했을 무게에 대하여 철이 없어 체감하지 못했던 터라, 큰형님과 아버지 사이에 있었던 긴장감을 무시하고 큰형님을 시큰둥하게 바라보던 그런 시절이 있었다. 이제 큰형님은 올해, 육십 중반의 나이에 있다. 아버지를 하나님의 나라에 파송하고 난 뒤, 필자는 두 형님들에게 존대어를 쓴다. 아버지의 다음이 형님들이라고 배웠기 때문이다. 2019년 어버이날, 큰형님의 이 글을 받아 읽고, 가슴으로 울었다.

이 불효막심한 이 자식 눈에 고개 떨구며 죽쳐졌던 당신의 뒷모습이 왜, 이제야 보이는 겁니까?

"왜, 이제야 보이는 겁니까?"라고 통곡한 큰형님의 글이 크게 보였다. 왜? 필자도 이제야 보이는 불효막심한 자식 중 또 한 명이니까. 설교 준비를 위해 지난 주간에 읽은 책에서 이런 문구를 읽었다.

계란으로 바위를 깨뜨리는 것은 불가능하다. 그러나 분명한 사실이 있다. 계란은 살아 있는 것이지만, 바위는 죽은 것이다.[15]

기막힌 성찰이다. 이 글을 섬기는 교회 수요일 저녁 예배 설교 원고에 인용했다.

오늘 수요예배에 나와 예배를 드리는 자식 여러분! 당신의 부모님들은 평생동안 자식의 승리와 행복을 위해 무모하게도 계란으로 바위를 치는 어리석은 것처럼 보이는 인생을 사신 분들입니다. 도무지 상대가 되지 않는 그런 게임을 어리석게도 하셨습니다. 그런데 결과가 이것입니다. 그래서 오늘 여러분이 있다는 것입니다. 그 계란은 부모들이 갖고 있었던 사랑이라는 살아 있는 무기였기 때문입니다. 다시 한번 그 사랑을 전폭적으로 나에게 주신 부모님들의 사랑에 감사하는 귀한 자식들이 되기를 바랍니다.16)

다음 주 화요일은 하나님의 나라에서 안식하고 계실 어머님 92번째 생신이다. 해서 아버님의 유해와 함께 안장되어 있는 이천 호국원에 다녀올까 한다. 가서 큰형님의 이 글을 읽어드리고 싶기 때문이다. 물론 벌써 알고 계시겠지만. 정말이지 오늘은 아버지, 어머니가 사무치게 너무나 보고 싶다.

친구를 응원합니다

신학교 동기들 중에 현장에 나와 사역을 한 지난 30여 년의 세월 동안 친구 이전에 참 본받고 싶고, 하는 일마다 존경하고 싶을 만큼 하나님이 원하시는 일을 어쩜 저렇게 골라서 할까 하고 줄곧 놀라움을 주는 친구가 몇 있다. 그중에 한 명이 수개월 전, 사석에서 진지하게 필자에게 부탁 하나를 내놓았다.

이 목사, 하나님이 계속해서 부담을 주는 사역을 시작하기로 했다. 피해 보려고 했는데 강권하셔서 강제로 시키시는 일이라 순종하기로 했어. 근데 친구가 이사가 되어서 도와주었으면 좋겠어. 내가 할 수 있는 사역의 한계를 난 분명히 알거든, 그래서 이 목사에게 부탁하는 거야.

그리고 내놓은 프로젝트가 DPA디사이플 목회 아카데미 사역이었다. 친구가 제자훈련으로 섬기는 교회를 승리하는 교회로 만든 산 증인인 것을 이미 알고 있었던 차였는데, 건강한 교회 만들기라는 한 가지 목적과 하드웨어적이든, 아니면 소프트웨어적이든 이모저모의 열악함 때문에 힘들게 몸부림치는 개척교회 목회자들을 섬겨야 하겠다는 거룩한 부담감을 떠안은 친구의 부탁을 받으면서 왠지 부끄러워졌다. 난 아무것도

하지 않고 있는 무감각이 창피해서다. 해서 흔쾌히 친구가 행하고자 하
는 사역을 돕겠노라고 약속해 주었다.

전국에 널려 있는 교회 부흥 세미나에는 성공을 바라는 수많은 목회
자들이 마치 신기루를 만난 것처럼 찾아와 인산인해를 이룬다. 그런 세
미나들은 급성장 비결, 교회 부흥의 노하우를 배워서 내가 섬기는 교회
도 같은 부흥을 이루어내겠다는 결기로 가득 찬 목회자들을 유혹한다.
허나 교회는 스킬로 운영되는 곳이 아니라 성령의 압도적인 운행하심
과 섬기는 목회자의 눈물과 겸손과 시험을 참고 난 뒤에 이긴 결과로
나타나는 승리의 장소이기에 얼마 있다가 더 큰 상처를 받고 또 다른
신기루를 찾아 헤매는 악순환이 오늘날 한국교회의 아픈 현실이다.

아주 오래전, 웨스트민스터신학교 교수로 있는 마이클 호튼의 혁명
적인 책 *Christless Christianity*(그리스도 없는 기독교)에서 이런 글을 읽
고 밑줄을 그어 놓았던 적이 있었다.

> 현재의 이 악한 세대는 변용의 담론뿐 아니라 변용의 정략도 가지고 있다.
> 결합시켰을 때 그것들은 강력해진다.[17]

친구는 아마도 이 랜덤의 기가 막힌 세대에 외롭게 서 있는 ―교회
를 초고속으로 무너지게 하는 그 어떤 사탄적인― 변용의 담론은 물론
변용의 정략과도 맞장뜨고 싶었음을 절친인 나도 알기에 친구에게 조
그마한 도움이라도 주고 싶어 무모한 것 같지만 하나님의 마음을 시원
하게 해드리는 DPA의 응원자가 되기로 했다.

23일 목요일, 친구는 이런 두려움에 떨고 있는 나를 아는지 모르는
지 설익은 사람에게 무거운 숙제 하나를 꺼내 밀었다. 그날 참석자들을
'공부하는 목사'로 만들어내라고.

필자 또한 허접한 것 투성인데 공부하는 목사를 만들어내라는 추상 같은 서릿발 앞에 많은 것을 생각하고 고민하다가 '함께 공부하는 목사 만들기'라면 그래도 나눌 것이 있을 것 같아 감당해 보기로 했다. 원고를 정리하고 친구에게 내용을 보냈더니 전언이 왔다.

이 목사, 기대가 된다.

친구의 말이 왜 그리 정겨우면서 무서운 이중의 부담으로 다가오는지. 폐일언하고 진짜로 하고 싶은 말이 있다. 이 무시무시한 사역을 부담감 100%임에도 감당하고 있는 춘천 하늘평안교회 오생락 목사는 정말로 본받고 싶은 친구이자 동역자다. 그래서 무조건 친구를 응원한다.

졸(卒)

사람은 망각의 동물인지라 시나브로 이렇게 세월이 흘렀는데도 산 사람은 산다고 그렇듯 세월의 빠름을 잊고 살아오다가 지난 현충일에 아버님의 유해가 모셔져 있는 이천 호국원 납골당에 아들과 함께 다녀 왔다.

대한민국 육군 소위 이복성. 出 1924년 10월 2일, 卒 2008년 9월 26일.

납골함에 설 때마다 유독이 들어오는 단어가 있다.

'卒'이다.

인생은 유한하기에 반드시 사람은 삶을 '졸'할 날이 있다는 것을 깨 닫고 살아가야 한다. 아마도 이런 인지 사고를 갖고 살아가는 자가 지혜 로운 자이리라. 허나 정작 현실에서는 누구도 예외 없이 각자의 삶에 도생하여 천년만년 살 것으로 착각하고 욕망에 휘둘리며 살아간다. 어 리석음의 극치로 달려가고 있는 나 자신을 보지 못하고 득의양양하며 산다. '졸'은 내게서 먼 나라의 이야기로 치부하려 한다. 동시에 나하고는 전혀 관계없는 타인의 일이라고. 그렇지만 존경하는 선배 목사께서 본인의 글에서 통찰한 그대로 '졸'은 어느 날 저녁, 비수가 내 가슴에 칼을 꽂을 때 일어나는 일(死)이기에 누구도 여기에서 예외는 없다. 다만 우리 인생들이 할 수 있는 일이라면 그 '졸'의 날이 오기 전까지 바울의 권고대로 사는 것뿐이다.

세월을 아끼라 때가 악하니라. 18)

바울이 말한 이 구절에 사용된 '아끼라'고 번역된 헬라어 '엑사고라 조메노이'의 원뜻은 '어부가 낚싯줄에 걸린 물고기를 건져 올리는 행위'를 의미한다. 다시 말하면 수많은 시간의 연속선 상에서 가장 나에게 유익한 시간으로 만들어지도록 건져지는 시간만이 세월을 아끼는 자가 된다는 의미일 게다.

절대로 멈추어주지 않는 시간의 흐름에서 세월을 아끼는 삶을 사는 것이 얼마나 중요한지를 알려주는 바울의 고언이 아버님과 어머님이 모셔져 있는 유해 앞에서 반사신경이 반응하는 것처럼 필자의 뇌리를 스쳤다. 이천 호국원에 모셔진 영령들은 나라와 민족을 위해서 나름대로 몸을 바쳐 최선을 다한 분들이다. 그래서 국가에서 그 뜻을 기리기 위해 최대의 예우를 갖추어 그들의 흔적들을 모시고 있다.

이런 생각을 했다. 우리 그리스도인들이 세월을 아끼고 나에게 남겨진 시간 동안에 최선의 삶을 살아서 후에 우리가 '졸'하는 그날 하나님께 인정받는 귀한 주인공들이 되어야 하지 않을까 하는 생각을 말이다. 오래전, 읽은 글이다.

인생이라고 다 같은 인생인 것은 아니다. 생명용품으로 승화되는 인생이 있는가 하면, 죽음용품으로 단지 썩기 위해 존재하는 인생도 있다. 그 결정권은 철저히 자기자신의 소관이다.[19]

아마도 이 말을 행한 장본인은 이렇게 생명용품의 인생으로 다시 거듭나기 위해 수치스럽게 교회 세습이라는 추잡한 꼴을 보이고 있는 여타 대형 교회의 제왕적 목회자들과는 달리 자신의 목회 여정의 마지막을 아름답게 마감하고 거침없이 그리고 욕심 없이 그 자리를 떠나는 본을 보인 것은 아닐까 싶다.

필자의 소망이 변치 않기를 기대한다. 디모데후서 4장 7절의 기록이 묘비명에 기록되기를 소망하는 그 원함이.

나는 선한 싸움을 싸우고 나의 달려갈 길을 마치고 믿음을 지켰으니.[20]

친구가 참 좋다

그냥 존재하는 것만으로 얼마든지 완전해질 수 있다.[21]

유대인 출신의 맨 부커 상 수상 작가인 다비드 그로스만의 말이다. 극히 개인적이고 주관적인 생각이기는 하지만 내게는 친구가 그렇다.

제천에 친구들이 왔다. 인천에서, 부천에서 최선을 다해 사역하고, 후배들을 가르치고 있는 목사, 교수 친구가 반갑게 찾아 왔다. 조금 늦은 시간인데도 보고 싶어 찾아왔다는 친구들이 무척이나 반가웠다. 아무리 개인차로 이동하는 시대라고 해도 부천, 인천에서 제천은 상당히 먼 거리인데 마다하지 않고 찾아온 친구들이 눈물 나게 반갑고 고마웠다. 함께 모여 수다 떨기, 신변잡기 이야기하기, 추억 나누기 등등으로 시간을 함께 보냈지만 친구들과 함께한다는 사실이 너무 귀하고 행복했다.

제천에 친구들이 또 찾아왔다. 서울에서 건실하게 목회하는 친구 목사들이 바쁜 시간을 내서 찾아왔다. 왜? 그냥 보고 싶어서 왔단다. 무슨 이유가 더 필요한가? 이렇게 찾아온 친구들에게 내가 해 줄 수 있는 것은 따뜻한 밥 한 그릇 사 주는 것 그리고 그동안 하지 못했던 이야기들을 나누는 것, 같이 수다 떠는 것이다. 그리 긴 만남은 아니었지만 너무 행복한 시간을 보내고 다음을 기약하면서 헤어짐을 아쉬워했다. 이제 50대 후반을 사는 친구들인데도 만나면 무조건 좋은 걸 보니 친구 좋음 이라는 정서는 나이와는 전혀 상관이 없다는 것을 다시 한번 절감한다.

이제는 사역은 내려놓았지만 노동의 현장에서 정말 귀한 땀을 흘리 며 또 다른 일상에서 사제 역할을 감당하는 친구가 천안에서 제천까지 결코 가까운 거리가 아닌데도 주일 예배에 참석하기 위해 찾아왔다. 때 때마다 나에게 격려의 메시지를 던져주고, 내가 정글 같은 목회 현장에 서 치열하게 살아가는 것을 보고 항상 응원해 주는 친구다. 친구는 지금 15층 옥상과 망루에 올라 방수 작업과 도색 작업을 해야 하는 결코 쉽 지 않은 삶의 현장에서 또 다른 치열한 땀 흘림 때문에 주변을 살피기가 쉽지 않은 데도 언제나 부족한 사람에게 용기를 주고 있는 참 좋은 사람 이다. 역시 찾아온 친구에게 보답할 수 있는 필자의 인사는 따뜻한 식사 한 끼 대접하는 것이 전부다. 그럼에도 교제의 끈을 놓지 않으려는 친구 가 너무 고맙고 감사하다.

10년 전, 섬기던 직전 교회에서 짐을 쌌을 때 무척이나 안타까워하 며 애석해하던 친구들이 이제는 너무 가벼운 마음으로 제천을 찾아온 다. 만나면 수고를 서로 격려하고 짓궂게 장난도 하지만 나는 개인적으 로 찾아온 친구들에게 아픈 이야기가 아니라 희망찬 이야기를 들려줄 수 있어서 행복하고 감사하다. 줄 수 있는 것이 있기에 그리고 들어야 할 이야기가 있기에 친구들과의 만남은 언제나 의미 있고 기쁘기 그지 없다.

소박한 소망이 하나 있다. 친구들이 건강했으면 하는 바람. 이제 육 십을 바라보는 때가 되어서 그런지 만나면 건강에 대한 이야기도 메뉴 중에 하나로 등장한다. 무슨 약이 좋고, 어떤 운동이 근력 강화에는 최고고 등등. 해서 화살 기도를 드리곤 한다.

하나님, 친구들이 섬기는 교회, 현장, 학교에서 대과大過 없이 사역 잘 마치
고 훗날 주군으로부터 '애썼다'고 칭찬받는 나날 되게 하옵소서.

이번 달에도 아직 두 번의 친구들과의 만남이 예약(ㅎㅎ)되어 있다.
친구들에게 따뜻한 핸드드립 커피를 대접하려고 한다. 이 커피에는 커
피 크림이 첨가되어 있지 않다. 우정이라는 사랑이 크림을 대신하기 때
문이다. 그래서 그런가? 공자의 말은 정말로 정답이다.

有朋自遠方來 不亦樂乎!

목욕을 좋아하는 남자

목사 안수를 받고 난 뒤에 취미 생활이 많이 변한 것 같다. 일반대학을 다닐 때 당구를 취미 삼아 소일을 하던 때가 엊그제 같은데 목양의 현장에서 긴장이 연속되는 나날을 보내다 보니 취미 생활도 바뀌었음을 어느날 깨닫게 되었다. 목사가 되어 유일하게 즐기는 것이 있다면 목욕이다. 목사가 되어 취미로 할 수 있는 것이 딱히 마땅치 않은 것도 사실이기는 하지만, 목욕을 하는 이유는 몇 가지의 소박한 이유 때문이다. 첫째, 목회가 사실은 영적인 것에 집중하는 사역이기는 하지만 육체적인 부분의 체력도 많은 부분 소진하는 사역이기도 하기에 긴장되어 있는 육체를 완화해 주는 효과가 있어 목욕이 필자에게는 스트레스를 푸는 좋은 쉼이기 때문이다. 둘째, 목욕을 통하여 육체적인 자기 정결이라는 의식적인 행위를 반복하면서 영적인 부분의 자기 정결도 재정비하는 좋은 묵상의 시간이 되기 때문이다. 셋째, 책을 읽을 수 있는 좋은 시간이기 때문이다. 목욕의 상당 시간은 반신욕을 하기에, 그 시간은 책을 읽을 수 있는 아주 좋은 시간이다. 한 번 목욕을 하는 데 약 150페이지 정도 분량의 책을 읽게 되는데 독서로 정한 책의 반 정도는 섭렵하는 시간이 되기에 필자에게는 일거양득의 시간이 되는 것이 사실이다.

승려 법정은 〈아름다운 마무리〉라는 산문에서 이렇게 갈파했다.

책을 통하여 자기 자신을 읽을 수 있을 때 열린 세상도 함께 읽을 수 있다. 책에 읽히지 않고 책을 읽을 줄 알아야 한다. 책에는 분명히 길이 있다.[22]

기가 막힌 성찰이다. 필자는 목욕탕에서 이 길 찾기를 많이 갖는 편이다. 이상한 취미라고 말하겠지만 실제가 그렇다. 육체적으로 심신을 풀고, 묵상의 여유를 통하여 목사로서 목회적인 영성의 본질이 무엇인지를 누구에게도 방해받지 않고 깊이 성찰하는 시간이 목욕이라면 누군가 궤변이라고 공격할지 모르겠지만 뭐, 공격받아도 괜찮다. 사람은 제각기 자기의 개성에 맞게 사는 거니까.

목욕을 좋아하는 남자.

무슨 영화 제목같지만 이 행복은 끝까지 지켜갈 것 같다.

팁 하나. 가능하면 온천에서 목욕과 책읽기를 병행하면 금상첨화다.

영혼의 스쿼트

몇 달 전, 친구 목사들과 사적인 모임을 가졌다. 모일 때마다 대화의 상당수가 건강에 대한 이야기를 바뀌고 있음을 알게 되니 우습다는 생각이 든다. 그도 그럴 것이 이제는 하루가 멀다 하고 자신의 육체적인 나약해짐이 눈에 띄게 보이기 때문이다. 신진대사가 원활하지 않아 여기저기에서 곡소리처럼 앓는 소리가 난다는 공통의 이야기는 이제 전혀 낯설지 않은 친구들 모두의 관심거리가 되었다. 필자도 예외일 수 없다.

교회를 개척하고 나서, 하는 일이 훨씬 더 많아졌다. 사역은 사역대로, 일거리는 일거리대로 많아지고, 공부는 공부대로 하루에 세워놓은 할당량이 있기에 그것을 이루기 위해 나름 나를 쳐서 복종한다는 의미에서 더 철저하게 스스로를 냉혹하게 대한다. 이런 이유 때문에 절제된 삶을 사는 데에는 조금의 진보를 나타냈지만, 문제는 정신에 비해 육체가 걸맞은 보폭을 맞추지 못한다는 데에 그 심각성이 있다. 이대로 가다가는 목회를 중단하게 될지도 모른다는 절박함을 전제로 다시 시작한 것이 이제 6년 차에 접어드는 탁구다. 유산소 운동으로 그리고 부족한 운동량을 보충하는 데에는 더할 나위 없이 효자 노릇을 해준 탁구채 잡기는 그래서 일과를 마치고 나면 꾀부리지 않고 일주일에 세 번 정도는 반드시 행하는 습관으로 자리매김 되었다. 그렇게 6년을 운동하다 보니 이모저모 건강에 대한 신호들이 파랑색으로 바뀌었는데 문제는 근력이다. 탁구라는 유산소 운동은 상체 전신운동 효과와 더불어 조금 세밀하게 말한다면 상체 근력 운동에 대한 탁월한 유익을 주었지만, 역설적으로 하체 근력에는 별다른 도움을 주지 못했다는 점이 아쉬웠다. 고민하다가 나날이 약해져 가는 하체 근력을 튼튼히 하기 위해 시작한 것이 스쿼트다. 맨 처음 이 운동을 접했을 때는 재미가 없고, 힘도 들고, 꾀도 나서 열심히 하지 않았던 경험이 있기에 다시 그 모습으로 돌아가지 않기 위해 마음을 다잡이하고, 요즈음은 살기 위해 하루에 약 150회 정도 스쿼트를 하고 있다. 이렇게 시작한 스쿼트는 그 시작이 얼마 되지 않아 아직은 미비하지만 변화를 보이고 있어 처음 시작할 때보다는 덜 힘든 느낌과 더불어 하체 근력에 약간의 조짐이 있어 동기 부여가 된다. 아마도 탁구 운동과 스쿼트를 지속적으로 병행하다 보면 목회하는 목사로서 조금은 더 건강한 모습으로 사역을 감당할 수 있지 않을까 싶어 오늘도 그 운동의 끈을 놓지 않고 있다.

오늘 이 글을 쓰게 된 동기가 이렇다. 살기 위해 열심히 몸을 괴롭힌다. 그리고 움직인다. 육체가 편안하면 그때 위기가 오는 것을 알고 가능하면 열심히 몸을 움직이려고 한다. 한데 목사이기에 이럴 때마다 직업의식이 발동하는 것은 어쩔 수 없는 필자의 운명인 듯하다.

영혼의 건강을 위해서 나는 얼마나 움직이고 있는가? 나는 지금 영혼의 근력을 강화하기 위해 영혼의 스쿼트를 그렇게 집요하게 하고 있는가? 나는 얼마니 영혼의 유산소 운동을 하고 있는가? 그러다가 주군께 부끄럽다는 생각에 머리를 떨구었다.

사탄의 집요한 공격에 속절없이 무너졌다고 다시 뼈를 깎는 자기 성찰과 돌이킴의 행보를 통해 재기한 고든 맥도널드는 그래서 자신의 목

회를 '목회 여정旅程'이라고 표현하지 않고 '목회 역정歷程'23)이라고 묘사
했다. 그 글을 가슴으로 읽으며 동의했던 적이 있다. 그렇다. 목회는 역
정이다. 역정은 스킬이나 잔재주나 방법론으로 걸을 수 있는 길이 아님
을 인정하기에 천성을 향하여 걸어가던 기독자처럼 영혼의 스쿼트를
이 땅에서의 호흡이 끝나는 날까지 감당해 보려고 한다.

　최고의 영성 수사였던 토마스 머튼이 묶은 『사막의 지혜』를 보면 파
르토스 아빠스의 가르침이 나온다.

　수도승이 무엇보다 미워해야 할 두 가지가 있다. 하나는 편안한 생활이요,
　또 하나는 허영이다.24)

　편안함과 맞서기 위해 오늘도 주군께 엎드려 본다.

국가란 무엇일까?

최인훈이 그려낸 〈광장〉의 이명준은 적어도 필자에게는 충격이었다. 무감각하게 타자를 바라보았던 나를 타격했기 때문이다. 이명준을 지각했거나, 아니 지각하려고 하지 않았던 나를 강하게 타격했던 그 쓰라린 상흔은 지금도 내 골수에 남아 있다. '국가란 무엇인가?' 적어도 광장의 이명준에게는 북이든 남이든 괴물이었다.

작가 유시민은 『국가란 무엇인가?』(돌베개)에서 피히테의 국가관에 대해 이렇게 썼다.

> 피히테는 단순한 애국자가 아니었다. 그는 교육 또는 세뇌를 통해 온 국민의 삶을 획일적 국가 목표에 종속시키려 했던 전체주의자였다. 애국심과 국가주의, 애국주의와 전체주의 사이에는 쉽게 오갈 수 없는 넓은 길이 있다. 피히테는 그 길을 주저 없이 걸어갔다.[25]

『독일국민에게 고함』이라는 피히테의 대단히 유명한 글은 독일 민족의 위대한 민족주의를 불러일으켜 훗날 전 세계를 전쟁과 죽음의 공포로 몰고 갔던 나치즘과 뭇솔리니의 파시즘의 원형적 기초를 세워준 꼴이 된 대단히 유감스러운 글이다. 전체주의자였던 피히테에 대한 비판적 성찰을 가한 작가의 글을 필자인 나도 동의했다. 1970년대 후반에 고등학교를 다녔던 나는 박정희 대통령 사망 소식을 듣고 제일 먼저 생각난 것이 이것이었다.

이제 우리는 적화통일이 되는구나!

국가 교육에 충실히 길들여졌기에 너무나도 당연히 반공주의자로 굳건히 세워져 있었던 평범한 고등학생의 당시 자화상이 바로 이랬다. "우리는 민족중흥의 역사적 사명을 띠고 이 땅에 태어났다"를 외우지 못하면 선생님에게 매를 맞는 것을 보며 자랐다. "10.17 유신은 김유신과 같아서 삼국통일 되듯이 남북통일 되지요"를 학교 점심시간에 밥 먹기 전에 불렀다. 왜냐하면 이 노래는 식전 찬송가와 같은 것이었기 때문이다. 국가주의라는 애국심 하나 때문에 너무나도 당연하게 여겼던 쓰라린 기억이다.

곁들여 한 가지 더 이야기를 하자.

기회는 평등할 것입니다. 과정은 공정할 것입니다. 결과는 정의로울 것입니다. (중략) 소통하는 대통령이 되겠습니다. 낮은 사람, 겸손한 권력이 돼 가장 강력한 나라를 만들겠습니다. 군림하고 통치하는 대통령이 아니라 대화하고 소통하는 대통령이 되겠습니다.

소위 말하는 촛불 혁명으로 취임한 문재인 대통령이 취임사에서 했던 말을 기억한다. 평창 동계올림픽에서 여자 아이스하키팀의 남북 단일팀 구성을 지금의 정부가 제의하여 가동 직전이다. 정치 역학적인 구도에 따른 불가피한 선택이라는 것을 한편으로 이해한다손 치더라도 못내 섭섭하고 유감천만인 것은 기회가 평등하지 않은 일, 과정이 공정하지 않은 일, 결과가 정의롭지 않은 일, 소통이 아닌 불통의 일로 밀어붙인 국가주의적인 폭력이 나름 심정적으로 지지한 지금 정권에서 자행되었다는 점 때문이다. 이것이 국가일지 모른다. 그래서 헨리 데이빗 소로우가 이렇게 말했을는지 모른다.

사람 하나라도 부당하게 가두는 정부 밑에서 의로운 사람이 진정 있을 곳은 감옥이다.[26]

주전 8세기, 최초의 문서 예언자였던 아모스도 해서 가장 불공평하게 있는 자의 폭력이 하늘에 닿았던 북쪽 땅에서 이렇게 비수를 던졌던 것이 분명하다.

오직 정의체다카를 물 같이, 공의미쉬파트를 마르지 않는 강 같이 흐르게 할지어다.[27]

마리암은 1980년대 이란의 정치적 암흑기에 부모의 뜻에 따라 불과 5살의 나이에 자기의 주관이 전혀 개입되지 않은 프랑스로 거주지를 옮긴 타의적 정치 망명자가 되었다. 정치적 망명자는 언제나 그렇듯이 정착한 나라에서 철저한 이방인으로 존재해야 한다. 그녀 역시 예외가 아니었다. 이란이라는 피가 흐르는 프랑스인이었기에 말이다. 프랑스어를 배워야 하는 이유를 몰랐던 어린 시절, 이방인으로 자신을 만든 부모가 원망스러웠지만 자라며 어쩔 수 없이 환경에 적응하여 프랑스어가 모국어가 되어 프랑스어를 전공한 탓에 그녀는 이방인이면서도 프랑스어를 가르치는 묘한 인생 여정을 살았다. 그러나 그럼에도 불구하고 그녀는 페르시아의 피가 흐르고 있었다. 두 문명 속에 살아야 하는 '나'는 누구인가를 마리암은 저서에서 표출한다.

남의 상처를 보고 환상을 품는 위선자들에게 화가 난 거예요. 호의를 베푸는 척하면서 정중하게 내 상처에 손가락을 찔러 놓고는 아무렇지도 않게 미소를 지어요. 아무것도 모르면서 위선적인 인종차별주의자들이라고요![28)

저자가 두 문화의 갭gap으로 인해 심각한 갈등을 겪을 때 환상 속에 나타나는 정신적인 지주인 할머니에게 퍼부었던 일성은 독서 내내 가슴 아픔으로 필자에게도 메아리쳤다.

필자는 그녀의 자전적인 수기인 『나의 페르시아어 수업』을 읽는 내내 전술한 단어가 떠나지 않았다.

국가란 무엇인가?

어떤 의미로 보면 마리암으로 하여금 '나'를 '나'로 존재하지 못하게 만든 경멸의 대상이 '국가'였고, 결국은 '나'를 '나'에게서 떠나게 만든 괴물이자 폭력이었던 국가는 그녀에게 있어서 증오의 대상이어야 했다. 이렇게 갖은 수모를 겪고, 이방 언어 습득의 고통, 이방인으로서 당해야 했던 정체성의 혼란으로 인해 여지없는 무너져 내렸던 멘털리티의 추락 등을 경험했던 그녀가 자기의 뿌리인 이란을 17년 만에 방문하면서 느꼈던 감성으로 다가온 격정들을 글로 써내려간 그녀의 설명할 수 없는 국가에 대한 공감의 분모는 여지없이 필자에게도 뜨겁게 다가왔다.

그토록 증오했던 대상인 이란에 17년 만에 돌아와 뿌리들을 만나고 프랑스에 있는 부모에게 다시는 프랑스로 돌아가지 않겠다는 버티는 그녀, 이란에 남아 있으면 여성의 인권, 그녀가 누릴 수 있는 자유를 철저하게 박탈당하며 봉쇄될 것을 앎에도 불구하고 그 척박한 여성인권 최악의 국가에서 여성 인권의 최고의 나라로 돌아가지 않겠다는 것은 도대체 무슨 이유와 배짱이었을까? 문득 다시 곱씹는다.

국가란 무엇일까?

오늘 내 사랑하는 조국, 한국을 보면 장강명이 쓴 『한국이 싫어서』 (2015)에 나오는 일체의 아귀餓鬼들이 스멀대며 올라온다. 마리암에게 있어서 잃어버린 페르시아어를 다시 수업받는 것은 단순히 언어 습득이 아니었다. '나'를 찾는 일이었다. 왠지 그녀의 그런 객기에 박수를 보내고 있는 '나'는 또 누구일까? 대한민국이라는 '나'는 지금 어디에 있는가? '나'는 나를 찾고 싶다.

IV

서(書)

글쓰기

책을 읽는다는 것은 고쳐 읽는다는 것이고, 고쳐 읽는다는 것은 고쳐 쓴다는 것이고, 책을 고쳐 쓴다는 것은 법을 고쳐 쓴다는 것이고, 법을 고쳐 쓴다는 것은 곧 혁명이다.[1]

도쿄대학 문학부 사상문화학과 교수인 사사키 아타루가 남긴 말이다. 그의 말을 곧이곧대로 받아들인다면 글을 쓴다는 것은 곧 혁명으로 가는 엄청난 능력이라는 것을 암시하는 말일 것이다. 그러나 아타루 교수의 이 표현은 필자에게는 반대급부의 의미로 더 두렵게 다가온다. 왜? 글은 아무나 쓰지 못하는 것이라는 단호함이 함께 내포되어 있는 갈파이기에.

목사는 글을 써야만 하는 직업을 가진 사람이다. 설교는 곧 글쓰기이기도 하기에. 필자는 섬기는 교회에서 행하는 일체의 모든 설교를 원고 설교로 행한다. 그러기에 정말이지 글 쓰는 것이 가장 고통스러운 작업이 아닐 수 없다. 대체로 공 예배(주일 낮, 저녁, 수요예배) 설교를 감당해야 하므로 주간에 의무적으로 써야 하는 글의 분량이 A4 용지로 약 20매 정도다. 이 20매를 작성하는 데에 소요되는 시간은 약 이틀 정도이다. 물론 사람마다 정도의 차이는 있겠지만 내 경우에는 아둔하고 일천한 지식의 한계로 인해 이 정도의 시간을 절대적으로 요한다. 지금 언급한 대목은 설교를 위해 글을 쓰는 경우를 전제한 것이다.

필자는 이외에도 개인적으로 모 신문사에 기고문을 송고하기에 또 다른 글을 써야 한다. 동시에 개인적인 취미 중에 하나인 독서 후에 기록하는 서평 쓰기가 있다. 서평 쓰기는 설교 준비를 하는 전력투구와 별다르지 않다. 어떤 면에서 서평 남기기는 필자의 최근 지식의 총아라고 할 수 있기에 전심하는 수고를 아끼지 않는 편이다. 동시에 이 수고는 적어도 목사로 살아가는 자로서 사유와 성찰이라는 두 마리 토끼를 잡는 대단히 중요한 공부이기에 최선을 다하는 편이다.

독서에 비해 글쓰기는 또 다른 차원의 영역이다. 독서가 지식을 공급받는 통로라고 정의한다면 글쓰기는 그 지식을 내 안에 쌓는 작업이다. 작년에『내 영혼의 아틀란티스』로 유명한 소설가 스티븐 킹의『유혹하는 글쓰기』를 만났다. 책에서 킹이 이렇게 말한 부분을 보며 공감했다.

> 소설(전공)을 쓰는 일은 언제나 거의 즐거운 작업이지만, 비소설(비전공)
> 은 낱말 하나하나가 일종의 고문이었다.[2]

이미 대단한 소설가로 각광을 받고 있는 세계적인 소설가의 양심고백과도 같은 이 문장을 만나면서 한편으로는 위로를, 또 한편으로는 절망감이라는 두 복합감정이 스며들었던 기억이 생생하다. 킹도 글쓰기가 고문이었으니 필자 같은 사람이야 재론의 여지가 있겠는가! 그런데도 무모한 것 같은 용기를 내보려는 것은 글쓰기를 포기하지 않겠다는 무모함이다. 왜? 전술하며 잠시 언급한 것처럼 그래도 어줍지 않은 글쓰기로 인해 얻어지는 시너지인 설교가 천박해지지 않을 것이라는 확신과 또 하나는 그렇게 글쓰기에 최선을 다하는 것이 결국은 무언가를 상실한 시대를 살고 있는 자들에게 위로와 정체성의 확인을 줄 수 있는 조그마한 역할이라고 믿기 때문이다.

후후, 무식의 정체가 탄로 나지 않으려고 요즈음에는 글을 쓰면서 『우리말 절대 지식』(김승용, 동아시아)을 열심히 펼쳐보고 있다. 정말로 몸부림이다. 그러나 기실, 걱정은 딴 데 있다. 마음은 간절한데 이제는 점점 눈이 침침해 지고 있음이다. 버나드 쇼의 말처럼 이럴 줄 알았으면 우물쭈물하지 말고 조금 더 젊었을 때 용트림을 할 걸 그랬나 보다. 미련했지만 그래도 주님의 인자하심이 가득한 한 주간이 되기를 두 손 모아 본다. (주여, 불쌍히 여기소서!)

'책사사'(책을 사랑하는 사람)의 냄새는 향기롭다

교회를 개척하고 난 뒤에 정말로 필요한 자리를 제외하고는 가급적 사적인 외출을 자제했다. 신학교 동기 모임을 비롯하여 정기적으로 친한 친구들과 함께 소그룹 모임을 갖는 시간 외에는 거의 사적인 외출은 삼갔다는 말이 더 정확한 표현일 것 같다. 그렇게 가기 좋아했던 서점도 발 길을 끊고 6개월 동안은 온라인을 이용해 책을 구입했다. 이렇게 지난 6개월 동안 온라인상으로 책을 구입하면서 생각보다 온라인상에서의 서적 구입이 오프라인상에서 책을 구입하는 것보다 훨씬 더 많은 유리함이 있음을 알게 되었다. 책을 더 저렴하게 구입하는 것은 물론이고, 상품권을 덤으로 받는다든지, 마케팅의 일환인 것은 알지만 책을 많이 사 보는 구매자의 입장에서 당연히 더 호감이 가는 회원 등급 상향의 혜택까지 지역에 위치해 있는 서점과는 경쟁력에서 비교가 될 수 없을 만큼의 많은 혜택이 있음을 알게 되고 맛보게 되었다. 그러나 책을 구입함에 있어서 이런 다양한 장점이 있음에도 불구하고 온라인에서만 만나는 책과의 만남은 왠지 모를 허전함이 있었다.

그렇게 6개월이 지난 뒤, 제천에 두 번째로 개업을 한 기독서점인 '예수마을'을 방문하면서 그 궁금증이 풀렸다. 소그룹 성경공부 교재인 이재철 목사의 저서 『성숙자 반』 교재도 신청을 하고, 앞으로 치열하게 연구해야 하는 로마서 강해를 위해 반드시 읽어야 할 마틴 로이드 존스 목사의 교리강좌 시리즈 제3권 '교회론'에 나오는 일부의 내용을 급하게 보기도 해야 했기에 오프라인상의 서점인 '예수마을'에 들리기로 하고 외출하며 옛 오프라인상의 서점 정취를 다시 진하게 느끼는 행복을 체감했다.

처음으로 들린 서점에서 책을 구입하고 나를 알아본 '예수마을'을 경영하는 집사 부부와 차를 한 잔 마시고 교제를 하며 이런 이야기 저런 이야기를 나누던 어간, 전술한 대로 온라인상으로 책을 구입할 때 받았던 여러 가지의 혜택과는 상관없이 어딘가 모르게 허전했던 2% 부족함의 정체를 깨닫게 되었다.

책을 사랑하는 자들의 사람 냄새

이것이 바로 온라인상에는 존재하지 않는 내가 느끼는 허전함이었다. 어떤 목사들은 무슨 책을 좋아하고, 또 어떤 목사들은 어느 출판사의 어떤 책들을 좋아하고, 또 어떤 신자들은 어떤 성향의 책을 좋아하기에 독자의 취향에 맞는 경영을 위한 책 선별에 최선을 다한다는 '예수마을' 경영자의 이야기를 들으면서 책을 사랑하는 자들의 냄새가 참 좋다는 느낌을 갖게 되어 행복했다. 주인 되는 집사께서 그런 이야기를 제게 한 이유는 처음 서점에 찾아준 세인교회 목사의 독서 편력도 알고 싶어 한다는 필이 와 기꺼이 내 취향도 나누었다.

집사님, 기독교 관련 서적들은 '홍성사'와 '부흥과개혁사'에서 출판된 책들을 좋아합니다.

대부분의 목회자들이 두란노와 규장의 책들을 좋아하는 것에 비해 제 이야기가 의외로 여겨졌던지 주인 집사께서 귀담아 들어주며 메모했다. 상대방의 말을 귀담아 들어주는 존중함의 배려를 받으며 행복한 마음이 밀려왔다.

우리나라 성인 3명 중 한 명은 1년에 책을 한 권도 읽지 않는다는 충격의 시대에 살고 있다. 충격을 넘어 비극이고, 비극을 넘어 참극이다.

정말 좋은 이유가 없다면 절대로 모험을 거절하지 말자.[3]

미국의 사회운동가이자 문학평론가인 리베카 솔닛의 고언苦言이다. 이 문장을 처음 접했을 때 많은 생각을 하게 했다. 그러다가 문득 스친 오기가 있었다. 정말 그렇지 않은가? 책을 읽는 것은, 독서를 한다는 것은 정말로 멋있고 가치 있는 모험이다. 내가 알지 못하는 수많은 지성적 감동과 교훈을 만나는 이 여행은 기가 막히게 아름다운 모험임에 틀림없다. 문제는 이 모험을 특별한 이유가 없이 거절하고 포기한다는 점이다. 아프고 아쉽고 유감스러운 대목이 아닐 수 없다.

개인적인 소회지만 난 내 호흡이 끊어지기 전까지 '책사사'의 향기를 계속 맡고 싶고, 또 이 모험을 중단하지 않으려고 한다. 작은 소망이지만 내가 알고 있는 모든 지인들이 이 수지맞는 일에서 탈락되지 않기를 기대한다. 특히 내가 섬기는 세인 교회 공동체 지체들은 더 더욱.

책을 읽을 수 있는 행복

레오나도 레이븐힐의『소돔에는 말씀이 없었다』, 옥성호의『심리학에 물든 부족한 기독교』, 폴 악트 마이어의『로마서 주석』, 김훈의『남한산성』, 마틴 로이드 존스의『영광스러운 교회와 아름다운 종말』, 존 맥아더의『그리스도만으로 충분한 기독교』, 존 파이퍼의『예수님이 복음입니다』, 마틴 로이드 존스의『영적 침체와 치유』가 서고에 쌓였다.

지난 주간에 읽기를 마친 책들과 한참 재미있게 읽고 있는 책들의 목록을 소개했다. 목사에게 있어서 목회의 젖줄이 독서라는 것을 모르는 목사는 아무도 없을 것이다. 개척 이전, 조직 교회의 당회장 시절, 사역을 하면서 가장 힘이 들었던 것은 정말 가기 싫은 자리에 가야만 하는 것이었다. 전혀 도움이 되지 않는 모임에 타의에 의해 주어진 자리를 채우기 위해 억지로 가야 하는 것은 지옥을 경험하는 일이었다. 일부 사람들의 도무지 귀에 들어오지 않는 말 안 되는 이야기를 들어주어야 하는 것은 고문이었다. 일련의 일들이 힘이 든 이유는 '금과 같은 시간의 빼앗김'을 당해야 하는 억울함 때문이다.

교회의 위상 때문에 마지못해 가야 하는 모임들은 절대로 다시 찾을 수 없는 정금 같은 시간을 침탈한다. 발전적인 성숙과는 거리가 먼 사람들과의 만남은 울고 싶은 정도의 아픔으로 나를 타격한다. 이로 인해 필자에게 치명적으로 오는 손실은 책을 읽을 수 있는 시간을 빼앗겨 버린다는 점이다.

하나님의 교회를 개척하고 난 뒤에 필자가 경험한 행복들은 참으로 많이 있지만 그중에 하나를 든다면 서슴없이 독서할 수 있는 시간이 많아졌다는 점을 들 수 있다. 누가 불러내는 사람이 없어서 좋다. 죽기보다 가기 싫은 모임에 나가지 않아도 된다. 시간의 빼앗김을 더이상 허락하지 않아도 된다. 당연한 결과이겠지만 이런 변화의 결과로 주어지는 혜택은 내 손에 책이 들려져 있다는 점이다. 이 행복을 어떻게 표현할까?

지난 주간 레이븐힐을 통하여 '현대 교회의 진정한 영적 회복이라는 것이 무엇인가?'에 대한 살아서 꿈틀거리는 통렬한 메시지를 받으며 행복했다. 평신도 사역자 옥성호를 통하여 한국교회가 심리학에 얼마나 무방비로 공격을 받고 있는가를 보며 도전받았다. 주일 낮 예배의 로마서 강해를 위한 신학적인 통찰insight을 악트마이어를 통해 공급받고 있다. 20세기 최고의 강해 설교자라고 추앙받는 로이드 존스 목사가 제시한 영적인 침체를 벗어날 수 있는 의학이 접목된 신학적인 치유의 방법론을 알게 되었고, 그의 교리서 강좌를 읽으며 깊은 신학적인 교리 체계의 그림을 그리고 있다. 존 맥아더와 존 파이퍼를 통하여 필자가 그동안 목회를 하면서 고집하고 있는 원색적인 복음을 그들 역시 사수하며 지지하는 것을 보며 얼마나 큰 영적인 희열을 느꼈는지 모른다. 천재적인 작가 김훈의 장편 소설을 그동안 사놓고 읽지 못하는 속상함이 있었는데 『남한산성』을 읽으며 목사가 역사성을 갖는 것이 얼마나 중요한지를 새삼 배웠다. 이어 읽은 『칼의 노래』와 『현의 노래』는 나를 놀라게 할 정도의 역사성은 물론, 글을 써야 하는 운명을 갖고 있는 필자에게 너무 큰 도전을 주었다.

지천명의 나이에 교회를 개척한다는 것은 모험을 넘어 객기일 수 있다는 것을 안다. 그러나 이 객기 뒤에 나에게 임한 행복은 객기도 객기 나름이라는 것을 깨닫게 해 준 긍정의 결과들이다. 이제 이 행복을 놓치지 않으련다. 책을 읽으며 얻는 행복을 말이다. 차제에 한 가지 덧붙이고 싶은 이야기가 있다.

1년에 한 권도 책을 읽지 않는 사람들이 10명 중 3명이라는 시대에 살고 있다. 이른바 비극의 시대다. 책은 나를 살찌게 하는 보약 중의 보약이다. 나는 내가 알고 있는 모든 지인들이 책과 연애하며 영혼을 살찌우는 그런 행복한 사람들이 되었으면 한다.

일본의 지성 중에 한 명인 다치바나 다카시의 말이 큰 공명으로 들린다.

수학에 익숙해지지 않으면 수학에게 당하고 말 것입니다.[4]

책에 익숙해지지 않으면 그 책을 읽은 사람들에게 당하는 인생을 살게 될 것이라는 선전포고로 들렸기 때문이다. 오늘도 당신의 손에 책이 들려 있다면 책을 들고 있지 않은 사람들을 정복하게 될 것이다. 어느 인생을 살 것인가는 지금 당신의 책 읽기로부터 결정될 것이다.

나는 왜 글을 쓰는가?

목회 현장에서 사역을 한 지 30년이 지났다. 부교역자로 사역을 한 것이 목회 여정 중에 11개월이다 보니 나는 개인적으로 담임목회의 이력이 내 목회의 거의 전부인 셈이다. 담임 사역을 하면서 30년 간 중단하지 않았던 것이 하나 있었는데 주보에 올린 목회 단상에 대한 글쓰기였다. 286 컴퓨터를 사용하던 그 아득한 시기부터 지금까지 보관해 놓은 글들이 약 1,500페이지 정도로 보관되어 있는데 때때로 들추어보면 두 가지의 소회가 든다. 하나는 초기에 쓴 글을 보며 '이 걸 글이라고 썼나!'에 대한 부끄러움이고, 또 다른 하나는 '나름 성장했네!'의 대견함이다. 물론 착각은 자유지만.

필자가 참 좋아하는 작가가 있다. 치열함이라는 단어로 설명하자면 타의 추종을 불허할 정도의 책읽기와 글쓰기에 있어서 혀를 내두를 수밖에 없는 작가 정희진이다. 그녀는 언젠가 나에게 이렇게 도전했던 적이 있었다.

저자는 죽었다. 책은 독자가 다시 쓴다. 책이 되지 못한 책들의 피해, 비평되지 않는 비평의 폐해는 수많은 책을 읽는 '나'에 의해 청산될 수 있다.[5]

이 글을 읽다가 정신이 번쩍 들며 떠오른 것이 있었다. 만에 하나 내가 글을 쓴다면 두 가지의 수지맞는 장사를 할 수 있겠다는 아주 세속적인(?) 생각이다. 첫째는 나를 정화할 수 있겠다는 것과 둘째는 남을 정화할 수 있겠다는 목사로서의 직업의식 발동이었다. 그리고 이런 나름의 도발은 나에게 정말로 그런 보물을 던져주는 행운의 큐피트 화살이 되어 날아왔다. 글을 써야 하니 책을 읽어야 했다. 책을 읽다 보니 나하고는 비교가 안 되는 석학들과 앞서가는 사람들을 만나 대화할 수 있었다. 그들이 가진 범접할 수 없었던 통찰과 혜안이 고스란히 내 것으로 질량 변화를 해주었다. 질량이 변화된 수없이 많은 보물들은 자칫 잘못하면 망각이라는 괴물에 사로잡혀 먹힐 수 있는 가능성이 농후했기에 기억에만 머물게 할 수 없어 펜을 들었고, 키보드를 친구로 삼아 글을 쓰기 시작했다. 그 글쓰기는 적어도 필자에게 엄청난 보너스를 주었는데 목사로 살아가는 삶을 천박하지 않게 만들어 주었고, 사유와 성찰을 끊임없이 행하게 했음은 물론, 설교라는 것을 행하며 살아가야 하는 나에게 가장 큰 무기들로 남아 주었다.

오래전, 할리우드가 최고로 인정하는 작가 스티븐 킹은 이렇게 용기를 주었다.

> 글쓰기는 마술과 같다. 창조적인 예술이 모두 그렇듯이, 생명수와 같다. 이 물은 공짜다. 그러니 마음껏 마셔도 좋다. 부디 실컷 마시고 허전한 속을 채우시기를…6)

호흡이 멈추는 순간까지, 이 물을 마시려고 한다. 공짜로 주어지는 물도 못 마시는 바보가 되어서야 되겠는가? 그래서 나는 오늘도 글을 쓴다.

균형

플랭클린 루즈벨트 대통령이 병세가 악화되어 도저히 대통령직을 수행할 수 없게 되자 그의 뒤를 이어 부통령이었던 해리 투르먼이 직을 이어 받으면서 했던 말은 지금도 많은 사람들의 입에서 회자되곤 한다.

하늘의 별들이 다 나에게 떨어지는 것 같은 두려움과 공포가 임했다.

여호수아는 어땠을까 싶어 구약의 여섯 번째 책을 펼쳐보았다. 여호수아 1장 5-9절까지 모두가 다 여호수아를 격려하는 메시지로 도배되어 있음을 발견했다. 이것을 근거로 접근해 본다면 확언컨대, 모세의 리더십을 이어받은 여호수아 역시 투르먼의 심리적인 두려움과 공포가 임했으리라 보아도 무방할 것 같다.

흔히들 여호수아를 펼쳐 든 독자들은 여호와 하나님께서 여호수아에게 당부하신 내용 중에 상당수가 '강하고 담대하라 내가 너와 함께 하리라'는 메시지에 천착하기 십상이다. 그러나 필자는 모세의 부재라는 하늘이 무너지는 공황 상태를 경험한 여호수아에게 주신 주님의 메시지 중에 제일 무게감을 두는 내용을 여호수아 1장 7절의 말씀에 두기를 좋아한다.

오직 강하고 극히 담대하여 나의 종 모세가 네게 명령한 그 율법을 다 지켜 행하
고 우로나 좌로나 치우치지 말라 그리하면 어디로 가든지 형통하리니.

바로 이것, 우로나 좌로나 치우치지 말라는 메시지 말이다. 필자가
섬기는 교회는 정치적인 성향이 우측에 있는 교우들이 여럿이 있다. 그
지체들은 목사가 전하는 개혁적인 설교를 들으면 머리를 숙이거나 얼
굴에 인상을 찌푸리는 경우가 가끔 있음을 본다. 반대로 젊은 교우들
중에는 좌측에 있는 분들도 상당수 존재한다. 같은 맥락에서 그들은 너
무 상투적인 보수적인 메시지를 언급하면 앞선 우측에 있는 분들의 반
응과 별반 다름이 없이 나에게 인상을 쓰며 압박 아닌 압박을 준다. 해
서 경우에 따라, 거친 세상 말로 목사질(?) 하기 정말 어렵다. 그런데 이
런 일을 당할 때마다 대처하기는 결코 쉽지 않지만 배우는 교훈과 공부
가 있다. 천박하지 않은 균형 잡음이다. 일전에 재야 원로학자인 이만열
교수의 글을 읽었다.

한국교회의 현 위기의 근본 원인은 아무래도 그리스도의 복음에 대한 오해
와 또는 신학의 왜곡과 천박성을 첫째로 꼽고 싶다.[7]

그렇다. 천박해지지 않으려면 목사에게 있어서 복음에 대한 올바른
이해 그리고 신학을 왜곡하는 일체의 것들과의 투쟁을 감수해야 한다.
이것이 교회 목사가 가져야 할 절절한 목양의 패러다임이다. 필자는 이
것을 바로 균형이라고 정의한다. 지난 학기 모 신학대학원에서 가르치
던 학생들에게 마지막 강의에서 필자가 마음에 담은 진정성이 있는 권
면을 이렇게 전했던 기억이 있다.

목회는 보수적으로, 그러나 신학은 포용하는 진보성으로.

후에 많은 학생들이 이 멘트에 대하여 호불호를 가졌다는 후담도 들어보았다. 당연한 반응이라 생각했다. 개혁적인 신학을 경험해 보지 못한 학생들은 거부감이 들었을 것이며, 상투적인 것에 식상해 있는 학생들은 신선했을 것이기 때문이다. 그러나 필자가 이 권고를 한 것은 누군가에게 비위를 맞추기 위한 일설—設이 아니라 균형을 강조하기 위해서였다. 필자는 수구적인 보수를 별로 좋아하지 않는다. 그러나 강남 좌파도 같은 마음으로 좋아하지 않는다. 쓰러져 가고 있는 조국 교회를 아파하는 개혁적인 동역자들에게 박수를 보내지만 그러나 그렇게 무너지고 있는 조국 교회를 마치 확인 사살하는 것같이 무너뜨리는 급진적인 사람들과는 대항하여 싸운다.

제사장이 제사장 아들에게 세습하는 것이 뭐가 잘못이냐고 대드는 수준 이하의 신학적 궤변을 늘어놓는 대화 자체가 안 되는 몇몇 무식한 세습을 완료한 목회자들을 결코 받아들일 수 없지만, 거침없이 나를 버리라고 역설하며 사역의 현장을 떠난 보수적인 성향의 거인들을 존경하고 또 존경한다. 진보적인 해석을 토대로 하고 있는 국제성서주석을 통해 엄청난 신학의 혜안을 받음에 감사하지만, 메튜 헨리의 타협할 줄 모르는 보수적인 주석에도 감동을 받는다. 김기석 목사의 설교에 열광하며 감동 받지만, 유기성 목사의 설교도 진중하게 경청하기를 좋아한다.

어떤 이는 이런 필자에게 회색주의자라고 공격하겠지만, 괜찮다. 왜냐하면 나는 회색이 무슨 색인지 잘 모르지만 역사적 예수에 흔적을 따르며 그가 남긴 사람으로서의 버림의 신학에 열광하고 반면 이후에는 누구든지 나를 괴롭게 하지 말라 내 몸에 예수의 흔적을 지녔다고 고백한 바울의 신앙적 그리스도를 심장에 담으며 열광한다. 이것이 회색이라면 회색으로 덧칠할 각오가 되어 있다. 그리스도의 색깔인 십자가의 도가 회색이면 그 색으로 도배하는 것을 기쁨으로 여기리라. 그래서 한 해를 시작하며 이렇게 기도하며 결단해 본다.

제발, 조국 교회가 좌로나 우로나 치우치지 않게 하옵소서!

7:3

지난 학기, 아세아연합신학대학원에서 신학대학원 학생들에게 '목회 리더십'이라는 과목을 강의로 섬겼다. 현장 목회자로 제천에서 양평까지 오고 가는 과정이 조금은 버거웠지만 학생들도, 필자도 함께 공부하는 시간을 가질 수 있어서 감사하게 한 학기를 마무리했다. 필자는 전업 강사들처럼 생계가 달려 있는 사람이 아니라 순수한 열정으로 위기의 한국교회를 짊어져야 하는 제자들에게 목회자 선배로서 남겨주어야 할 건더기가 있으면 공급해 주는 것이 마땅하다는 마음으로 아주 편안하게 한 학기를 섬겼다. 학기를 마치고 난 뒤에 학교에 나를 추천한 친구 목사가 강의 평가를 확인해 보라는 성화에 못 이겨 학교 포털 사이트에 만들어져 있는 교수 평가란에 접속하여 지난 학기 강의에 대한 학생들의 평가를 확인하면서 이런저런 생각이 들었다. 좋은 평가와 나쁜 평가라는 호불호가 분명히 있을 것으로 예상은 했지만 필자의 관심은 내 강의에 대하여 혹평한 학생들의 글이었다. 가장 먼저 눈에 띈 것은 이것이었다.

복음주의자인지 의심스럽다.

목회 현장에 선 지 30년 만에 처음 듣는 말이라 너무 낯설기는 했지만 가슴에 담았다. 그 외에 '숙제를 많이 내주어서 버거웠다', '보수적인 전통에 있는 ACTS에 대한 정신에서 멀다', '너무 강압적인 모습을 보였다' 등등의 비난성 멘트들이 적나라하게 표기되어 있었다. 조금 더 격정적인 표현도 서슴지 않은 학생들의 이면을 보면서 양가감정이라고 하면 적절하다고 할까 하는 뭐 그런 소회가 밀려왔다.

학기 중에 보수적인 전통(학교 측이 말하는 전통)에 서 있는 신학교의 학생들이기에 더욱 의도적으로 강조했던 부분이 있다.

'신학과 목회에 대한 균형을 갖추라'고 강하게 역설했다. 목양의 현장은 개인의 욕망을 채워주는 오아시스가 아니라 정글이라고 강하게 역설했다. 학문적인 보폭을 넓히는 것은 학생의 기본이라고 전하면서 우물 안의 개구리가 되지 말 것을 권고하기도 했다. 공부하는 태도가 불성실한 면을 보이는 학생들에게는 조금은 단호하게 일침하면서 자세를 가다듬을 것을 가르쳤다. 무엇보다도 목회자 후보생들이기에 공부하는 목사가 되어줄 것을 재삼 곱씹게 했다.

학기 중에 기억에 남을 만한 에피소드 중 하나. 발제를 위한 참고도서 중에 예수 그리스도인이 아닌 불신자가 쓴 책을 참고 도서 목록에 올렸다고 그 세션을 맡은 자들이 강하게 불만을 제기하며 성토했다는 나눔을 듣고 조금은 참담했다. 적어도 수강생들은 대학 학부에서 본인들의 개인 전공을 공부한 뒤에 진급한 목회학 석사과정 학생들일 텐데, 이 정도의 폐쇄성과 수구성에 길들여져 있나 싶어 나름 분노스럽기까지 했던 기억이 있다. 왜? 이 정도의 수준이 오늘 기독교의 한 단면이자 수준이고, 또 변하지 않는 한 한국교회의 촌스러운 미래인 것이 분명하기 때문이다. 그래서 아팠다.

프랑스가 낳은 지성 자크 엘륄은 일찍이 자기들만의 성을 쌓으면서 제도화에 목을 건 기형적 기독교에 대하여 다음과 같이 염려했다.

> 제도화된 교회는 대중에 대한 도덕적 규제, 반여성주의, 계시를 대체한 종
> 교의식 강조, 성서해석의 경직성, 민간 신앙의 수용, 예언적 기능의 상실, 사
> 회 결속을 위한 교회 등을 추구하면서 점차로 변질되어 갔다.[8]

적어도 자크 엘륄의 예언이 너무나도 정확하게 맞아 떨어지고 있는
현장이 자꾸만 폐쇄화의 길로 가고 있는 한국교회인 양 싶어 우울하기
짝이 없다.

한세대학교에서 평생 교편생활을 하고 있는 전업 교수 동기가 사석
에서 이런 말을 한 적이 있다.

> 이 목사, 학기가 끝나면 강의 평가라는 것을 받을 텐데 학생들의 말 한마디
> 한마디에 너무 신경 쓰지 마라. 난 지금도 내 강의를 거쳐 간 한 학생에게 자
> 유주의자 아무개 교수라는 공격을 수년간 받고 있다. 그 친구의 사명은 아무
> 개 교수, 한세대에서 쫓아내기란다.

처음으로 대학원생들을 가르친 여린 친구가 상처를 받을까 염려하
여 해준 친구의 말이었다. 필자는 교수가 업業인 사람이 아니다. 섬김과
함께 공부한다는 마음으로 한 학기 최선을 다해 달린 강사였다. 그러기
에 학생들의 부정적인 강의 평가에 대하여 일희일비할 만큼의 가치를
부여하지는 않는다. 허나 나름 아쉬운 것은 너무 편협한 사고의 신학적
폐쇄성을 가진 자들이 한국교회의 현장을 넘나들 때 올 수 있는 아픔을
예견하기에 염려스러운 것이 사실이다.

이 정도의 수준에서 머물기에 '저들만의 리그'라는 세상의 비아냥에

속수무책이기에.

　사족 하나. 교수 평가의 내용을 확인하면서 이렇게 인격적인 면을 거론하며 비난한 자들이 있는가 하면 7:3 정도로 강의의 내용에 대하여 박하지 않은 평가를 해 준 한 학기 제자들도 있기에 내심 위로를 받았다. 왜? 7:3이면 그래도 선방한 거 아닐까 싶어서. 착각은 자유지만….

사랑하는 아들에게

28년 전 11월 25일이 지난 주일처럼 주일이었다. 아버지는 그날 섬기는 밀양 대곡교회 주일 예배를 인도하기 위해 단에 섰지만 솔직히 말하면 무슨 말을 전했는지 전혀 기억에 없단다. 이유는 네가 이 땅에 나온 날이라서. 주일 예배를 마치고 네가 힘차게 세상에 첫 숨 쉬고 있을 서울로 올라가는 기차 안에서 별생각을 다 했단다. 어떻게 생겼을까? 엄마를 더 닮았을까, 아빠를 더 닮았을까? 이왕이면 다홍치마라고 날 더 닮았으면 좋겠다는 말도 안 되는 시답지 않은 상상을 하면서 병원으로 향했지. 그리고 신생아실에서 널 처음 보는 순간, 하나님께 감사 그리고 또 감사했단다. 누구를 더 닮았는가에 대한 기차 안에서의 실없는 질문에 대한 답을 발견해서가 아니라 그냥 건강하게 이 땅에 태어나주어서.

엄마가 너를 배 안에서 키워가던 6개월 되던 어느 날, 네가 엄마의 자궁을 태반으로 가리고 있다는 청천벽력 같은 이야기 그리고 다른 아이들과는 달리 거꾸로 누워 있는 것이 아니라 똑바로 누워 있기에 발로 태반을 찰 수 있는 가능성이 농후해 태반이 터지는 경우, 1시간 안에 수술하지 않으면 태아도, 산모도 동시에 위험하다는 하늘이 노란 선고를 받은 뒤, 아버지는 눈앞이 캄캄했단다. 그런데 의사 말이 8개월 즈음에 100명 중 한 명꼴로 태아가 다시 자리를 잡기 위해 자궁에서 돌아누우면서 태반을 끌고 올라가 정상분만을 하는 기적 같은 일도 가능하다는 그 희미한 희망의 말을 듣고 그때부터 엄마와 아버지의 기도는 지금 생각하면 너무 유치한 듯하지만 이 기도가 기도의 전부였단다.

끌고 돌아눕게 하옵소서.

너무 우습지? 하지만 그 기적의 주인공이 네가 되어준 것이 얼마나 눈물 나게 감사한 간증인지 지금도 복기하면 아버지에게 있어서 최고의 간증 제목이었다.

아들아!
3주 전부터 주일예배 때 갈라디아서 강해를 시작했다. 갈라디아서 1장 4절을 읽다가 제목을 '아버지의 뜻'이라고 정하고 지난 주일에 말씀을 전했단다.

그리스도께서 하나님 곧 우리 아버지의 뜻을 따라 이 악한 세대에서 우리를 건지시려고 우리 죄를 대속하기 위하여 자기 몸을 주셨으니.

교회사의 첫 번째 위기라는 겟세마네 동산에서 주님이 드린 기도와 맞물려 이 구절을 설교했단다. 나약한 인성을 갖고 계셨기에 죽음이라는 두려움을 공히 느끼셨던 주군이신 예수님이셨지만, 그럼에도 불구하고 그 죽음의 길이었던 십자가를 지기로 하신 이유는 단 한 가지, 아들이 죽어야 하나님의 공의를 만족시킬 수 있었고, 또 그것의 실천만이 구원을 계획하신 아버지의 뜻을 이룰 수 있는 유일한 방법이었음을 예수께서 수용했기에 내 '원'(헬라어로 델레마)이 아닌 아버지의 '원선택'대로 되기를 원한다고 해석하며 교우들에게 적용했단다.

아버지의 뜻을 이해하고, 아버지의 원대로 되기를 기도하셨던 주님의 이 어마어마한 사랑의 선택을 교우들과 나누면서 아버지는 김기석 목사의『오래된 새 길』에서 인용한, 페루가 낳은 위대한 시인 세사르 바예흐가 '같은 이야기'에서 소개한 한 구절을 인용하며 설교를 맺었단다.

우리는 신이 아픈 어느 날, 곧 예수께서 십자가에서 못 박히시는 그날, 태어났다. 그러므로 기독교인으로 살아간다는 것은 그 '신의 상처'를 함께 아파하는 삶이다.[9]

사랑하는 아들아!

네가 알듯이 아버지는 목회를 하면서 별문제 없이 하나님의 나라와 그분의 공의와 정의를 실천하기 위해 나름 고민하고 성찰하려는 몸부림을 해 왔단다. 근래에 하나님께서는 얼마 남지 않은 정년까지 아버지가 끝까지 이 길을 가라고 압박하신다는 생각이 많이 드는구나. 노예가 주인의 뜻을 잠시나마 잊어버리는 것을 조금도 용인하지 않으시는 것 같고. 아들은 아버지가 가고 있는 길을 함께 가 줄 것으로 기대한다.

정신과 전문의로 항상 약자 편에서 끝까지 서기를 주저하지 않았던 정혜신 박사가 쓴『당신이 옳다』를 보면서 그녀가 적정 심리학을 소개하면서 내뱉은 촌철살인이 눈에 띄었단다.

두 집단을 양극단으로 해서 그 사이 어느 한 지점에 속하는 보통사람들에게 다가서는 방식은 더 말할 것도 없이 '진실'이라는 깨달음이었다.[10]

벼락처럼 다가온 그녀의 말 때문에 적지 않은 위로가 되었단다. 그래, 그런 것 같구나. 목사가 버려서는 안 되는 것, 이 애비가 걸었던 그 목사의 길을 또바기 걸어야 하는 아들이기에 참 안쓰럽지만 아들이 하나님 앞에서, 사람 앞에서 그렇게 진실되게 걸어줄 것을 믿기에, 또 그렇게 성장해 주고 있는 아들이기에 안심하기로 했다.

아들에게 해 주고 싶은 말들이 얼마나 많은지 한 편의 글로 남길 수가 없다. 그래서 아들을 위해서 아버지가 읽은 책들에 사족을 반드시 남긴단다. 훗날 아버지가 물려줄 유일한 재산이 책이기에 열심히 적고 있단다. 지금이야 그 말들이 아들에게 얼마나 큰 힘이 되겠나 싶지만 그럼에도 불구하고 더 먼 훗날, 아버지가 아들과 육신으로 함께 해 줄 수 없는 그날이 되면 그래도 아들이 붙들 수 있는 힘이 될 거라 믿기에 촌스럽지만 오늘도 흔적을 남기려고 한다.

사랑하는 아들!

이 땅에 태어나 아버지가 제일 잘한 것이 하나 있다면 그건 아들이 내 아들 되게 한 일이란다. 그래서 아버지는 너무 행복하다.

월터 브루그만은 『마침내 시인이 온다』에서 성경 본문은 예언자적 언어로 구성되어 있기에 설교자는 시인의 영성을 가져야 한다고 했고, 정용섭 선배도 『목사 공부』에서 시인이 해석하는 풍부한 감성을 갖지 않은 자는 설교자(목사)가 되지 말아야 한다고 역설했는데, 왠지 오늘은 아들 때문에 시인이 된 느낌이구나. 언제나 더 노력하고, 공부하는 아들이 되어주기를 바란다. 더불어 결코 높은 자의 자리가 아닌 낮은 자의 자리에서 끝까지 주님이 걸으셨던 그 고독한 길에서 이탈되지 않기를 아버지가 중보한다. 이요한은 이강덕의 자랑스러운 아들이니까.

고맙고 또 고맙다. 요한이가 내 아들인 것이.

욥기 강해를 시작하면서

무모한 일을 벌였다. 지난 수요일부터 섬기는 교회에서 욥기 강해를 시작한 것이 그것이다. 신학교에 입학해 공부를 하면서 두 가지를 해보리라 마음먹은 적이 있었다. 신약성서 중에 로마서를 정복하는 것 그리고 구약성서 중에 욥기를 설교하리라는 마음이었다. 2007년 10월 7일~2009년 9월 13일 주일까지 약 2년에 걸쳐 섬기는 교회에서 로마서 강해를 진행했고, 마지막 강해를 하고 난 뒤, 하나님께 단 위에서 감사의 눈물로 응답했던 기억이 생생하다. 목사는 설교를 통해 교우들에게 무언가를 전하기에 앞서 먼저 공부하고 살아내야 하는 사람이기에 로마서 사역은 적지 않은 부담이었다. 지식이 일천하기 때문이다. 그럼에도 불구하고 로마서 공부를 마치고 나니 신학교 시절, 다짐했던 큰 짐하나를 내려놓은 것 같은 영적 해방감 때문에 얼마나 감격했는지 모른다. 강해를 위해 공부의 과정을 해보지 않은 사람은 모를 일이기에 더욱 그렇다.

이제 목회 30년 만에 신학교에서 꿈꾸었던 또 하나의 무모한 도전을 진행해 보려고 출발했다. 전술한 욥기 강해 사역이다. 사역 현장에 나와 욥기를 부분적으로 만났을 때마다 가졌던 생각은 이런 것이었다. 신정론에 대한 어느 정도의 신학적 성찰, 인문학과 사회학 그리고 심지어 자연과학적인 테제들을 신학화Theologization하는 능력을 갖추지 않고는 섣불리 접근하지 말아야 하는 무시무시한 책, 해서 감히 가까이하기 어려운 성경으로 욥기는 필자에게 왠지 무겁게 자리잡고 있는 부담 그 자체다. 그런 욥을 지난 수요일부터 겁도 없이 만지기 시작했다. 욥기 안으로 들어가 보기로 하고 시작한 첫 사역의 소감은 이렇다. 의외로 필자에게 용기를 준 사람은 구약학자가 아닌 이화여자대학교 조직신학을 가르치는 양명수 교수와 독일 신학자 만프레도 외밍과 콘라드 슈미트이다. 사전적인 작업으로 이들이 쓴 『욥이 말하다』(분도출판사)와 『욥의 길』(대한기독교서회)을 읽고 난 뒤 엄청난 감동을 받았기에 나름 결심한 결정이 욥기 강해였기 때문이다. 이들의 글을 통해 욥기의 상투성과는 싸우고, 오히려 욥을 거꾸로 해석해 보려는 불온함에 천착하기로 마음먹었다.

콘라드 슈미트의 이 말은 욥기 강해를 마음먹게 한 큰 힘이었다. 그는 욥기를 읽으면서 세 가지의 자세를 당부했는데 그중의 하나가 필자의 마음을 때렸다.

유보적인 신학을 위한 어떤 시대는 언제나 있었다.[11]

이 갈파가 필자에게 이렇게 다가왔다.

욥기를 읽고 완벽한 결론을 내려고 하지 말라.

텍스트는 언제나 시대의 콘텍스트에 따라 해석의 여부가 결정되기에 신학은 콘텍스트의 유연성에 있어서 강직되어서는 안 된다는 내 나름의 목회 신학에 슈미트 교수가 박수를 쳐주는 듯해서 용기를 가져보기로 했다.

시작했기에 이제 현장에서 섬기는 교회의 지체들에게 욥기를 현재화시키는 숙제가 필자에게 남아 있다. 솔직히 말하면 대가들을 통해 용기를 얻긴 했지만 지금의 소회로는 어지럽고 깜깜하기 그지없다. 그래서 필자에게 언제나 든든한 구약학자 친구 두 명(차준희, 이용호 교수)을 또 괴롭혀야 할 것 같다. 설상가상으로 언제 마치게 될지 모르는 대장정이기에 더욱 부담이 되는 사역이지만 '구약성서 신학의 현장화'라는 대단히 중요한 숙제를 안겨주신 하나님께서 적어도 실수하지 않으실 것을 믿기에 스가랴가 말한 대로 '타나 남은 겁게 그을린 장작나무' 같은 부족한 사람이지만 무모한 도전의 스타트라인에 서기로 했다.

서재의 가장 가까운 책장에 강해를 위해 준비해 둔 약 20권의 욥기 관련 책과 자료들이 놓여 있다. 무시무시한 부담으로 자료들이 나를 노려보고 있지만 이 여행을 함께 떠날 섬기는 교회의 지체들의 초롱초롱한 얼굴과 따뜻한 응원이 있기에 아름다운 여행이 될 것으로 믿는다. 이 여행에 성령의 기름 부으심이 충만한 지성으로 가득 차기를 기대해 본다.

A⁺

아세아연합신학대학원에서 강의를 시작한 지 두 달이 넘어가고 있다. 초짜배기들이라면 다 그런 것처럼 나 또한 첫 번째 강의를 하는 사람이라 첫 단추를 잘 꿰고 싶은 마음으로 나름 최선을 다한 강의 준비와 선생으로서의 마음가짐을 올곧게 하며 두 달을 달려왔다. 강의를 하며 느낀 감동 중에 가장 큰 것이라면 학업에 임하는 학생들의 노고와 분투일 것 같다. 야간 대학원이라는 특수성 때문에 직장생활을 함께해야 하는 학생들 그리고 간간이 보이는 만학도晩學徒들도 있었다. 더불어 교단 신학교가 아닌 에큐메니컬 신학교이다 보니 졸업 후의 진로가 교단 신학교에 비해 한정되어 있다는 적지 않은 부담감이 있음에도 불구하고 열정을 다하여 선지동산에서 공부하는 학생들을 만나면서 적어도 한편으로는 목회의 선배로서, 또 한편으로는 선생으로서 진정성이 있는 가르침과 영적인 조언들을 통해 조금이라도 저들에게 선한 영향력을 미치기 위해 약간은 흥분된 마음으로 60여 일을 뛰었던 것 같다.

두 달여 학교 강의 사역을 뒤돌아보면 필자가 가지고 있는 목회 철학이나 신학적 성향이 맞지 않아 당황하는 학생들이 있는가 하면, 반대로 같이 품을 수 있는 신학의 로드맵을 그려준다는 느낌으로 꽤 신선하게(?) 학문적 스펙트럼에 동의하고 받아주는 학생들도 있다. 해서 아직한 달여 남은 강의 기간이 있어 판단을 내리기는 조금은 성급한 부분이 없지 않아 있지만, 나름 기대하는 분모는 전자의 학생들은 신학의 보폭을 넓혀주는 계기로, 후자의 학생들은 조금은 더 진보된 학문의 발전으로 성장해 정글 같은 목회 현장으로 나가 사역할 때 좌고우면하지 않는 하나님의 사역자들로 서 주기를 기대해 보는 긍정의 효과이다.

중간고사를 대체하는 북-리뷰 보고서를 읽으면서, 4주 차부터 진행하고 있는 그룹 세미나 발표를 통해서, 학기말 고사를 대체할 아직 최종 발제물이 남아 있기는 하지만 선생의 눈에는 벌써 A⁺에 해당하는 발군의 실력을 보여주는 학생들이 눈에 들어온다. 교과에 대한 정확한 의도, 교수가 원하는 목회 리더십으로 조각되어가는 학생들이 있다. 학문에 임하는 학생으로서의 자세 등등이 월등해 보이는 학생들도 보인다. 이대로 강의가 지속된다면 아마도 그 제자들에게 좋은 성적 사정 결과가 나오지 않을까 미리 짐작해 본다.

그러나 두 달 남짓 감당한 강의를 통해 선생으로서 갖는 마음은 한없이 부족한 필자의 클래스에 들어와 하나님의 사역자로 고군분투하고 있는 76명의 학생들 전부에게 A⁺를 주고 싶은 마음이 있을 정도로 박수와 격려를 보내고 싶다. 바로 오늘은 기가 막힌 영적 흑암과 은혜의 침잠 시대다. 이 시기에 하나님의 사역자로 서기로 결단하고 분투하며 공부하고 있는 아세아연합신학대학원 MDiv 6차생들은 모두 A⁺를 받기에 충분한 동역자들이다. 해서 학생들의 건강을 위해 시골에 있는 선생이 화살 기도를 해 본다. 성공회대학교 신학대학에서 조직신학을 교수했던 권진관 교수가 갈파한 말이 필자의 뇌에 녹아 기억에 있다.

기독교 신앙이란 닫힌 세계(기계론적인 세계)를 거부하고, 열린 세계 즉 스스로 진화하고 발전하는 유기체적인 세계를 받아들이는 것이다.[12]

필자와 함께 공부하는 학생들이 학기가 끝나고 나면 이렇게 신학적 보폭이 넓어지는 성장이 있기를 간절히 소망해 본다.

욥기 강해 1차 평가

신학교에 입학할 때 필자는 편입학으로 입학을 했기에 성경시험을 치렀다. 당연한 일이겠지만 합격을 위해 정말로 열심히 공부했던 기억이 있다. 후담이지만 목사고시를 치를 때보다 더 열심히 공부한 것 같다. 벌써 37년이 지난 일이지만 기억이 새록새록 하다. 그때부터 지금까지 성경을 읽고 공부하면서 항상 느꼈던 소회 중에 하나가 66권 중, 욥기가 언제나 필자에게 무거움 짐이었다는 점이다. 욥기 연구는 신학을 공부하던 학부나 대학원 코스워크에서 연구했어도 여전히 허전했고, 많은 아쉬움을 느끼게 했던 난코스였다. 왜냐하면 욥기 42장의 해석에 도착하면 설교자들과 관련된 책들은 항상 욥에게 궁극적 승리를 부여했고, 의인의 고난은 그러므로 아름답다는 식으로 결론을 맺었기 때문이다. 필자는 이 대목이 편치 않고 마음에 들지 않았다. 그렇게 해석하는 선생님들의 욥기에 대한 해피엔딩 스토리를 동의하지 못했기 때문이다.

그 때문이리라. 사역 현장에서 존 캘빈이 요한계시록에 대하여 가졌던 감정처럼 언제나 욥기는 필자에게는 기피 성경이었고, 해석을 아예 하지 않기로 마음먹은 텍스트였다. 이번 주 수요일이 되면 이렇게 부담 천만인 욥기를 무모하게 강해하기 시작한 지 25번째를 맞이한다. 겨우

10장을 섭렵한 진도 속도를 내고 있지만 그래도 지금까지의 강해를 통해 다음과 같은 첫 번째 소회를 표할 수 있을 것 같다.

① 욥의 인생이 해피엔딩이었을 것이라고 해석했던 전통적인 해석과는 다르게 결말이 날 것 같다는 조심스러운 전망이다.

② 욥기 1:1에 언급된 '온전하고 정직하여 하나님을 경외하며 악에서 떠난 자'라는 시작 멘트는 주전 6세기 후반부터 5세기 전반으로 추측되는 욥기를 편집한 시기에 편집자들이 고민 끝에 내린 궁색했던 표현이 아니었을까 하는 탐색을 증명하고 있다.

③ 이미 알려진 거의 완전무결한 신앙의 롤모델과 같이 평가된 욥이 얼마나 나약하고 불완전한 인간이었는지를 이해할 수 있는 가능성이 보인다는 의미 있는 성찰도 가능할 것 같다.

④ 전통적인 해석에 길들여져 있는 독자들이 매우 부정적으로 평가하고 있는 욥의 세 친구들이 언급했던 욥에 대한 성토 중에는 상당수 귀담아들어야 할 내용들이 무궁무진하다는 뜻밖의 은혜도 발견된다고 논증할 것 같다.

사정이 이렇다 보니 교우들의 평가도 아직은 상반되고 있다는 느낌이 필자에게 있다. "왜 담임목사는 이미 알고 있는 욥에 대한 해석과는 다르게 해석하지!" 고개를 갸우뚱하는 부류와 그 반면 신선하게 담임목사의 해석을 받아들이며 같이 따라와 주는 지체들도 있다. 욥기 설교를 준비하는 필자는 그래서 매주 수요일마다 긴장하며 욥기 강해 원고를 작성한다. 원고를 개인 블로그에 공고하는데 천만다행인 것은 네티즌들의 평가는 대체적으로 긍정적이라는 것이다. 매서운 비평적 논거도 있지만 욥기 강해 설교 원고는 유일하게 블로그에만 게재하기에 글로 만나는 네티즌들이 조금은 색다르게 욥기 강해 글을 읽어주는 것 같아 내심 안심이다. 그래서 더욱 조심스럽게 설교 원고를 준비하고 탈고하는 것이 이제는 습관화되어버린 것 같다.

이제 전체 내용의 약 25% 정도를 소화한 욥기 강해는 필자에게 여전히 적지 않은 부담이다. 허나 신학교 때부터 항상 편하지 않게 결론을 맺은 것에 대한 한풀이(?)를 하는 마음으로 한걸음씩 내딛고 있어 마치 살얼음판을 딛고 있는 심정은 분명하지만 이런 지난至難한 과정을 지나다 보면 어느 정도의 만족한 만한 가시적 욥기 공부를 마칠 수 있을 것이라는 기대감을 갖고 오늘도 욥기에 관한 책을 손에서 놓지 않고 있다. 차제에 목사도 걸음 걷기가 쉽지 않은 이 여행에 나름 기대감을 갖고 함께 걷고 있는 섬기는 교회인 세인 지체들을 강복하며 박수를 보내고 싶다. 우리들이 매주 수요일에 치열하게 만나고 있는 욥이 오늘 바로 '나'이기에 말이다.

또 하나, 해방 신학자이자 가난한 자를 위해 평생 사목활동을 한 구스따보 구띠에레스의 갈파를 필자도 동의하기에.

나는 성경 속에서 가장 정열적이고 아름다운 책을 욥기라고 생각한다.[13]

신문 기고문을 보고서

경향신문에서 연재하는 '내 인생의 책'을 아침마다 빼놓지 않고 읽고 있다. 지난 주간에는 지명도 있는 한 번역가가 기고한 글을 접하게 되었는데 칼 포퍼의 『추측과 논박』이었다. 형식은 책 추천의 형식이었지만 기독교의 진리를 난도질한 독설을 읽으면서 현직 목사로 있는 필자는 왠지 모를 수모감에 고개를 숙일 수밖에 없었다.

> 나도 대학원 때 과학사·과학철학 수업에서 이 글을 접했다. 그런데 엉뚱하게도 그 덕에 한동안 안 다니던 교회에 다시 나가기 시작했다. 애초에 내가 기독교를 등진 이유는 불가지론 때문이었다. 평생 열심히 교회에 다녔는데 막상 죽고 보니 천국도 지옥도 없다면 얼마나 허망하겠는가(그때 가서는 허망함을 느낄 '나가 존재하지 않을지도 모르지만). 물론 교회에 나가지 말아야 할 이유는 그것 말고도 한두 가지가 아니었다. (중략) 성경에서는 "진리를 알지니 진리가 너희를 자유롭게 하리라"고 말하지만, 나는 기독교가 진리라는 명제를 포기하고서 자유를 얻었다.[14]

이 낯선 번역가가 이렇게 기독교에 대하여 결정타를 날린 것에 대해 필자가 참담한 마음을 피할 수 없을 정도로 수치스러웠던 이유는 근본

적이고 수구적인 교계에서 발끈하는 기독교계 폄훼나 비하에 대한 분노 때문이 아니었다. 그가 공격한 '진리'에 대한 선전포고 때문이었다.

나는 기독교가 진리라는 명제를 포기하고서 자유를 얻었다.

번역가가 말한 마지막 독설은 그냥 묵과할 수 없는 일이기에 고민 끝에 대항하기로 마음먹었다. 그는 본인의 기고문에서 대학원에 들어가 자연과학적인 철학적 사고를 공부하면서 교회에 나가던 추억을 엉뚱한 짓이라고 반추하였다. 필자가 예상하기로는 번역가는 아마도 본인이 설정한 기독교적인 도그마나 신앙적 내용에 대하여 분명하게 공격할 나름 자기 것(?)을 만들 공부를 위해 교회를 나가야 했던 것은 아닐까 싶었다. 내 예상이 맞는다면 그의 이런 행위는 교회는 교회대로 그는 그대로 애석하고 아프기 그지없는 비극이다.

이후, 저자는 빈곤했던 자연과학적 철학 사고가 튼튼해졌을 것이고, 그것을 확인한 후에 교회를 떠나고 등지는 일이야 교회가 공격 대상의 수단이었으니 얼마나 쉬웠을까는 안 봐도 비디오다. 이런 현실적인 차원에서의 분석이 아니라 지성적이고 학문적인 사유의 체계 안에서 접근하자면 그가 공부한 칼 포퍼를 포함한 불가지론적인 사상과 각종 무신론적인 성찰들이 그를 사로잡았을 것이고, 바로 이런 하드웨어적인 요소들이 그를 교회에서 돌아서게 한 여러 가지의 요인으로 작용했을 것이라 짐작하는 것은 어렵지 않다. 허나 목사로서 심장을 공격받은 것처럼 치명적인 비수는 그의 표현대로 물론 교회에 나가지 말아야 할 이유는 그것 말고도 한두 가지가 아니라고 말한 대목이다. 모르긴 몰라도 대사회적으로 염려의 대상이 된 교계를 향한 서슬이 시퍼런 일반적 지성들의 성토 내용과 별반 다름이 없을 것으로 예상하기에 현직 목사로 사는 나는 수치스럽고 아프기 그지없다.

그의 공격에 대하여 뭔가 대항할 만한 무기라도 있으면 좋으련만 딱히 그럴 수 있는 것도 보이지 않아 벙어리 냉가슴 앓기로 그의 글을 읽은 지난 월요일 이후 마치 권정생 선생이 미국의 부시 정권이 이라크에 토마호크 미사일을 발사할 때 아무것도 모르고 죽어가야 했던 바그다드의 어린아이들을 생각하면서 열이 40도에 육박했고 맥박도 심각하게 뛰었다던 그 심정과도 같이 필자 역시 한 주간 열이 올랐다. 그가 한국 기독교계의 이런저런 일로 인하여 신앙을 버렸다는 것에 대하여 비난할 이유도 없고, 또 그럴만한 자격이나 당위성도 필자에게는 없다. 그리고 그의 자유의지적인 결단과 선택에 대하여 왈가왈부하고 싶지도 않다. 그러나 아무리 그래도 잠수만을 탈 수 없는 문제 제기는 바로 이 대목이었다.

나는 기독교가 진리라는 명제를 포기하고서 자유를 얻었다.

여기서 필자도 독설 한 마디를 남긴다. 떠나는 것은 자유이지만 선동이 지나치다. 저자의 글이 필자에게 또 다른 포퓰리즘의 한 구석으로 들리는 것은 천박스러운 대항이나 저항의 표현이 아니다. 왜 그럴까? 기독교 진리를 떠나서 나는 진정한 자유를 얻었다는 번역가의 표현이 조금은 건방져 보이기 때문이다. 역사주의의 원흉으로 종교적인 선민주의를 지적한 칼 포퍼의 팔로워로 저자를 국한한다면 필자도 이렇게 제기할 이유는 없다. 그런데도 '진리가 너희를 자유하게 하리라'는 그 진리의 탈피가 마치 또 다른 진리인 양 치부하는 것은 몹시 천박하고 유치해 보이기 때문이다.

몇 년 전, 극단적인 무신론 과학자인 장대익 교수와 함께 토론의 장을 연 호남신대 신재식 교수와 한신대 김윤성 교수의 치열한 논쟁을 담은 『종교전쟁』(사이언스북, 2014)을 숨 가쁘게 읽으며 공부했던 적이 있다. 이 책을 읽은 분들은 이미 공감하였겠지만 결코 천박하지 않은 학문적인 문제 제기 그리고 그에게 상응하는 지적인 방어논리로 서로가 치열하게 논쟁한 종교전쟁을 통해 필자가 받은 감동은 바로 이것이었다.

정답은 진화 중, 그러나 논증은 존중.

흑백논리로 정답을 확신하는 것처럼 촌스러운 행위는 없다. 적어도 필자가 주군으로 삼고 있는 기독교적인 교리의 예수가 아닌 전인격적인 신앙의 반응 속에 나타난 예수의 진리를 또 다른 어떤 이데올로기나 철학적 구조로 정답인 양 확정하는 것은 그래서 지성인의 도리가 아니다. 혹시나 그렇게 주장하고 싶은 고집을 철회하지 않는 마음이 저자에게 있다면 그것은 저자가 인정한 칼 포퍼의 걸작인 『열린 사회의 그 적들』은 물론 『탐구의 논리』에서 수차례 언급한 포퍼의 좌우명 같은 철학의 명제인 '불완전해야 완전하다'의 인식과도 거리가 먼 논리적 모순을 드러내는 것이기에 말이다.

저자가 은혜(?)를 받은 『추측과 논박』에서 포퍼가 말한 대로 반증할 수 있는 가능성이 있는 것만을 신뢰하고 또 그 반증의 내용 자체를 거부하는 것은 이미 궤변이며 비과학적인 것이라는 주장에 대하여 필자도 이의를 달고 싶지 않다. 아프지만 신앙이라는 이름으로 그 반증의 치열함을 원천 봉쇄하고 있는 집단이 기독교라고 이해한다면 저자의 사고와 이해대로 그 편협한 기독교를 충분히 떠날 수 있겠다는 것에 대하여 필자도 그럴 수 있다고 동의하기 때문이다. 다만 '예수'를 반증의 대상으로 삼아 그 또한 과학철학적인 사고 구조로 이해하고 또 그 범위 안에서 내 이성으로 해석되지 않는다고 해서 그가 진리인 것을 인정할 수 없다고 선동하는 것은 또 다른 천박한 학문적 포퓰리즘으로 비쳐지기에 동의할 수 없다.

앞에서 언급한 종교전쟁에 나오는 한 대목을 소개한다. 무신론 과학자 장대익 교수는 기독교가 말하는 기도에 대하여 아주 냉소적으로 비판했다. 그의 지론에 의하면 기도의 응답이나 효용론은 존재하지 않는다는 것이었다. 그가 이렇게 말한 근거로 심장 질환으로 중보기도를 받은 집단과 그렇지 않은 집단과의 표본 조사 결과 효과에 별 차이가 없었다는 과학적 데이터를 제시했다. 뿐만 아니라 종교인들이 더 건강하고 행복한 삶을 유지한다는 통설도 종교와는 전혀 관계가 없다는 자료를 표본군標本群으로 추출하여 근거로 제시하고 있다. 건강을 위한 기도는 종교 자체가 아니라 긍정적 사고와 별다름이 없는 심리적 기저에 나타나는 인간의 반응이라고 점찍어 확증한 그의 글도 읽었다. 교회에서 기도 응답이라는 것으로 신자들을 세뇌시키는 일련의 행태를 버리라고 종용하면서 그는 종교는 말살해야 하는 정신의 바이러스라고 독설하였다.[15)]

이에 관련하여 한신대 종교학과 교수인 김윤성 박사는 노기충천한 장대익 박사의 글에 다음과 같은 답신을 실었다.

기도나 기적이 인과적인 효과가 별로 없다는 과학적 연구 자체에 저는 별로 토를 달고 싶지 않습니다. 하지만 이런 생각이 드네요. 그래서 그것이 무엇이 중요하지? 정작 중요한 것은 기도가 효과가 있느냐, 기도에 응답하는 신이 정말로 있느냐, 이런 문제가 아니라 그 대상이 누구든 또 무엇이든 이런저런 이유에서 기도를 한다는 사실 자체가 아닐까?[16)]

그러면서 김 교수는 이렇게 부연하였다.

순전한 통계적 연구만 놓고 본다면 기도의 실질적 효과에 대한 증거가 전혀 없는지도 모릅니다. 하지만 그게 전부가 아닌 것 같습니다. 우리 인간의 삶이란 그런 통계에 갇히지 않는 숱한 차원들이 있기 때문이죠.[17]

전적으로 동의하면서 필자가 김윤성 박사의 반론을 노트에 담은 이유는 앞에 소개한 글보다 그의 글 마지막에 언급한 바로 이 대목 때문이다.

인류학자 메리 더글라스의 말대로 사물을 인격화하는 습성은 결코 미개한 사고가 아니라 인간이 주변 세계와 관계를 맺는 주된 방식 중에 하나이며, 이는 현대인에게도 여전히 생생히 살아 있는 사고이다. 같은 맥락으로 기도도 기적과 효과의 문제가 아니라 의미의 문제이다.[18]

나는 기독교가 진리라는 명제를 포기하고서 자유를 얻었다.

이렇게 독설한 저자에게 필자가 던지고 싶은 조언이 있다.

나는 기독교가 진리라고 믿지 않고 주군이신 예수가 진리라는 명제를 믿는다.

예수가 진리이심에서 한 발자국도 물러설 수 없다.

몇몇이 보입니다

　대학원에서 신학대학원 학생들을 강의를 시작한 지 한 달 반이 지났다. 명색이 대학원이라고는 하지만 76명이나 되는 학생들을 개별적으로 파악하고 그들과 인격적으로 관계를 맺는 것이 거의 불가능하다는 것을 알기에 필자는 그냥 외래 강사로서 내게 주어진 강의에만 충실하자는 마음으로 달 반을 달려온 것 같다. 강의를 진행하면서 수업 과정 중에 아주 옛날 학창 시절의 추억들이 떠올라 혼자 속으로 웃는 일들이 많아졌다. 그중에 하나가 군계일학群鷄一鶴과도 같은 자태를 뽐내며 지성을 갈망하는 학생들이 보인다는 점이다. 수업 자세나 혹은 선생이 요구하는 과제물들을 넉넉히 감당하는 몇몇 학생들을 지켜보다 보니 관심을 갖게 만드는 학생들이 있다.

　수업 중에 핵심적인 키워드에 집중하여 그것에 대한 신학적, 성서적, 지성적 올곧음을 찾아내려고 긴장하고 있는 학생들이다. 그들은 신학대학원 마지막 학기의 코스워크를 이수하는 학생들이기에 이제 이번 학기를 마치면 현장으로 나가야 한다. 그럼에도 불구하고 뛰어나 보이는 몇몇 학생 그들 역시 사역 부담감을 충분히 인지하고 있을 텐데 곰비임비 정글 같은 목회 현장에서 현상적으로 마주쳐야 할 일에 대하여 적극적으로 대처하기 위해 공부하려는 모습을 보인다. 중간고사를 대치

하는 과제물로 내준 북 리뷰book-review는 해보지 않은 사람들은 막상 달려들다 보면 기실 당황스러운 것이 사실인데 제출된 과제물을 받아본 결과, 선생이 요구한 각 필드에 맞는 글을 쓰기 위해 고민하고 노력한 흔적이 보이는 몇몇이 있다. 해서 그들의 면면을 떠올리며 다시 한번 옛 학창 시절 기억이 시나브로 떠올라 웃음을 지었다.

학기말 고사를 대신하는 대체물은 소논문 작성 페이퍼였다. 훗날 논문 작성을 해야 하는 학생들에게 도움을 주기 위해서였다. 하지만 너무 어렵다는 학생들의 불만 섞인 '떼창'으로 인해 조금은 쉬운 페이퍼로 변경하자 도리어 처음 요구한 페이퍼로 기말 과제를 내면 안 되겠는가를 반문하는 학생들 역시 그 몇몇이었다. 동기들이 그를 알면 치사한 인간, 이기적인 배신자(?) 등등 비난의 화살이 봇물 터지듯 하겠지만, 부인할 수 없는 것은 학문적인 열정, 쉽게 가지 않으려는 오기, 선지동산에 있는 동안이라도 지성적 성찰에 게으르지 않겠다는 의지적 고집 등등이 그들에게 보여 강의하는 사람으로 그들의 요구에 대해 동의해 주지 않았지만 싫지만 않은 것이 사실이었다. 바로 그 몇몇이 이 기막히고 참담한 교회의 현주소 안에서 이사야가 말한 그루터기 같은 남은 자로 서서 다시 한번 조국 교회를 든든하고 건강한 하나님의 집으로 세워주기를 기대하며 마음으로 응원했다.

피땀 흘려 조국 교회를 세워 놓은 선배 목회자들의 선한 씨의 열매를 주워 먹고 살아온 필자는 후배들을 위해 그렇게 심어야 하는 또 다른 씨앗을 뿌려 놓지 못한 공범자인 것을 알기에 너무나 미안하고 또 미안한 마음이 넘친다. 이제 은퇴라는 단어를 가끔은 되뇌어도 어색하지 않은 연륜이 된 지금, 해서 마지막 남은 봉사는 조국 교회를 위한 건강한 후배 동역자들을 키워내는 일이 아닌가 싶어 최선을 다해 보고자 한다.

언제, 어디나, 어느 곳에서든지 하나님이 주목하고 계신 그 사람은 있다. 불행인지 다행인지 그 사람은 언제나 아놀드 토인비의 말처럼 '창조적 소수'다. 그 몇몇이 분명 소수지만 끊임없이 탄생하기를 바란다. 왜? 그들이 마지막 이 땅에 세워진 교회의 희망이기에.

언젠가 읽었던 김인국 신부의 글을 가슴 저장고에 고스란히 쌓아두었던 적이 있었다.

> 교회가 해야 할 일은 예수의 꿈을 이어받는 행동이다. 그리스도의 피를 마시고 살을 모신다면서 그분의 몸이 되어 그분이 하시던 일을 오롯이 받들지 않는다면 또 하나의 그리스도로 자처할 이유가 어디에 있겠습니까? 함석헌 선생이 말씀하신 그대로입니다. 너 만일 그 피를 마셨다면야 지금 그 피 네 피 속에 있을 것이 아니냐? 네 살에, 네 뼈에, 혼에, 얼에 뱄을 것이 아니냐?[19]

적어도 이 자존감을 갖는 목회자들로 성장해 주기를 선생이 두 손 모아본다.

욥기 강해 이후

욥기에 대한 좋은 글 감사합니다. 저는 서울 합정동에 있는 백주년기념교회 신도입니다. 저희 교회 목사님들도 좋은 말씀으로 제 삶을 돌아보게 해주시는데 목사님의 설교도 꼭 들어보고 싶어지네요(ID: ○○맘).

들어본 적 없는 해석이라 매우 신선하고 많은 것을 생각해보게 되었습니다. 끙끙 앓고 있는 욥을 안타까워했고, 그래서 솔직한 신앙을 가졌고, 그럼에도 (그 당시에는 더욱더 자식이 중요하고, 여성이 돈을 벌기는 더 어려운 시대였을 텐데) 끝까지 곁에 있어준 영성의 욥의 아내를 볼 수 있게 해 주신 강해, 감사합니다!(ID: ○○).

12번째 욥기 강해를 진행했을 때 필자의 개인 블로그에 댓글을 남겨 준 네티즌 몇 사람의 소회다. 욥기 강해를 결심하면서 많은 고민을 했다. 교우들에게 욥기라는 난해한 말씀을 가장 쉬운 언어로 전하는 데에 설교자인 내가 먼저 자신이 없었기 때문이다. 더불어 가장 두려웠던 것은 이미 욥기 강해의 목표를 설정해 놓은 설교자인 나의 고집(?)이었다. 욥이 당한 고난에 대한 해석을 하나님의 입장이 아닌 욥과 세 친구들 그리고 엘리후에 이르기까지 그들이 치열하게 논쟁하는 인간적 담론들의 입장을 두둔하겠다는 의지 말이다. 그 결과물을 내놓을 경우, 이미 욥에 대하여 학습화되어 있고, 고정화되어 있는 교우들이 어떻게 받아들일 것인가에 대하여 현장 목회자로서 나름의 긴장감이 있었기에 두려웠던 것이 사실이다. 그런데도 욥기를 공부할 때마다 심장이 뛰었다. 무식하면 용감하다고 어디에서 그런 '근자감'(요즈음 말대로 '근거 없는 자신감')이 불쑥 튀어나왔는지 나 스스로도 대책 없는 목사 같다는 솔직한 감회가 있다.

한데 생각보다 첫 출발은 B⁺ 정도는 되는 것 같아 안도가 된다. 교우들도 수요예배를 통해 선포되는 욥에 대한 역발상의 메시지들을 상투적이지 않은 진리의 조명하심에 적용하는 것이 보이고, 더불어 설교자인 필자에게 주시는 보너스인 온라인ON-LINE 상의 은혜의 공급함도 있는 것 같아 준비하는 자로서 보람도 있고 감동도 있다. 이제 겨우 3장을 지나고 있다. 아는 사람은 알겠지만 3장 이후 헤쳐 나아가야 하는 본문과의 치열한 싸움을 앞두고 있는 설교자는 마치 망망대해의 일엽편주에 승선해 있는 듯한 비장한 심정으로 현장에 서 있는 느낌이다. 가장 지루하고 또 지난至難하기까지 한 4장 이후 고난에 대한 담론들을 욥을 두둔하는 편향에서 벗어나 치우치지 않는 균형으로 이 책을 다루어야 하기에 숨이 벅찬 버거움이 있다. 하지만 할 수 있는 공부와 여력으로 오늘의 욥으로 서 있는 필자는 물론 설교를 듣는 회중들 그리고 수없이 많은 익명의 또 다른 인터넷상의 사람들에게 이유 없는 고난에도 쓰러지지 않고 이김과 살아냄의 영적 출구를 줄 수 있다면 그것으로 욥기 공부를 하는 치열함을 기쁨으로 여기며 나아가려고 한다. 깊은 심연의 골짜기를 헤쳐 나와 회복된 고든 맥도널드가 쓴 글을 읽다가 정신이 번쩍 들어 저 또한 옷매무새를 다시 가다듬었다.

바울은 어디를 가든 그곳에서는 혁명이 일어났다. 하지만 나는 어디를 가든 그곳에서 차茶를 대접받았다.[20]

후자의 치욕이 아닌 전자의 치열함과 전율함으로 살아가기를 기대하며 주군께 두 손 모아 본다.

"원래 연대 출신들은 뽑지를 않는데…"

필자는 서울신학대학교에서 학부BA와 대학원 과정MA을 마쳤다. 이어 조금은 신학의 지평을 넓혀야 하겠다는 마음을 갖고 연세대학교 연합신학대학원에서 또 다른 학위 과정ThM을 접했다. 그때의 소회가 진하게 남아 있다. 뒤돌아보면 담임목회를 하면서 연세대에서 전업 학생처럼 학업을 병행하기란 참 쉽지 않았다. 경험을 해 본 사람들은 알겠지만 공부해야 하는 양도, 질도 이전 공부에서는 경험해 보지 못한 빡셈(!)이 있었기 때문이다. 한두 가지로 대변할 수 있는 것은 아니지만 한 예로 이양호 교수께서 강의한 〈교부신학 세미나〉는 정말로 잊지 못할 과정이었다. G.W. Butterworth의 *Origen on first principles*의 발제를 맡았는데 300페이지가 넘는 원서를 번역해서 정리하고 소논문식의 발제를 준비하다가 코피 터졌던 기억이 생생하다. 김균진 교수가 강의했던 〈자연신학〉 강의에서는 서울신학대학교 출신을 가볍게 여기는 왠지 모를 비하감에 보란 듯이 원수를 갚는다는 심정으로 이를 갈면서 D.T. Hessel의 *Christianity and Ecology*를 외울 정도로 공부에 전념해서 위장 장애와 편두통까지 발병하여 육체적으로 심히 힘들었던 소회도 있다.

당시 섬기는 교회 지체들에게는 정말로 미안함에 얼굴을 들 수 없는 일이었지만, 학위논문을 쓸 때는 거의 목회는 접고 머리에 쥐가 날 정도로 집중하여 논문을 작성했던 웃픈 추억도 있다. 그렇게 최선을 다했던 연세대 학위과정을 통해 얻게 된 결과물들은 보수적 관점의 신학만을 배웠기에 우물 안 개구리였던 나의 신학 지평이 넓어질 수 있었고, 목양의 현장에서도 이타적 사역에 눈을 뜨게 되는 학문적 도움을 받게 되는 아름다운 것들이었다.

몇 달 어간, 부족한 사람을 사랑해 주는 지인들을 통해 몇 가지의 제안과 사역 여백의 기회를 추천받게 되었다. 모 신학대학교 대학원에서 진행될 다음 학기 강의에 대한 추천과 모 기독교 방송국에서 진행되고 있는 구약 파트 성경 강해에 대한 사역 추천이다. 이 두 사역에 대한 추천을 받으면서 공히 그들로부터 들은 이야기는 이런 것이었다.

원래 연대 출신들은 뽑지를 않는데….

친구들이 남긴 말의 여운이 무엇을 의미하는 것인지를 필자는 너무 잘 안다. 선입견일 테지만 연대에서 신학을 한 사람들은 사상적으로 불온한 경우가 있다는 경계심에서 나온 발상이라는 것을 말이다. 너무 왼쪽으로 기울어져 있는 사상이 마음에 안 든다는 에두름일 것이다. 진보적인 성향에 대한 색안경 조망일 것이다. 가만히 생각을 해본다. 그런데 생각하면 생각할수록 조금은 억울하다는 생각이 드는 것은 어쩔 수 없는 방어적 본능인 것 같다. 바른 목회를 고민했기에, 바른 신학의 길이 무언인지에 대하여 몸부림쳤기에, 역사의 순환 고리에 있었던 베이비부머인 목사로서 바른 역사의식에 대한 통찰이 목말랐기에 택한 대학이 연세대학교였는데, 그래서 그곳에서 한 일은 정말로 열심히 공부한 것이 전부였는데 '왜?'라는 억울함이 스며들었다.

금년 초에 읽었던『신학이란 무엇인가?』를 쓴 성공회대학교 권진관 교수의 갈파가 아직도 나의 뇌리의 한복판에 자리를 잡고 있다.

신학은 역사와 사회 속에서의 우리들의 신앙(마음의 지향)을 비판적으로
성찰하는 것인데 그것을 위해 근본적인 질문, 즉 신이란 무엇인가를 묻는 학
문이다.[21]

연세대학교에서 공부할 때, 바로 이것을 질문하기 위해 최선을 다했
는데 왜 이 소리를 들어야 하는지 모르겠다.

원래 연대 출신들은 뽑지를 않는데….

이게 뭐지!

서울신학대학에 입학을 해서 목사가 되겠다고 공부할 때 신학이라는 학문에 대한 지평과 성향은 전혀 문제가 되지 않았다. 이유는 간단했다. 아는 게 없었기 때문이다. 해서 나름 서울신학대학에서의 공부는 최고의 신학 공부라고 생각하며 학업에 정진했던 것이 분명하다. 그렇게 무지하게 시작했던 신학생 시절을 마감하는 학부 마지막 학기에 수강한 기독교윤리학은 필자에게 참으로 많은 사고의 변화를 준 계기가 되었다. 선생님이 소개한 본회퍼의 『나를 따르라』와 『옥중서간』을 만나면서 동시에 마틴 부버의 *ICH UND DU*를 만나면서 그동안 너무나 획일화된 이론의 주입에 길들여져 있는 나를 발견하고 신학의 지평과 외연을 확장해야겠다는 마음을 갖게 되었다.

당시 단독 목회를 시작한 때였기에 목사 안수에 대한 이모저모의 혜택이 주어지는 MA 과정을 본 대학원에서 이수하면서 이런 생각은 더없이 굳어졌다. 그러던 어간, 정글 같은 목회 현장에서 성도들을 위해 몸으로 뛰며 사역을 하면서 보수적인 신학적 이론으로는 설명하기 어려운 여러 가지의 '목회의 상황화와 다양화'(이 단어 속에는 상당히 많은 함의가 있음)라는 복병을 만나면서 필자가 선택한 것은 진보적인 신학의 경험이라는 결단이었다. 그래서 실행한 연세대학교 연합신학대학원

ThM 과정의 입학은 지금 생각을 해보아도 모험이었다.

첫 학기, 서울신학대학에서 공부한 기간 동안 단 한 번도 들어보지 못한 사회학적인 신약성서 해석의 진수를 보여준 하워드 클락 키의 『신약성서 이해』 그리고 서중석 박사의 『복음서 해석』에서 받았던 충격은 적어도 필자에게는 벼락이었다. 교단 신학교에는 이런 것이 있다고 겉핥기로 대충 때웠던 양식비평과 편집비평 그리고 전승 및 원전 비평으로 접근한 민영진 박사의 〈구약 석의〉를 공부하면서 얼마나 내가 무지한 성서신학의 소유자였는지를 실감나게 깨닫는 계기가 되었다. 몰트만과 판네베르그의 '희망의 해석학'과 '자연신학' 그리고 한발 더 나아가 '생태신학'과 씨름하는 조직신학의 새로운 방법을 만나면서 전혀 기초가 안 되어 있는 내가 이 학문을 따라갈 수 있을까를 놓고 학업 포기까지 염두에 두었던 수치스러운 기억이 필자에게는 생생히 남아 있다. 결국 이 학문을 따라잡지 못하면서 어떻게 목사로서 바른 신학에서 배태된 말씀을 교우들에게 전할 수 있을까에 정신이 번쩍 들어 두 번째 대학원 과정 동안 쌍코피가 터지는 강행군 끝에 학위 공부를 마칠 수 있었다.

진해에서 목회를 하던 탓에 전업 학생으로 계속 공부할 수 있는 방법이 없어 차선으로 선택한 DMin 코스워크 과정에서 만났던 '요하임 예레미아스', '로즈마리 류터', '헨리 루백', '울리히 단네만' 등은 우물 안 개구리로 머물러 있었던 필자를 한 단계 뜀박질하도록 해 준 좋은 선생님들이었다. 특히 루백Henri De Lubac의 *Origen on the Principles*를 통 번역하여 발제를 준비할 때, 처음으로 체휼했던 '사람이 공부를 하다가 죽을 수도 있겠구나!'라는 소회를 느끼면서 이상한 쾌감(?)을 맛본 것은 아이러니하게도 필자에게 큰 자부심으로 우뚝 서 있는 추억이다.

아들이 지난 학기 서울신학대학 신대원을 졸업하고 지금 애비가 갔던 길을 가기 위해 준비 중에 있다. 한 학기 청강을 하며 입학을 준비하고 있다. 영어로 수업하는 〈구약전승사〉 강의를 들으면서 아들이 이렇게 생각하고 있는 것 같다.

'이게, 뭐지?'

약 20년 전에 애비가 느꼈던 그 소회를 말이다. 그럼에도 불구하고 필자는 아들이 선택한 길이 바른 신학과 본인을 더 수준 높은 신학의 장으로 업그레이드해 주는 좋은 선택의 기회가 되기를 기대하며 응원하고 있다. 아들이 애비를 훌쩍 뛰어넘는 날이 빠르게 오기를 간절히 기대해 본다. 코피가 터지더라도.

북미 지역 지성적 역사학자이자 교회사 교수인 마크 놀이 갈파했다.

그리스도에 대한 인격적 신앙은 기독교 지성의 필수적 조건이다.[22]

이 글을 읽다가 눈이 번쩍 띄었다. 바꾸어 해석하면 기독교의 핵심적 가치이자 교리의 정수라고 할 수 있는 그리스도 예수에 대한 인격적 관계와 만남은 지성적 가치를 전제하지 않으면 안 된다는 통찰이었기 때문이다. 왜 교회가 질적으로 높아져야 하며, 성도가 지성적인 방향을 놓치지 말아야 하며, 목사가 공부를 소홀히 해서는 왜 안 되는지를 아우르며 적시한 것이었기 때문이다. 필자는 성도나 목사가 성경을 만날 때마다 '이게 뭐지?'의 질문이 있어야 한다고 확신한다. 그것은 긍정적 불온함이요, 나를 발전시켜 나아가는 지성적 기름부음의 통로이기 때문이다. 필자는 섬기는 내 교회뿐만이 아니라 한국교회가 이렇게 바로 서기를 기대한다.

나와 당신의 어머니를 뵙고 오겠습니다

10년 전, 교회를 개척하고 열악했던 2층 건물에 세 들어 살았을 때, 교우들을 기죽이고 싶지 않아 열심히 뛰었던 잔상들이 지금도 생생하다. 나누는 것이 교회로서의 자존감을 갖는 것이고, 하나님의 뜻이기도 했기에 그 사역에 집중했지만 교회를 섬기는 목사로서 성도들의 자존감을 높이는 사역이 주는 사역이라고 확신했기에 그렇게 분주하고 민감하게 노력했던 것 같다.

아프리카 우물 파기 사역을 펼쳤고, 제천 지역 푸드 뱅크에 기부도 하고, 독거노인들을 초청해서 위로하는 사역도 하고, 관내 차상위계층 가정을 골라 겨울나기 프로젝트로 집수리를 전체적으로 감당하는 일도 했다. 사랑의 연탄 나누기, 장애우 돕기, 소녀 생리대 지원 등등 나름 사역의 기쁨을 극대화하기 위해 정말로 힘이 닿는 대로 최선을 다했고, 더불어 이런 사역의 시너지는 결국 이타적인 교회라는 명제가 우리 교회의 정체성임을 자리매김해 주는 것으로 나타났다. 그렇게 달려온 지난 10년은 전적인 하나님의 은혜였다.

이런 사역과 맞물려 필자는 교회공동체가 참 잘했다 싶은 것 중의 하나가 위안부 어르신 돕기였다. 앞에 열거한 사역 중에 웬만한 일은 거의 가시적 교회의 로컬을 떠나지 않고 진행했지만 이에 반해 위안부 어르신 돕기는 유일하게 로컬을 떠나 직접 찾아간 사역이었기에 더욱 뜻깊은 사역으로 필자에게는 인식되었다. 직접 어르신들을 찾아뵌 이유는 간단하다. 그것이 마땅한 예의라고 생각했고, 도무지 형용할 수 없는 아픔을 당하신 어르신들의 손을 잡아드리고 싶었기 때문이다. 몇 푼 안 되는 물질을 온라인상으로 보내는 것은 보내는 자의 입장에서 편할지 모르겠지만 그건 예의가 아니라고 믿었기 때문이다. 그래서 그런지 '나눔의 집'을 방문할 때면 언제나 조심스럽고 또 조심스러운 것이 사실이다. 그러나 그럼에도 불구하고 이 사역만큼은 직접 현장에 달려가 어르신들의 얼굴을 뵙는 것을 전제하여 진행하였고, 또 앞으로도 그렇게 하려고 한다.

지난 주간이 고난 주간이어서 섬기는 교회에서 저녁 집회를 했다. 교우들이 집회 헌금을 정성으로 드렸는데 이 헌금이 나눔의 집에 기부하는 헌금인 것을 알기에 교우들이 더욱 더 최선을 다해 주었다. 아직도 전혀 반성할 줄 모르는 일본이라는 괴물에게 처참하게 짓밟혀 평생동안 고통을 갖고 살아오셨던 어르신들을 방문하여 잘 살펴드리지 못함에 대해 삼가 죄송한 마음을 전해드리려 한다.

국가나 사회에 요구할 수 있는 최고의 도덕적 이상은 정의justice다.[23]

기독교 윤리학자인 라인홀드 니버가『도덕적 인간과 비도덕적 사회』에서 한 말이다. 이 말을 군이 인용한다면 희생당한 어르신들의 그 고통을 누구보다도 더 감싸주어야 하는 것이 국가인데 친일적인 잔재를 갖고 있는 한심하기 그지없는 몇몇 위정자들이 자행한 어처구니없는 일로 더 큰 아픔을 당하신 나와 당신의 어머니들을 생각할 때마다 피가 거꾸로 솟는 분노를 가눌 길이 없지만, 필자가 할 수 있는 것이 따스하게 손 잡아드리는 것이기에 직접 방문하려고 한다.

부활의 절기다. 차제에 가슴으로 울며 살고 계신 남아 계신 내 어머님들께 부활하신 주 예수 그리스도의 평강이 있기를 간절히 두 손 모아 화살 기도를 드려 본다.

사족 하나. 일본은 침몰하지 않나.

'갈릴리 예수'로 사신 '신앙적 그리스도 예수'

　　서울신학대학교로 편입학하기 위해서 81년 겨울, 부천에 소재해 있는 모교를 처음으로 방문했다. 편입학 원서를 들고서 캠퍼스로 진입하는 순간 필자는 천국에 입성하는 줄 알았다. 때마침 내리는 함박눈은 가뜩이나 고즈넉하고 아름다운 모교 캠퍼스를 정말 아름다운 그림에서나 볼 수 있는 수채화 풍경으로 만들어 주었다. 그렇게 천국(?)에 입성하는 날, 지금 생각해보면 마치 베드로가 변화산상에서 독백했던 이 마음과 흡사 비슷한 고백이지 않을까 싶다.

　　주님, 여기가 좋사오니 여기에서 초막을 짓고 살겠습니다.

　　이렇게 시작된 신학생 시절의 환상적인 거품이 걷어지는 데 걸린 시간은 불과 몇 개월이 안 되었다. 모두가 주의 천사들로 살아갈 것으로 굳게 믿었던 신학생들이 중간고사 기간에 보여준 환상적인 컨닝 콤비네이션을 눈으로 보면서 당시의 신앙적 정서로 너무나 큰 충격을 받았기 때문이다. 목사가 되겠다고 온 사람들이 '이게 뭐 어때서!'라고 치부하며 행했던 그 그릇된 일상은 편입학이라는 방법으로 가장 은혜(?) 충만한 시절을 보내고 있었던 필자에게는 그로기 펀치였다.

이 절망스러운 일을 목격한 뒤에 도무지 해석이 안 되는 상황을 나름 이기기 위해 선택한 것이 군으로의 도피였다. 시간을 벌자는 의미가 담겨 있었던 군으로의 도피는 지금 생각하면 참 유치하다는 생각이 들 정도로 비겁한 일이었고, 모난 자의 선택이었지만 당시의 이성과 신앙적 정서로는 어쩔 수 없었던 나의 생존전략이었다.

이제 와서 37년 전의 일을 왜 떠 올리는가에 대해 풀어야 할 것 같다. 정글 이야기 때문이다. 내가 선택하여 찾아간 신학교는 '여기가 좋사오니!'를 연발할 천국이 아니라 정글이었음을 회상하기 위해서다. 그렇다. 맞다. 당시 신학교는 약육강식의 공식이 통하는 정글이었다. 대형 교회를 꿈꾸는 자들이 모여 있었던 정글, 사람을 많이 모았던 지역 정글의 선배들을 그리워하며 나도 언젠가는 그 반열에 서리라고 다짐하고 또 다짐하던 정글, 조그만 교회에서 목회를 하면 실패한 목사로 낙인찍히는 정글, 어떻게 하든 줄서기를 잘해 대형 교회의 당회장이 목표가 되는 정글이었다.

그때의 참담함이란 아마도 엔도 슈사쿠가『사해 부근에서』를 통해 파헤치려 했던 진짜 예수(?)에 대한 상실의 마음이 아니었나 싶다.

나는 도다에게 물었다. 자네도 예수를 버렸나? 버린 게 아니라 잃어버린 거라네. 자넨 왜 오랫동안 성경공부를 한 건가? 글쎄. 그래서 예수를 잃어버린 지도 모르지. 이곳에 성경학을 공부하러 온 한 사나이가 있었네. 그는 예수의 생애도, 모습도 성경에 쓰인 그대로라고 믿고 있었지. 그런데 공부가 깊어짐에 따라 성경에 묘사된 예수의 생애도, 말씀도 사실이기보다는 원시 그리스도교 신자들이 신격화하여 지어낸 사실이란 걸 알게 되었네. 그는 후세에 신앙이 만들어낸 성경의 예수상像을 정중하게 옆으로 밀어놓았네. 그리고 진짜 예수의 생애를 발견하려고 이 나라로 온 거라네.24)

신학교는 이 땅에 존재하는 천국인 줄로 알고 자발적으로 찾아들어간 뒤에 신학의 지평이 넓어지면 넓어질수록 천국은 고사하고 하나님에 대한 신뢰마저 흔들어버리는 비신학적인 정서로 가득 차 있는 선지동산(?)을 보았다. 해서 슈사쿠에 의해 해석된 이 불온천만한 대화처럼 필자 역시 옆으로 신학을 정중하게 밀어놓을까를 수없이 뇌까렸던 아픈 추억이 있었다. 갈릴리 예수로 사신 주군의 삶과는 전혀 반대되는 성공에 혈안이 되어 있는 신학의 현장은 적어도 필자에게는 고통이었다.

사정이 이러다 보니 모교의 학부 시절은 물론 본대학원에서 석사학위를 취득하는 동안도 '역사적 예수'(사람 예수)에 대하여 입에 올리는 것은 금기사항일 뿐 아니라, 만에 하나 이 단어를 인용하면 불온분자로 찍히는 것을 감수해야 했다. 그럼에도 자꾸만 눈이 가는 '역사적 예수'와 '갈릴리 예수'는 필자를 몰고 갔다. 지금 복음주의권에서 보수적인 교회를 섬기고 있는 필자에게 진보적 성향의 사람들이 말장난하지 말라고 타박해도 이 부분은 진정성이 있는 술회다. 아무리 어떤 이가 필자의 지금의 목회 형태를 보고 기회주의이고, 회색주의라고 비판의 날을 세워도 할 수 없다. 그리고 괜찮다. 나는 정말로 극단이 싫다. 한쪽으로 기울어지는 것을 경계한다. 내가 '갈릴리 예수'에 대하여 관심을 갖는 것은 '역사적 예수'로서의 '갈릴리 예수'에 천착했기 때문이 아니다. 오히려 신앙적 그리스도셨던 주군 예수께서 철저하게 소외된 자들이었던 '갈릴리 예수'로 살았기 때문이다. 그리고 그런 삶을 살았던 예수는 적어도 나에게 영원한 신앙고백의 대상자이시자 그리스도이셨다. 난 이런 삶을 사셨던 주군 예수께 열광한다.

근래 교회는 둘 중의 하나를 택하라고 종용하고 압박한다. 그것도 아주 심하게. 그러나 차제에 말하고 싶다. 어느 것 하나를 선택하라는 압박을 단호하게 거부한다고. 그리고 이렇게 말하고 싶다. 내가 정말로 사랑하고 추구하며 따르기를 결단한 주군은 바로 이분이라고.

'갈릴리 예수'로 사시면서 나약한 자들과 함께 사셨던 '신앙적 그리스도 예수.'

눈이 맑기에

연초에 작년 말 쓸데없는 일에 시간을 보낸 것에 대한 아쉬움과 헛함에 대한 보상심리 때문인지 거의 미친 듯이(?) 책을 읽고 있다. 거의 모든 시간, 밥 먹고 자는 시간 그리고 설교 준비를 하는 시간 외에는 책을 손에서 거의 놓은 적이 없다.

책을 불태우는 자는 조만간 인간을 불태우게 될 것이다.[25]

유대인 시인 하이네의 말처럼 필자가 섬기고 있는 교회 지체들의 영혼을 불태우지 않기 위해 고군분투하고 있다. 다만 독서에 열광할수록 독서거리가 줄어드는 것이 아니라 더 많아지는 것을 감당하기가 버거워지는 무거운 부담감 때문에 못내 쓰리기는 하지만, 중단할 생각은 추호도 없다.

반신학적이고, 반학문적인 책들이 난무하는 시대다. 해서 신학의 질과 수준이 천박할 정도로 수준 이하의 책들이 마치 뱀이 먹잇감을 앞에 두고 혀를 내미는 듯한 묘한 자세로 똬리를 틀고 있는 형극이다. 상업성이 떨어지면 그 책 원고의 질적인 내용과는 관계없이 출판 자체를 거부하는 기독교 관련 출판사들이 즐비하다. 사정이 이런 데도 대중적인 인기를 얻을 수 있는 책이 아닌 그래서 많이 팔리지 않을 것이 뻔한 책을 집요하게 고집하는 출판사 대표를 알고 있다. 한국교회의 아픔을 아파하고 예언자적인 목소리가 끊어진 작금의 시대를 직시하기에 올바른 주군의 목소리를 대변하고 예언자적인 소리를 내려고 최선을 다하려는 책들을 출간하는 경영학적으로는 빵점(?)일 수 있는 존경하는 대표께서 필자에게 연초 제게 해준 조언이 가슴 따뜻하게 남아 있다.

행간을 많이 활용하시기를 제안합니다. 독서 중에 자주 쉼을 가지는 것으로….

금년, 소박하게 바라는 것이 있다. 1월과 2월의 육체적인 상태를 유지하면서 한 해를 달려가는 것이다. 주일마다 오늘은 어떤 예기치 않은 레마Iemma가 나에게 임할까를 기대하며 몰려드는 섬기는 교회 지체들의 눈동자들이 너무 맑다. 이론으로 설명할 수 없을 만큼 그들을 사랑하기에 지체들을 실망시킬 수 없다. 해서 눈이 뻑뻑하지만 공부한다, 오늘도.

나에게 소중한 것은 무엇일까?

오늘은 서평을 하나 소개한다. 필자가 참 괜찮게 보는 작가이자 사회 운동가인 리베카 솔닛은 이렇게 말했다.

글쓰기는 누구에게도 할 수 없는 말을 아무에게도 하지 않으면서 동시에 모두에게 하는 행위이다.[26]

그러면서 그녀는 한 마디를 덧붙였다.

글쓰기는 전혀 모르는 사람에게 침묵으로 말을 걸며, 그 이야기는 고독한 독서를 통해 목소리를 되찾고 울려 퍼진다.[27]

이기주의 글을 읽다가 리베카의 말이 어쩜 그리 정확한 진단이었는지를 경험했다. 적어도 '한 때 소중했던 것들'이 그랬다. 느낀 감동의 여운이 키서였을까? 왠지 회가 났다. 이런 객기 때문에. 이제 사십을 갓 넘긴 사람에게서 도무지 표현될 수 없는 언어들이 화사하게 꽃피고 있는데 육십을 바라보는 나는 종교적인 언어의 사슬에서 빠져나오지 못해 너무 초라하다는 생각 때문에. 시니컬한 냉소는 이 정도만 하자. 내

운명이니까.

'언어의 온도' 그리고 '언어의 품격'에서 얻은 부스러기 동냥이 너무 많아 작가가 신간을 출간하자마자 마치 독수리가 사냥감을 낚아채는 것과 같은 순발력으로 또 걸어 올렸다. 일인 출판의 대성공을 거둔 주인 공처럼 그의 글은 이번에도 나에게 할 수 없는 말을 빼놓지 않고 전하는 폭격을 퍼부었다. 그런데도 아이러니하게 필자는 그의 공습에 아픈 것이 아니라 마냥 즐거웠다.

> 그리하여 당신의 눈물이 빠져나간 자리에/ 햇볕이 스며들었으면 하는 바람이다/ 마음이 햇살이 어른거리지 않으면/ 우린 언제나 겨울이다.28)

작가가 남긴 맨 마지막 글이다. 그의 글 폭격을 당한 뒤에 맨 마지막으로 남긴 확인사살과도 같은 촌철살인에 난 그만 넉다운이 되고 말았다. 부인할 수 없는 팩트다. "마음에 햇살이 어른거리지 않으면 우린 언제나 겨울"이라는 말에 필자는 항복했다. 더불어 저자는 창작이라는 지난至難한 본인의 글쓰기를 표현했다.

> 글쓰기는 삶을 부대끼고 미끄러지면서 생각의 결과 감정의 무늬를 문장으로 새기는 일이다.29)

독서하는 내내 필자는 작가의 이 실토를 고스란히 증명받았다. 그러기에 작가로서의 그의 고백은 정직했다. 약 250쪽에 달하는 그의 감정무늬 그리기들 중에 가슴팍에 강하게 부딪친 글감을 소개한다.

> 누군가 내게 이별이 무엇인지 묻는다면 '정확히는 잘 모르겠지만 호칭이 소

멸되는 일인 것 같아요'라고 답하겠다. 서로의 입술에서 서로의 이름이 지워지는 순간, 우린 누군가와 헤어져야 하기 때문이다. 덧없이, 속절없이, 어찌할 수 없이.[30]

성결교회 목회자로 살았던 21년이라는 세월이 있었다. 그리고 성결교회를 떠난 지 11년을 맞이했다. 계산해 보니 그래도 거의 반에 가까운 시간의 중력이 성결교단에서의 추억, 인간관계, 사역의 고갱이들로 남아 있건만, 아주 우연치 않게 그때의 경험들을 삶에서 만날 때 일체의 일들이 망각되어 있는 나를 발견하고 낯설어 할 수밖에 없는 일들을 경험하면서 몹시 당황스러운 적이 한두 번 아니었다. 그래서 잊히는 것이 무섭다는 것을 실감한다. 작가는 이렇게 일갈했다.

새로운 것은 그립지가 않다. 그리운 것은 대개 낡은 것이다. 혹은 이미 오래 전에 내 곁에서 떠난 것들이거나.[31]

'지금 바로 여기'에서 내가 최선을 다해야 하는 이유가 바로 이것 때문이다. 이들 역시 시간이 흐르면 내게 또 다시 그리운 것들이 될 테니 말이다. 그래서 작가는 이 책의 제목을 이렇게 정했나 보다.

한때 소중했던 것들.

또 하나의 글을 들추어 내보자.

사랑은 변하지만 사랑했던 사실만큼은 변하지 않죠. 그래서 우린 세월이 지나도 과거의 사랑을 더듬을 수 있는 게 아닐까요.[32]

너무 사랑하지 못한 것 같다. 그래서 글을 읽는 내내 마치 어떤 개그맨이 한 때 유행어로 만들었던 상투적 멘트를 읊조렸다.

그래 결심했어! 더 많이 사랑하기로.

작가가 이 책을 열면서 했던 말을 소개하며 나의 글을 맺으려 한다.

사랑했던 사람과의 이별은 반드시 상처를 남긴다. 가장 큰 이유는 서로가 서로에게 속해 있었기 때문이다. 그 사람이 한때 내 일부였기 때문이고, 나는 한때 그 사람의 일부였기 때문이다.[33]

생뚱맞은 결론이다. 이별이 아파서 사랑하지 않겠다는 말인가! 그러지 말자. 아파도 사랑하자. 언젠가 그 아픔마저도 나와 너를 오늘 여기에 있게 해준 성숙 호르몬임을 알 테니까. 너무 많은 감동의 글 잔치가 이 책 내에 담겨 있다. 감동받기를 원하는가? 소중했던 것들을 추억하자.

음악이 있는 서재

나이가 들면서 좋아지는 것이 몇 가지가 있다. 꽃이다. 물론 젊어서도 꽃은 필자에게 언제나 행복을 주는 도구였다. 그럼에도 지금의 나이에 더없이 소중해 보이는 변화는 들에 핀 이름 모를 꽃들까지 눈에 들어온다는 확대성이다. 또 하나는 흙이다. 물론 이렇게 말하면 언제나 되돌아오는 반응은 흙으로 돌아갈 날이 멀지 않았기 때문이라는 수학공식과도 같은 메아리이다. 부인하는 것은 아니지만 그냥 흙냄새가 좋아진 것이지 죽을 날이 가까워져서 그렇다는 동의는 방어기제가 발동하여 별로 내키지 않는다.

나이가 들면서 더 좋아지는 것 세 번째는 음악이다. 어려서부터 노래를 부르고 듣는 것을 꽤나 좋아한 편에 속한다. 물론 장르는 불문이다. 어떤 음악이든 듣고 부르는 것을 즐겨한 편이기에 그렇다. 물론 작고하신 부모님들이 악(樂)을 좋아하셨던 유전적인 인자가 필자에게도 있는 게 분명하다. 그러나 이런 교과서적인 이야기로 오늘의 글쓰기를 메우려는 것은 아니다.

목회를 하면서 음악은 필자에게 떼려야 뗄 수 없는 소중한 도구가 되었음을 진하게 느끼곤 한다. 예배의 예전은 물론, 영성 훈련의 도구로 적지 않게 효자 노릇을 한 것이 음악이다. 목회자로 서야 하겠다고 결심하고 배우고 다루게 된 악기(기타)와의 놀이는 내가 음악을 더 가까이하게 된 동기로 작용했다. 바로 이 지점에서 앞에서 잠시 언급한 나이가 들면서 느껴지는 감동의 여백들이 약간의 변화가 있다고 했던 내용 중에 음악도 예외는 아닌 것을 언급해야 할 것 같다. 부르기보다 이제는 듣기가 훨씬 편해졌다는 뭐 그런 소회(ㅎㅎ). 호흡이 딸려 노래 부르기가 부담스러운 것도 있고, 아주 가끔은 아내에게 박자를 놓친다고 야단맞는 것도 두려워 노래 부르기는 이래저래 기피하게 되는 것 같다. 하지만 이와는 반비례로 노래 듣기로 필자는 허전함과 헛헛함을 메워가고 있어 그런대로 그 재미가 쏠쏠하다.

몇 달 전, 서재를 정리하면서 가지고 있는 음향 시스템 정비를 시도했다. 가지고 있는 음향 장비들은 아내가 혼수로 가지고 온 가보 급이 된 전자 장비들이 대부분이라 이제는 제 수명을 다했다고, 더이상 나에게 무언가를 기대하지 말라고 아우성치며 필자에게 볼멘소리를 한 지가 오래되었다. 이를 모른 척하는 것도 한도가 있는지라 수리를 한답시고 손을 댔다가 수리는 고사하고 폐기 처분해야 하는 곤란함을 당하게 되어 어쩔 수 없이 바꾸지 않으면 안 되는 장비들을 거금(?)을 들여 교체했다. 차제에 기계치인 필자이기에 도무지 할 수 없는 서재에 세팅할 수 있는 음향 시설의 극대화를 위해 울며 겨자 먹기식으로 출장 서비스까지 받았다. 돈이 들어가서 그런가. 그렇게 완성된 서재 음향 장비에서 나오는 음악은 필자에게 최고의 세레나데를 매일 선물해 준다.

턴테이블에서는 찌직거리며 흘러나오는 촌스러운 아날로그 선율은 나를 마비시킬 정도로 황홀하게 한다. CD 박스에서 흘러나오는 디지털 음악의 선율도 또 그 맛대로의 감동의 음악을 선사한다. 튜너에 고정되어 있는 FM for You에서는 소프트웨어로 갖고 있지 않은 음악과 노래를 들려준다. 지금 출고되는 기기에는 생산되지 않는 카세트 박스에서는 아주 오래전, 「목회와 신학」을 정기구독할 때 부록으로 보내준 이모 저모의 목회 세미나 시리즈를 재생해 주는 효자 노릇도 해 준다. 말 그대로 음향 장비들은 필자에게는 버릴 것이 없는 시골 목사의 소장 보물들이다.

어제 저녁에는 쇼팽의 야상곡을 들으면서 황현산의 유고집이 되어버린 『사소한 부탁』을 완독했다. 쇼팽을 귀로 듣는 시간, 황현산이 소개한 보들레르의 시는 시각으로 다가왔다.

> 자연은 하나의 신전, 거기 살아 있는 기둥들은/ 간혹 혼돈스러운 말을 흘려보내니/ 인간은 정다운 눈길로 그를 지켜보는/ 상징의 숲을 건너 거길 지나간다.[34]

순간, 이런 전율함이 나를 용솟음치게 했다.

> 어찌, 이런 감동을 제게, 어찌, 이런 행복을 제게….

이 글을 쓰고 있는 지금도 서재에는 마리아 칼라스가 마치 단테가 가졌던 그런 영적인 오기 같은 영혼의 목소리로 부른 〈LA DIVINA〉로 가득하다. 이 행복이 은퇴하는 그날까지 지속되기를 소박하게 꿈꿔 본다.

故羊心書

2부
故 서정수 집사

故 서정수 집사의 글을 엮기로 결심하면서

이탈리아계 유대인으로 제2차 세계대전 때, 파시즘에 대항하다가 아우슈비츠 제3수용소에 수감되어 날마다 죽음의 계곡을 거닐다가 극적으로 살아남아 『이것이 인간인가?』를 저술함으로 독일이 저지른 만행을 고발한 작가 프리모 레비는 자신이 수용소에서 있는 동안 회자되었던 끔찍했던 단어를 이렇게 술회하였다.

수용소의 은어 중에 결코 사용하지 않는 말이 무엇인지 아는가? 'Morgen früh' 즉 '내일 아침'이다.[1]

그렇다. 내일이 올 것인가를 질문하며 기다리는 자들에게 내일을 맞이한다는 것은 최고의 은혜다. 내일을 기약할 수 없는 사람들에 비해 범인凡人들이 내일의 감사를 이해한다는 것은 시작부터 잘못된 유추다. 내일은 너무 당연한 것으로 여겨지기 때문이다. 키르케고르는 인간에게 있어서 극복될 수 없어 죽음에 이르게 하는 병을 '절망'이라고 역설한 바 있지만 그 절망의 끝에 다다르지 않은 자가 섣불리 그 '절망'에 대해서 논하거나 정의하는 것은 조심해야 한다. 그 고통의 심연을 알지 못하기 때문이다.

지금부터 보게 될 글은 '암'이라는 절망 앞에서 처절하게 몸부림치던 한 평범했던 남편이요, 아버지요, 아들이요, 오빠의 이야기이다. 그런데 이런 가계도의 전 이해보다 더 중요하게 살필 것은 그가 신앙인으로 살았다는 점이다. 보게 될 그의 글에는 피가 있다. 눈물이 있다. 절규가 있다. 그리고 삶에 대한 회한도 있다. 이제 지천명의 나이에 막 도착했는데, 모든 것을 내려놓아야 하는 것에서 오는 절망도 분명히 있다. 그러나 엮은이는 이 모든 것 가운데에서 그가 남기고자 했던 신앙인으로서의 스티그마가 있다는 것을 독자들이 최우선으로 곱씹어주기 바란다.

에모리대학의 켄들러신학대학교 교수인 토마스 롱은 그가 만난 한 크리스천 의학자의 진솔한 내용을 이렇게 소개했다.

> 내가 만일 천국에 가게 되면 제일 먼저 나는 손에 암세포를 들고 하나님의 집무실로 달려가 "왜?"라고 물을 것입니다.[2]

필자는 지금도 하나님의 일하심을 명확하게 깨닫지 못할 때가 깨달을 때보다 더 많은 못난 목사다. 특히 암이라는 이름으로 내가 사랑했던 자를 빼앗아 가는 그런 식의 일하심은 동의하지 못하는 목사다. 그래서 이 글의 저자를 잃었을 때 정서적으로 하나님께 삿대질을 하며 대들었다. 그게 못난 나였다.

그런데 정작 목사로 사는 필자는 이렇게 못났는데 내 곁을 떠난 형제는 글도 아니고 이론도 아닌 삶으로 죽음을 준비했다. 그의 죽음 준비는 인간이 극복할 수 없는 절망을 극복한 사례다. 이 글을 맨 처음, 유언으로 그에게 받았을 때, 심장이 터지는 아픔을 경험했다. 저자는 죽음으로 본인의 삶이 끝나면 이 글들이 버려지기를 바랐지만 그의 유언을 지켜주지 않고 모든 이에게 공개하기로 마음을 먹은 이유는 묻어지면 안 되는 보화 같은 메시지가 담겨 있기 때문이다. 해서 유족들의 허락을 받아 육신의 죽음이라는 두려움의 끝으로 달려가지만 그럼에도 불구하고 신앙인으로서의 초점을 놓지 않으려던 저자의 단말마를 통해 오늘도 많은 절망에 빠져 있는 자들에게 힘이 되기를 기대하며 여기에 내놓는다. 이 조그마한 자전적인 이야기책을 故 서정수 집사의 영전에 올리고 그를 아꼈던 모든 이에게 남긴다.

나는 선한 싸움을 싸우고 나의 달려갈 길을 마치고 믿음을 지켰으니 이제 후로는 나를 위하여 의의 면류관이 예비되었으므로 주 곧 의로우신 재판장이 그 날에 내게 주실 것이며 내게만 아니라 주의 나타나심을 사모하는 모든 자에게도니라.[3]

그를 너무나 사랑했던 그래서 그를 빼앗아 간 하나님께 삿대질했던

이강덕 목사

故 서정수 집사의 유고 일기를 읽고서

1년 7개월 동안의 투병일기, 아니 유언장이라고도 할 수 있는 사랑했던 고 서정수 집사의 글을 동생 서희진 집사로부터 받았습니다. A4 용지 20매 정도의 분량으로 기록되어 있는 그의 글은 마치 옹기 안에 기록되어 있는 절규와 같았습니다. 일기는 글을 쓰게 된 동기를 시작으로 정죄, 저항, 후회, 공감, 허무, 용서, 흔적, 아버지, 이야기들, 관계, 약함, 고난과 영광, 존재와 존재감, 역설 등의 제하로 본인의 인생 여정을 내레이션하듯 옴니버스 형식으로 진술하게 열거한 삶의 반추이자 신앙고백이었습니다.

젊은 나이, 불현듯 찾아온 죽음이라는 인생의 끝자락에 서게 된 자아의 심리적인 절망과 두려움 그리고 받아들이는 과정에서 겪어야 했던 처절한 수용까지… 읽는 내내 엮은 자는 소리 죽여 울었습니다. 글을 다 읽고 난 뒤, 이상한 감정이 들었습니다. 이 글은 유언장이라기보다는 의미 없는 인생을 살아가는 자들, 기고만장한 마음으로 내 인생은 나의 것이라고 외치는 자들, 너희 하나님이 어디 있냐고 비아냥대는 자들, 하나님을 믿는다고 하면서 내면의 나를 더 신뢰하고 있는 교회 안에 있는 불신자들, 무엇보다도 하나님에게 내 영역에 들어오시는 것을 허락하지만 내 사생활을 간섭하지 않고, 내 가족만의 안락함을 헤치지 않는 영역에서만 가능하다고 금 긋기하고 있는 지극히 현대적이고 이기적인 종교인들에게 던지는 죽비라는 생각이 들 정도로 보배롭게 귀했습니다.

나의 중심에 무엇을 두느냐에 따라 목표는 달라졌을 것이다. 나의 중심에 하나님을 두었다고 여러 번 입으로 뱉은 적이 있었다. 하지만 결과적으로 나는 하나님을 상수가 아닌 변수로 여기며 살아온 것이었다. 부질없는 것으로부터 벗어나 중요하고 본질적인 것에 천착했어야 했다. 그랬다면 지금의 나는 마른 풀이 아니라 굵고 뿌리 깊은 나무로 서 있었을 것이다. 어떤 고난 앞에서도 당당하게 서 있었을 것이다. 하나님이 중심 되어 생각하고, 거기서 얻어진 목표를 위해 노력하는 매일의 총합이 내 인생이 되었어야 했다. 그렇게 살았더라면, 그 과정들은 흔히 말하는 쓰디쓴 인생이 아니라 아이들의 놀이 같은 인생이었을 것이다. (2017. 12. 31. 편지에서)

하나님을 상수로 두지 않고 변수로 여기며 살아왔던 나날들에 대한 회환이 얼마나 컸으면 이런 남김을 생각했을까, 본질적인 것에 천착했다면 지금의 나는 마른 풀이 아니라 굵고 뿌리 깊은 나무로 서 있었을 것이라는 그의 쓰라린 후회가 어찌 그만의 고백일까 싶었습니다. 기실, 오늘 나와 당신은 지금 고인이 남긴 유언처럼 이 비수의 화살을 맞으면서도 현재진행의 형태로 버젓이 무시하고 살고 있지 않은가를 반추하며 부끄러웠습니다.

부질없는 목표에 매달렸던 삶은 오늘을 누리지 못하게 했다. 비록 내 몸과 마음은 곤고하지만 지금부터 남은 날만큼이라도 하나님이 중심 되고, 거기서 얻어진 새로운 목표를 향해, 새로운 삶을 살 수 있기를 소망한다. (2017. 12. 31. 편지에서)

장엄하고 웅장하다는 생각이 들 정도의 기막힌 그의 고백이었습니다. 재삼 곱씹으니 이런 감동이 밀려왔습니다. 오늘을 누리며 살 수 있는 것은 '본질적인 천착'에 달려 있다고.

하나님의 우편 보좌에 앉아 계시던 주님께서 서 집사가 입성하는 날, 분명 그 자리에서 일어나셨을 것입니다. 그리고 그분의 너른 품으로 그를 안아주셨을 것입니다. 이렇게 말하면서.

정수야, 애썼다.

오늘 주일은 더더욱 그가 보고 싶어집니다. 그 한 사람이 나에게 참으로 많은 것을 주고 떠났습니다. 산 자가 죽은 자에게 받는 위로가 이렇게 클 줄 정말 몰랐습니다.

故 서정수 집사님께

16년 전, 제천중앙교회 담임목사로 부임했을 때 전갑규 권사님이라는 분이 저를 찾아오셨습니다. 그리고는 너무나 자랑스럽게 처음 보는 담임목사에게 아들 자랑을 은근히 늘어놓았습니다. 공부를 참 잘했고, 고려대학교 화학과를 졸업한 수재였고, 무엇보다도 사업을 하는 데 신앙의 터전에 발맞추어 노력하려는 귀한 아들임을 저에게 보란 듯이 전해주었습니다. 맨 처음에 이 말을 듣고 자식 자랑은 팔불출이라고 하는데 여기에도 이런 사람이 또 있구나 싶어 시답지 않게 들었습니다.

몇 달 후에 전 권사님이 그렇게도 자랑스러워했던 아들 이야기를 또 듣게 되었습니다. 이번에는 아버지 장로님으로부터였습니다. 아들이 경영하는 사업체 명을 이번에 바꾸었는데 '인스켐INSCHEM'이라는 이름으로 사업자 등록을 했다는 것입니다. 이름을 이렇게 지은 이유는 'Chemistry in Christ'의 함축이라고 전언해 주었습니다. 지금 생각해 보면 내 아들이 이렇게 신앙 안에 살려고 노력하는 CEO이니까 담임목사가 특별히 생각하고 기도해 달라는 압박이었습니다.

참 별난 자식 사랑이라고 생각했던 저는 그로부터 얼마 후 부모가 자랑한 이들을 만나면서 참 묘한 감정에 빠졌던 기억이 생생합니다. 부모가 왜 집사님을 그리도 자랑했는지를 부모들의 자랑과는 전혀 관계없이 감정선 굵게 고개를 끄덕였기 때문입니다. 집사님은 정말로 자랑받을 만한 아들이었습니다.

서 집사님!

10년 전 교회를 개척할 당시, 제천중앙교회 출신이라는 부담이 분명히 있었고, 아버지 장로님이 제천중앙교회 묘지에 묻혀 계시는 엄청난 부담감이 있었음에도 불구하고 어머니의 교회 이전에 대하여 이렇게 저에게 전해주었던 말은 개척이라는 어려운 상황을 극복하게 해 준 용기가 되었습니다.

목사님, 저는 어머니께서 결심하신 것을 존중합니다. 어머니가 교회를 옮기시기로 결정한 것은 감정의 폭이나 순간적인 감상이 아니라 포기할 수 없는 말씀 때문이라고 저에게 말씀하신 것을 저도 존중하였기 때문입니다.

그렇게 더 공고해진 집사님은 교회 개척 이후 언제나 저에게는 응원자였습니다. 1년 7개월 전, 집사님의 암 발병 소식을 듣고 너무 큰 충격을 받았지만 재빨리 정신을 차리고 진행한 것은 중보였습니다. 단 하루도 빠짐없이 집사님을 위해서 기도하는 것이 목사의 의무라고 믿었기 때문입니다. 그렇게 시작한 1년 7개월 동안 집사님을 향한 담임목사의 기도 목록은 중보의 일순위였고, 엎드릴 때마다 단 한 번도 예외 없이 중보의 끈을 놓지 않았습니다. 제 기도는 참 단순했습니다.

하나님, 이번에는 하나님이 져 주십시오. 야곱에게 져 주신 전례가 있지 않으십니까? 하나님, 이번에는 제발 져 주십시오.

그런데 정말로 속상하게 이번에도 하나님이 이기셨습니다. 제가 패했습니다. 사실은 하나님께 막 대들고 싶고, 삿대질도 하고 싶은 마음 굴뚝같습니다. 그런데 그렇게 하지 않기로 했습니다. 내가 이기는 것은 신념이고, 하나님이 이기시는 것을 믿는 것이 신앙인 것을 너무나 잘 알기 때문입니다. 노무현 전 대통령이 세상을 떠났을 때 노사모 회원들이 제일 많이 썼던 말이 '지못미'였다지요?

서정수 집사님, 미안합니다. 정말로 지켜주지 못해서 미안합니다. 저는 목사이기에 하나님을 이길 수 없는 존재입니다. 어떤 의미로 보면 참 무능한 존재라는 말입니다. 그렇지만 집사님께 한 가지는 약속드릴 수 있을 것 같습니다. 혼자 남으신 어머니를 안아드리겠습니다. 외로워하지 않도록 안아드리겠습니다.

오늘 주일 설교는 참 하기가 어려웠습니다. 오늘 같은 날은 정말 목사라는 게 싫은 날입니다. 신자도 못 지켜주는 주제에 무슨 목사인가 싶어서 말입니다. 내일 화장, 수목장이라는 장례의 일정까지 냉정하려고 했는데 집사님을 사랑한 감정이 앞서 주절댔습니다. 또 상투적으로 인사를 해야 할 것 같아 내키지는 않지만 그래도 마지막 인사가 될 것 같아 여기에 남겨봅니다. 하나님께 부글부글 하는 감정을 최대한 억제하면서.

서정수 집사님, 너무 수고했습니다. 그제 이 땅에서의 삶을 최종적으로 정리하는 그 시간, 스데반에게 그리하셨던 것처럼 주군께서 자리에서 일어나서서 집사님께 박수를 보내셨을 것입니다. 다시 만나십시다. 저는 서정수 집사가 참 자랑스러웠습니다. 그리고 사랑했습니다.

당신을 사랑한 무능했던 종 이강덕 목사

열기

　만일 단 한 번 글을 쓴다면 살아온 인생에 관한 것이 되지 않을까 오래전에 생각했었다. 결혼할 즈음에 신앙생활을 다시 한 후부터 그것은 참회록이 될 것이라 짐작했었고 결국 그렇게 되었다. 병을 진단받은 날, 멀리 있는 것으로 여겼던 죽음은 성큼 내 앞으로 다가섰다. 내가 선 이곳, 지금 이 순간이 이 세상과 저세상의 경계였다. 당장 가장 중요한 인생의 본질에 천착할 수밖에 없었다. 이미 지친 몸과 마음, 여전한 고통과 절망 가운데에서 그것을 찾아 나섰고, 헤매고, 받아들이고, 또 내치기를 반복했다. 그 여정을 나의 사랑하는 사람들과 꼭 나누고 싶었다. 그들은 나와 달리 그 본질을 하루바삐 찾아 내면화한 후 남은 생을 살고, 예비 된 지름길을 외면하지 않기를 바랐다. 일일이 만날 수 없는 형편이라 이렇게 편지로 그들에게 내 마음을 보내기로 했다. 참고로 투병을 시작하고 한참이 지난 후 기억나는 대로 쓰기 시작했기에, 초반부의 글의 배치는 쓰인 순서가 아닌 사건의 시간적 순서대로 하였다.

　처음의 나는 약한 믿음으로 고난의 터널에서 고통과 절망을 피할 수 없었던 반면교사로, 나중의 나는 약한 믿음이나마 끝까지 붙들어 결국에는 이기어 낸 진면교사로 쓰이길 바란다. 하지만 내가 끝내 믿음의 증거가 되는 데 실패한다면 이 편지들은 버려지면 좋겠다. 나 하나 풀이에 틀린다고 수학의 공리가 바뀌지 않듯, 나의 실패가 하나님을 부정할 수 있는 근거가 될 수 없다. 하지만 나는 그들과 하나님 사이에 어떠한 가림막도 되기 바라지 않는다.

이 고백이 그동안 하나님께 지은 죄에 더해지는 교만과 거짓이 될까 두렵다. 오직 나만의 언어로 겸손한 참회와 진솔한 고백이 되기를, 곧 하나님께 드려지는 기도가 되기를 소망한다. 나는 고난 앞에 힘 한 번 못 쓰고 쓰러진 '약함'이었으나, 하나님의 강권하심으로 '순례자'가 되었다. 끝내 소망하던 천국에 들어간 '크리스천'의 천로역정이 나의 인생역정이 되기를, 그 모든 과정에 하나님께서 늘 동행해 주시기를 간절히 기도한다.

이제부터 영원까지 하나님께서 동행해 주시기를 간절히 소망하며, 구주 예수 그리스도 이름으로 감사 기도드립니다. 아멘.

2017. 2. 26. 큰 활자로 된 새 성경책을 갖게 된 날

정죄(I)

환자가 된 순간 자신에 대한 정죄함은 밀어낼 겨를도 없이 내 의식 깊숙이 자리를 차지했다. 차지한 그 자리에서 시도 때도 없이 가시 돋우며 고개를 쳐들었다. 인과응보라는 우리네 전통사상 때문인지, 중병이 들면 자연스레 생기는 의식작용 때문인지 모르겠다. 나 말고도 같은 병으로 투병 중인 한 분이 자기 병의 원인을 죄의 결과라며 넋두리하는 것을 들은 적이 있다. 자책, 자학, 자기연민, 이들 모든 부질없는 감상들은 약해진 틈을 찾아 벌리며 스스로를 더 아프게 했다. 고통은 내가 알던 모든 성경적 진리를 관념화시켜 버렸다. 한 번 찾아든 자기 정죄는 끝 모를 아래에 있는 의식의 블랙홀이었다. 몸마저 그 추락을 느낄 정도였다.

욥의 세 친구는 멀리 있지 않았다. 내 안의 엘리바스, 빌닷, 소발이 매일 모습을 드러내며 고난 가운데의 나를 정죄했다. 막을 수도 피할 수도 없었다. 그들이 정죄하는 모든 것을 인정하지 않을 수 없었다. 나도 하나님을 향했던 순수함과 세상을 향했던 의로움이 조금이라도 있었을 터인데 하나도 기억나지 않았다. 대신 잘못과 죄는 잊혀졌던 작은 것까지 모두 떠올랐다. 온전한 사람이라던 욥은 항변이라도 했었지만, 나는 그럴 수 없었다. 욥의 항변은 나의 항변이 될 수 없었다. 그들의 정죄를 고스란히 받아들였다. 내 병은 내 죄의 산물이었다.

자라나는 죄의식 앞에 나는 눈과 귀를 막고 스스로 유폐되어 살았다. 욥기의 세 친구들 얘기만 떼어놓아도 성경 한 편이 될 만한 텍스트 아닌가. 콘텍스트를 이해할 능력도 의지도 없었다. 내 안의 세 친구들의 질책은 그만큼 더 권위 있게 다가왔다. 그것이 잘못된 신앙관일지라도 관성에 의해 한 방향으로 강화되는 것을 막을 수 없었다. 치이고 받으며 온전히 홀로 겪어내야 하는 말로 다 할 수 없이 고통스러운 시간들이 었다.

2017년 9월 17일

정죄(II)

　갑작스러운 암 진단 후 한 달 동안 서둘러 중요한 가계와 회사 일을 아내에게 알려 주었다. 남을 가족에 대해 내가 당장 할 수 있는 최소한의 대비를 성격대로 정신없이 처리하였다. 그러고 나서 투병이라는 싸움이 시작되었다. 여명餘命이 길지 않을 것이라는 진단이었다. 그저 놀란 가슴으로 나의 지난 자리만, 그것도 가장 엄격한 시선으로 바라보게 되었다.

　시험이 시작되었다. 과목은 두 과목으로 사지선다형 객관식인 '율법'과 논술형 '새 계명'이었다. 풀이에 남은 시간은 충분했다. 평소대로 사지선다형을 먼저 풀었고, 논술형은 대충 문제를 확인하고 윤곽만 잡은 후 뒤로 미루어 두었다. 사지선다형은 다소 까다로운 문제가 있었으나 큰 무리 없이 마무리하였다. 하지만 미루어 둔 논술형 풀이를 시작하려는 찰나, 시험을 마치는 종소리가 들려왔다. 시험은 그렇게 끝이 났다. 출제자와 내 시계의 시간이 달랐던 것이었다. 부랴부랴 끝난 시험의 답을 맞혀 보았다. 사지선다형은 책을 보아 가며 어느 정도 스스로 채점이 가능하였다. 그런데 당황스럽게도 논술형보다 쉽게 생각하고 다소 자신 있었던 이 과목에서 틀린 것이 많았다. 더 큰 문제는 논술형이었다. 윤곽만 대충 잡아 놓고 몇 자도 제대로 적지 못했고, 오로지 출제자만이 그의 주관대로 채점할 수 있기에 받을 점수는 예상하기 어려웠다. 형편없는 점수일 것만은 분명해 보였고, 이 상태로는 불합격이 확실했다. 그리고 이제 더이상 남은 시험은 없었다.

성경의 바리새인들은 나에게 정형화된 악인이자 구원받지 못한 죄인이었다. 율법을 최고의 가치로 여기며, 새 계명을 가져오신 예수님을 대적한 그들을 나는 관습적으로 적대했다. 그렇다면 이 시대의 나는 누구일까? 율법과 예수님이 가져다주신 새 계명 사이에서 크리스천으로서 나의 좌표는 어디일까? 새 계명과는 한참 거리가 멀었던, 그렇다고 율법에도 충실하지 못했던 그저 관행적이고 관습적인 신앙생활만을 해온 나는 누구인가? 예수님께서 율법을 폐하셨다 하지만, 우리가 크리스천으로 여전히 지켜야 할 규범적인 율법이 전혀 없을까? 나는 바리새인에도 훨씬 미치지 못한 악인이자 죄인이 아닌가? 그렇다면 나의 고난은 하나님께서 의인에게 허락하신 유익이 아니라 죄인에게 내리신 형벌이 아니던가?

일고의 여지없이 스스로에 대한 정죄함으로 치달았다. 지금껏 자리매김된 지난 삶만이 내가 심판대에 제출할 성적표였다. 하루에도 몇 차례 스스로를 치며 정죄했고, 그럴수록 성적표는 더 초라해지는 출구 없는 당혹스러운 과정이 되풀이되었다. 내 이전의 삶 모두가 부정되는 참담한 처지가 되었다. 내게 있다고 여겨졌던 믿음은 흔적 없이 사라졌고, 나와 가족을 위해 최선을 다했던 일상은 이기적인 나만의 유익을 위한 삶으로 간주되어버렸고, 내 신앙생활은 바리새인의 열심에 불과했다. 나에게 선한 동기와 노력도 있었다고 자신 없이 변명하였지만, 이 가냘픈 소리는 목을 타고 넘지 못했다. 타고난 죄성罪性과 온전하지 못했던 삶에 대한 인식으로 나는 정죄의 미로에 가두어져 버렸다. 할 수 있는 것이 없었다. 남은 시간은 너무 짧았고, 남은 힘은 너무 적었다. 이제껏 어떻게 내가 내 삶의 확실한 주체로 살아왔을까 싶었다. 그런 의식도 그럴 의지도 모두 사라지고 말았다. 순식간에 나는 내 삶에서 유리되어 객체가 되었다. 감정과 의지 모두 속절없이 흐르는 대로 두었다.

2017년 10월 2일

저항(I)

권위로부터 위로받고 싶었다. 하지만 존경받는 목회자의 설교와 위대한 변증가의 지성은 넘어진 나에게서 아킬레스건마저 끊어버리는 아픔이 되었다. 나의 이성과 신앙 수준에서 그들의 오류는 찾을 수 없었다. 나름 특정한 설교와 변증이 아니었기에 그들로서는 억울할 수 있겠지만, 그들은 넘어진 내가 일어설 겨를도 없이 당장 날아오르라고만 하는 것 같았다. 여린 나의 믿음을 나무라는 역정으로만 들렸다.

C. S. 루이스는 많은 사람들이 하나님의 선하심을 친절하심으로 오해한다고 했다. 궁극적으로 우리를 구원으로 이끄시기 원하시는 하나님께서는 고통마저 수단으로 쓰실 수 있다. 이것이 하나님의 선이다. 루이스의 통찰에 감탄했다. 하지만 지금 내가 찾는 하나님은 친절하신 하나님이었기에 나는 또 절망했다.

결국 확인한 것은 완벽하신 하나님과 그분 앞의 설 힘조차 없는 나약하고, 믿음마저 간 곳 없는 병자 한 명이었다. 죽음 앞에서도 여전히 하나님의 필요가 아닌 내가 원하는 것, 내게 필요한 하나님을 찾아 헤매는 나를 마주했을 때의 그 자괴감은 아픔을 더 하는 것이었다.

소설가 박완서 씨는 그의 사랑하는 젊은 아들을 사고로 잃고 하나님께 '한 말씀만 하소서'라고 절규했었다. 나도 하나님과 그를 대언하는 권위자들에게 저항하고 있었다. 날아오르기 전에 먼저 좀 설 수 있게 해 달라고.

2017년 8월 5일

양평 황토 옥구들 방에서

저항(II)

병을 얻고 몇 개월을 나를 선택적으로 사랑해 주실 하나님을 찾았다. 부인할 수 없는 감각과 책을 통한 이성이 내가 선택한 수단이었다. 하지만 나의 감각에는 하나님께서 침묵하셨고, 이성으로 정리된 하나님은 너무나 완벽하여 박제된 것 같았다. 믿음의 대상이 보이지 않았다. 전제가 사라졌는데 내 믿음이 온전했겠는가?

형통할 때 나와 늘 함께하셨던 하나님이 허상이었던 것일까? 계시다면 왜 갑자기 낯빛을 바꾸시거나 얼굴을 내게서 돌리신 것일까? 왜 이 순간 살아 숨 쉬었던 모든 기독교적 진리와 명제는 다시 종이 위의 검은 활자로 갇혀 버린 것인가?

고통받는 자와 함께 하신다는 주변의 위로에는 너무 상투적이라고 내 귀를 막았다. 하나님과 동행하기 위한 신앙생활의 기본인 말씀, 찬송, 기도는 내게 형식화되었고, 내성이 생겨 버린 소용없는 치료제였다.

상처 입은 내 안은 전장이었다. 눈도 뜨지 않고 팔을 휘둘렀다. 흥분 이후에 자연스레 무력감이 찾아왔다. 나의 영혼과 육체를 위해 내가 할 수 있는 것이 없었다.

2017년 8월 7일
양평 황토 옥구들 방에서

후회

현실에 대한 집착과 몰입은 삶의 불가측성을 외면하거나 완화시키는 방식이 아니었을까? 내 삶을 예측 가능한 범주 안에 두기 위해 참으로 무던히 애쓰며 살아왔다. 그러던 어느 날, 내 암 덩어리는 죽음을 추상과 관념의 자리에서 현실의 자리로 옮기었다. 나의 관심과 수준이 느닷없이 추상과 관념의 세계로 옮겨간 것이 아니었다. 현실의 사람이던 내게, 죽음이 현실의 세계로 옮겨온 것이었다. 이 순간 인생을 돌아보지 않을 수 없었고, 수많은 후회가 뒤따랐다. 죽음은 우리 인생에서 유일하게 예측 가능한 것이었다.

눈앞의 현실에 지나치게 집착했던 것을 후회했다. 삶에 대한 그릇된 이해는 모든 후회의 출발점이었다. 눈 옆을 가린 경주마처럼 내 눈에 드러난 세상만을 전부로 알고 살았던 것 같다. 내 삶의 넓이와 길이는 우주와 영원의 지극히 작은 부분에 지나지 않았다. 하지만 내게 보이는 그 작은 부분을 확장하여 전체로 간주하며 살았다. 마치 삶이란 문제를 하나씩 없애면 완전해질 수 있는 것처럼, 현실의 닥친 문제를 최선을 다해 해결하려 들었고, 생길 수도 있는 문제들은 미리 대비하려 노력했다. 항상 조금 더 좋은 것을 위해서 쉬지 않았다. 멈출 것이라 정해놓은 지점에 닿을 즈음 경주는 끝나 버렸다. 내가 삶의 기본 덕목이라 여겼던 성실함은 경주마 눈앞에 거리가 좁혀지지 않도록 매달아 놓은 당근을 쫓는 열심이었다.

아프기 전에는 내가 살며 경험했던 것들 가운데, 나 자신이 긍정적으로 평가할 수 있었던 부분들을 아이들에게 가르쳐 주고 싶었다. 그러나 그렇게 수고하고 애쓴 것들 가운데 그럴 만한 것이 떠오르지 않게되었다. 내 능력과 필요의 한계를 염두에 두지 않고 그저 애쓰며 쫓기듯살아온 인생이었다. 작은 위안이라도 갖기 위해 뒤져보니, 서구 근대개신교 윤리 중에 이러한 성실을 긍정하는 경우도 있는 것 같다. 하지만엄밀한 신학적 접근은 나의 변호와 날카로운 끌로 긁히는 듯한 당장의아픔을 해결하기 위한 내 능력치 밖의, 확신도 서지 않는 도구였다. 살아낸 인생을 최선, 성실, 희생이라는 아무리 좋은 단어로 포장하여 자위하고자 하여도 남은 건 오직 상실감이었다.

삶의 중심에 하나님을 두지 못했음을 후회했다. 하나님을 내 삶의이유라고 찬송하고, 기도하고, 예배했었고, 삶에 적용하려고 나름 노력했었다. 하지만 고난은 인생을 필연적으로 돌아보게 만들었다. 내 삶을돌이켜 보니 흔히 말하듯 필요할 때만 나는 하나님을 소환했었다. 그럼에도 나에게 하나님을 향한 선한 동기와 행위와 드림이 조금이라도 있었음을 알아주시기를 바랐다. 용서해 주시고 품어 주실 수 있기를 바랐다. 그러다 제풀에 자신 잃고 또 고개 숙였다. 내 '나름'의 노력과 가벼운질량의 행함을 가지고서 감히 그런 요구를 대놓고 할 수 없었다. 본능에따랐던 삶, 심지어 이성에 의지했던 삶의 궤적마저도 대부분 지워지고오직 하나님께 이끌리며 살았던 시간만 남는 순간을 맞이했다.

안정적이고 예측 가능한 현실의 삶을 위해 애쓰며, 그것이 곧 하나님께도 합당한 일이기를 바랐다. 어떤 때는 현실이 안정된 이후에 하나님을 위하여 살겠다고도 했었다. 삶의 우선순위가 바뀌는 순간을 맞았고, 그제야 현실과 하나님과의 우선순위를 분별하지 못한 것이 내 후회의 근원임을 알았다. 사람의 현실이라는 것은 결코 안정될 수 없는 것이었고, 미루어 둔 것들 중에는 중요한 것이 너무나 많았다. 현실의 삶과 하나님을 양립할 수 있다는 것은 나의 욕심, 교만 그리고 아주 편의적인 생각이었다. 죽음이란 피할 수 없지만, 늘 마주하며 살았어야 하는 대상이었음을 조금 더 일찍 알았어야 했다.

2017년 10월 10일

공감(I)

창세기부터 성경을 통독할 때, 나의 경우에는 진도가 잘 나가지 않는 몇 군데가 있었다. 스토리가 있는 창세기와 출애굽기를 지나 율법으로 빽빽한 레위기와 민수기에서 처음 막혔다. 그다음은 처지에 대한 탄식, 하나님께 대한 원망 또 찬양이 비슷하게 반복되는 듯한 욥기와 시편이었다. 레위기와 민수기가 지루하게 느껴졌던 것은 스토리의 부재에 비슷한 단어와 내용의 반복이 그 이유라고 생각한다. 물론 그 율법 하나하나와 하나님과의 상관관계를 해석할 수 없는 나의 낮은 신학적 이해도가 더 큰 이유라고 생각한다.

욥기와 시편의 경우에도 반복되는 비슷한 내용이 읽기 힘든 이유라고 생각했었다. 또한 나는 욥과 다윗이 그 고난 이후에 하나님께로 받은 축복과 영광을 이미 알고 있었기에, 그들의 고난은 이후의 성공을 위한 통과의례로 여겼었다. 그래서 그들의 고난과 탄식에 집중하기 어려웠고 서둘러 마지막 영광의 장면으로 페이지를 넘기곤 했다. 적어도 내가 아프긴 전까지는 그랬다.

그러나 그것은 전적으로 내 부족한 공감능력에서 비롯된 문제였다. 내가 생각했던 그들의 탄식은 비명이었고, 간구는 절규였음을 알게 되었다. 침묵하시는 하나님 앞에 끊임없이 되풀이하여 외칠 수밖에 없었음을 알게 되었다. 이제 그들의 비명은 나의 비명이요, 그들의 절규는 나의 절규가 되었다. 현실의 고난에 하나님의 침묵이 더해질 때 그 아픔이 얼마나 더 커질 수 있는지 알게 되었다. 가까스로 그들과 공감하게 되었다. 사람과 세상의 아픔에 제대로 공감 못 했던 내 과거와 고통 가운데의 내 현재가 고스란히 비교되며 드러났다. 오직 용서를 구하며 회개할 뿐이다.

욥기가 왜 정경의 권위를 가지고 있는지, 내용의 대부분은 역경을 이기어낸 성공 스토리가 아닌 고난과 탄식으로 이루어져 있는지 알 것 같다. 욥기를 통해 피할 수 없고 어떻게든 지나야 하는 인생의 마지막 터널을 미리 마주하고, 그때 함께해 주실 하나님의 실재를 더 강하게 미리 경험하지 못한 아쉬움은 말로 다 할 수 없다. 그리하였다면 나는 하나님을 통해 지금의 현실을 바라보며, 의연하게 그 너머를 보고 있지 않을까. 이제 욥기는 고난과 탄식의 터널에 비추는 환한 가로등 같은 가장 실용적인 성경이다 싶다.

종종 나의 내면과 주변이 나에게 현재의 고난에 담대히 맞서기를 요구하는 느낌이 들 때가 있다. 좋은 뜻임을 잘 안다. 하지만 그때마다 시종 믿음의 사람들이었던 우스 땅의 온전한 사람과 이스라엘 민족의 영웅이 아파한 그만큼만 아파하게 내버려 두어 달라고 속으로 되뇌었다. 그들과 고통의 분량이 같을지라도 믿음의 분량이 다른데 어찌 내가 그들처럼 반응할 수 있냐고, 그러니 내 고난이 더 크고 아프지 않겠냐고 속으로 투정했다. 믿음에 따라 반응도 다름을 인정해버렸다. 결국은 믿음의 문제인데, 내가 가진 믿음은 현실을 넘기에 역부족이다. 필요한 분량의 믿음을 채우기는 시간이 너무 없어 보여 마음만 급하다. 얼마나 더 아파해야 할는지. 이제는 다른 누구보다 하나님께서 공감해 주시기를 소망한다. 하나님께서 나의 아픔을 지켜보아 주시고, 같이 아파해 주시고, 그 아픔을 치유해 주시기를 소망한다. 그런 하나님께서 함께하고 계심을 내가 알기를 소망한다.

2017년 9월 10일

공감(II)

정말 길었던 하루였다. 큰 염려 없이 가벼운 마음으로 검사를 위해 입원했었고, 같은 날 밤 암 진단을 받았다. 며칠 후 아내가 그날은 성경 통독 중 욥기를 읽기 시작하던 날이었다고 했다. 수년 전 2년 반 동안 나는 교회 구역장을 맡고 있었다. 당시 우리 구역의 두 분이 자주 생각 났다.

박 집사님은 구역으로 새로 오신 분이었다. 췌장암 수술 후 어느 정도 회복이 되신 상태였고, 조금 핼쑥했지만 얼굴에는 늘 미소가 있으셨다. 나는 같은 병을 진단받고, 재발 후 다시 투병 중이신 박 집사님께 전화를 드렸다. 말 한마디에 남은 힘을 다 써가며, 내게 절대 포기하지 말라고 격려해 주셨다. 그로부터 한 달 후, 내가 항암치료를 시작하는 바로 전 주에 박 집사님은 하나님 품에 안기셨다.

김 권사님은 우리 집에서 가진 구역모임 때마다 아이들 간식을 챙겨 오곤 하셨다. 성경을 많이 보시고, 젊은 사람들보다 더 잘 외우시던 총명하신 분이셨다. 어느 날 아침 식사 중에 의식을 잃으셨고, 몇 년째 무의식 상태로 투병 중이시다.

두 분과 가족들에게 나는 구역장 그리고 같은 구역 식구로서 위로를 건넸었다. 어떤 말의 위로였는지 정확한 기억은 없다. 그저 죄송할 따름 이다. 당시의 나는 그분들 아픔을 백분의 일도 공감하지 못했었고, 지금 의 나는 그 아픔을 온몸과 마음으로 감당하고 있다. 어떤 위로의 행위도 공감이 전제되지 않으면, 참된 위로가 될 수 없음을 이렇게 알게 되었다. 나의 친절이나 위로가 의무감, 책임감, 자기만족, 자기 의, 착한 사람 콤플렉스에서 연원한 것이 아니라 장담할 수 있을까? 그런 친절과 위로는 온전하지 못한 것이었다. 손과 눈은 상대방을 향했지만 정작 마음은 나를 향하고 있었던 것이다. 결국 진정한 관계는 의무감이나 책임감만으로 감당되는 것이 아닌 공감이 우선 되어야 함을 알았다.

박 집사님과 김 권사님 그리고 가족들과 이웃들에게 더 늦기 전에 용서를 구한다. 여러 모양의 아픔으로 고난 중에 있었을 그분들을, 제대로 공감하지 못한 채 떠나보냈던 나의 부족함에 속죄의 기도를 드린다. 내게 부족했던 그 공감능력은 사랑의 한 방식이자, 사랑 그 자체인 것 같다. 그 사랑은 심지어 예수님께서 우리에게 주신 계명이었다(요 15:12, 쓰는 날 읽은 구절).

그리고 또 한 사람, 나! 죽을 수밖에 없는 한 인간이 죽음 앞에서 참된 위로를 찾는다. 사랑이시기에 공감하시고, 죽음을 겪어 내고 이기시었기에 죽을 수밖에 없는 인간을 진정으로 위로하실 수 있는 분, 또 그 죽음 너머를 예비하신 분, 성자 하나님께서 지금 나와 함께해 주시기를 소망한다. 앞서 떠나신 분들도 사람의 위로가 아닌 예수님의 위로가 함께 하시기를 소망한다.

2017년 9월 24일

허무

인생의 허무함을 나타낼 때 솔로몬 왕이 말한 "헛되고 헛되며 헛되고 헛되니 모든 것이 헛되도다"(전도서 1:2)라는 성경 구절이 자주 인용된다. 표현이 쉽고 명료한 데다 그가 평생 누렸던 부귀영화와 그가 실감했던 허무가 극적인 대조를 보여줌이 그 이유라 여겨진다.

솔로몬 왕의 허무를 나도 알게 되었다. 하지만 몇 가지 문제는 나를 후회로 몰아 힘들게 했다. 첫째, 나의 지혜가 스스로 기능하지 못한 채, 질병이 강제적인 계기가 되었다. 둘째, 나의 예상보다 너무 빨리, 필요보다 너무 늦게 이 진리를 알게 되었다. 셋째, 나는 이미 주어졌던 삶의 이치를 깨달을 기회를, 나의 전↓ 존재로 받아들이지 못했고, 분주한 삶을 핑계로 무시해버렸다는 것이다.

더 힘들었던 것은 죽음을 마주한 자에게는 눈앞에 보였던 것들은 등 뒤로 돌아서고, 보이지 않던 인생의 본질이 눈앞에 드러난다는 사실이다. 그간 내 삶에서 본능적으로 아니면 의식적으로 애써 온 것 중 중요하지 않은 것을 지워 보니 병든 몸 외에는 아무것도 남지 않았다. 허무를 넘어, 나는 사라진 비존재가 되었다.

허무라는 손님은 갑자기 찾아와 쉽게 떠나지 않았고, 나의 연민도 그를 쉽게 놓아주지 않았다. 그 상황이 너무 힘들어서 어떻게든 극복하려 애를 썼다. 그러기 위해서 그 감정의 실체를 알아야 했고 남아 있던 작은 믿음과 이어지던 신앙생활의 관성에 의지하여 내 생각을 갈무리해 보았다.

자신의 존재를 어떻게 대상화하느냐에 따라 허무도 의미를 달리하는 것 같다. 자신을 죽음을 통해 소멸과 비존재가 되는 존재로 대상화한다면, 무는 곧 허무인 바 그 끝이 허무임은 당연한 것이다.

창조주 하나님의 피조물로서 대상화했을 때, 예수님께서 보여주시고 약속하신 부활과 영원한 생명은 작동한다. 비로소 인간은 비존재에서 존재로 승화되고, 그 삶은 목적과 의미를 가지게 된다.

무로 소멸하는 인생의 끝은 허무일 뿐이며, 나는 하나님의 피조물임을 나의 전 존재를 통해 하루라도 빨리 자각했어야 했다. 나는 고통과 절망으로 하나님을 애타게 찾으면서, 같은 이유로 하나님을 밀어내었다. 내 믿음 둔 곳 어디인지 모름에도 나는 소망했다. 이제부터 깨닫는 모든 것이 더이상 머릿속의 지식으로만 남지 않고 내 전 존재의 변화로 이어지기를…. 고통과 절망이 내 무지함에서 비롯했으되 하나님께서 주신 기회이자 은혜이기를, 내 인생의 마지막 얼굴은 허무가 빚은 냉소가 아닌 하나님을 만난 환희로 빛나기를….

2017년 8월 20일

용서

지금 내겐 피해의 기억은 없이 가해의 기억만 남아 있다. 살면서 내가 받았을 피해와 그로 인한 상처들…. 방어기제가 유난히 발달한 탓으로 그럴 계제가 없었던 탓인지, 너무나 분명한 현실의 문제로 다가온 죽음이 만들어 낸 관용의 탓인지 상대를 용서해야 할 만큼의 상처가 떠오르지 않는다. 내가 받은 상처에 대한 용서는 상대의 동의 없이 나의 일방적인 의지로 이루어 낼 수 있기에 이만큼 쉬운 일도 세상엔 없을 것이다. 아마도 투병 동안 비로소 내가 하나님 앞에 설 수밖에 없음을 인식함으로 인한 변화의 결과일 것이리라. 더이상 용서할 것이 없다는 나의 고백이 하나님을 기만하는 것이 아니기를 바랄 뿐이다.

그런데 내가 준 가해와 그로 인하여 상대가 받았을 상처만큼은 그 크고 작음에 상관없이 오롯이 옹이 되어 남아 있다. 나의 잘못과 사람에 대한 가해의 기억은 발병 이후 스스로에 대한 정죄함의 원인이었고, 하나님과의 관계에 큰 걸림돌이었다. 목회자님들과 믿음의 지인들의 격려 그리고 예수님의 말씀 "내가 진실로 너희에게 이르노니 사람의 모든 죄와 모든 모독하는 일은 사하심을 얻되 누구든지 성령을 모독하는 자는 영원히 사하심을 얻지 못하고 영원한 죄가 되느니라 하시니"(막 3:28-29)는 나를 정죄함의 속박으로부터 어느 정도 자유롭게 해주었다.

하지만 가해의 문제에 대한 해결은 내 일방의 선언으로 이루어지지 않는다. 상대에 대한 나의 직접적인 속죄와 그로부터의 용서 그리고 하나님께 회개함으로 깨끗하게 됨이 아닐까. 하나님께 무릎 꿇고 진정으로 회개하며, 또한 여건이 허락하는 한 직접 용서와 사과를 구하고자 한다. 나로부터 상처받았을 모든 사람들에게 전심으로 용서를 구한다. 하나님께 속죄함을 받았다는 나의 일방적인 선언으로 영화 〈밀양〉의 여주인공처럼 또 다른 상처를 덧대는 경우가 없기를 또한 바랄 뿐이다.

또한 지금 이 시간 환자가 가진 특권에 의해 일상을 희생당하며, 나의 투정과 불평과 연약함으로 새로이 상처 받고 있는 나의 가족에게 용서를 구한다. 나로 말미암은 이 모든 잘못과 상처에 대해 하나님의 한량 없는 자비 앞에 용서를 구합니다.

2017년 7월 30일

비로 식은 여름날 아파트에서

흔적(I)

대학 1학년 때 일기장을 잃어버린 후 내 삶에 대해 글로 무언가 적어 본 기억이 없다. 당시 일기장의 몇 부분이 문장이 아닌 이미지로 어렴풋이 기억에 남아 있다. 억지로 떠올릴라치면 그 지성의 처참한 수준에 부끄러울 뿐이다. 인문학적인 소양을 쌓을 겨를 없이 입학한 대학이었고, 소질도 없었기에, 누군가 친절하게 나서 찾아주지 않기만을 바란다.

이후 30여 년은 글 쓰는 것에 대한 포비아는 여전했고, 기회도 필요도 없던 시기였다. 하지만 문장의 수준이나 실력을 떠나서 꾸준하게 글로 써서 자신과 자신의 영적 상태를 정의하고 대상화하지 못했음이 많이 아쉽다. 그런 과정이 있었더라면 지금 내게 절실한 절대자와의 바른 관계 형성은 좀 더 이르고 성숙하였을 것이다.

그러나 이제 가족을 비롯한 나의 사랑하는 사람들에게, 힘들고 지친 몸이라 제대로 하지 못했던 대화를 위해 여기 '흔적'을 둔다. 사람이 지난 자리를 '자취'라고 한다. 하지만 이 단어에는 그 주체와 대상에 부정적인 요소가 없는 것 같다. 그런 뜻에서 세상과 사람에게 생채기도 내었던 내가 지난 자리는 '흔적' 정도가 적당한 표현이 아닐까 한다. 다만 하나님과 진리 앞에 겸손한 고백이 되길 바라며, 처한 현실에서 비롯될 수 있는 감정의 과잉과 상황의 과장을 최대한 절제하겠다고 다짐한다.

나의 사랑하는 모든 사람들이 내가 반면교사 되어, 내가 겪은 시행

착오 없이 하나님의 풍성한 은혜를 누리기를 바란다. 그리하여 그들은
지난 길은 '흔적'이 아닌, 훌륭한 '자취'가 되기를 바란다.

2017년 8월 2일

흔적(Ⅱ)

친구 두엇이 투병 중의 내 심경을 글로 정리해 보라 했었다. 투병 초기에 같은 병과 비슷한 상태의 블로거들을 검색했었고 필요한 정보를 얻을 수 있었다. 그러나 애석하게도 그분들의 글은 예상보다 빨리 아무런 설명 없이 중단되곤 했다. 그래서 심경 위주라 해도 병세를 포함한 글을 쓰지 않겠노라 생각했다. 결국 죽음의 기록이 될 뿐인데, 내키지 않는 일이었다.

책과 동영상을 통해 투병으로부터 신앙적으로 승리한 간증도 찾아보았다. 같은 처지였던 신앙인들의 간증을 통해 나도 그들처럼 하나님을 힘입어 승리를 선언하고, 현재의 고통과 절망을 넘어서고 싶었다. 그들은 결단의 사람들이었으며, 고난 전에 이미 하나님을 향한 믿음이 남다른 사람들이었다. 결국 그들은 애초에 나와는 성정이 다른 사람들이었다. 내 신앙의 수준과 약한 심령으로는 따라 닮을만한 사례를 찾기 어려웠다. 내 작은 믿음만 도드라질 뿐, 발견한 그들과 나 사이의 차이는 내 절망의 크기였다.

인간은 누구나 고통과 절망이 묶음으로 함께하는 존재론적인 고민 앞에 설 수밖에 없음을 이제야 알았다. 나의 사랑하는 자녀들은 나와 달리 하나님 앞의 인생의 존재론적 의미와 목적을 고통과 절망의 과정 없이 알아내고 그에 합당한 삶, 행복한 삶을 살 수 있기를 소망한다. 고통과 절망의 상황이 오더라도 처음부터 영웅적으로 승리를 선언하고

통과하는 그런 믿음의 사람이 될 수 있기를 바란다.

행여 나의 자녀들이 유전적으로 나와 비슷한 성정을 지녔을는지 모를 일이다. 그들도 나와 같이 극심한 고통 앞에 먼저 쓰러져 버린다면, 고통 중에 마주하는 기독교 진리, 위대한 신앙인과 영웅적 간증자를 통해 자유로움을 얻기보다 또 다른 절망을 더할지 모를 일이다. 이것이 글을 쓰는 또 다른 이유다. 이렇게 약한 자도 근근이 남아 있던 여린 믿음을 시작으로, 비록 싸움은 힘겹고 애처로웠으나, 끝까지 인내하고 믿음을 지켜 내었음을 알려 주고 싶다. 나의 마지막 승리를 통해 쓰러질지언정 포기하지 말아 달라고 당부하고 싶다.

비록 어제의 나는 작은 믿음으로 절망했으나, 내일의 나는 그 믿음으로 버티고 섰음을 보여줄 수 있기를 소망한다. 가장 깊은 고통과 절망에 웅크리고 고개 숙인 자, 하나님을 시야에서 놓치고 그나마 고개 들땐 하나님께 저항하던 자, 가장 약하고 가장 낮아진 자의 승리의 기록이 되길 바란다. 병에 굴복하고만 육체의 사망의 기록이 아닌 결국 소생되는 영혼의 생명의 기록, 나의 천로역정이 된다면 그만한 영광이 없을 것이다.

2017년 8월 12일

AD

지금으로부터 정확히 1년 전, 2016년 9월 5일이었다. 심한 피로감을 원인으로 실시한 검사에서 췌장암 4기 진단을 받았다. 이미 폐와 림프절 여러 곳에 전이가 된 상태라 수술이나 방사선요법은 대상이 되지 않았고 지금까지 항암치료를 받고 있다.

기원이 예수님의 탄생을 원년으로 BC와 AD로 나뉘듯, 그날은 나에게 완전히 새로운 인생의 기점이 되었다. 바로 그날 재현할 수 없는 연극인 내 인생의 1막은 before cancer의 BC로써 막이 내려졌다. 2막의 커튼은 그렇게 별안간 올려졌고 나는 준비되지 않은 배우였다. 그때껏 경험 못한 갑작스럽고 강력한 조명에 나는 영적 시력을 잃었다. 예수님께서 바울의 시력을 되찾아 주시기 위해 아나니아를 보내셨다. 1년 동안 나만의 아나니아를 찾아 헤맸다. 예수님은 제쳐두고 아나니아만을 찾아 헤맨 본말이 전도된 나의 잘못된 신앙 탓이리라. 여전히 앞은 잘 보이지 않는다.

항암으로 지친 몸에 감기몸살이 겹친 고된 오늘이다. 나는 여전히 현실에 눌려 있고, 스스로를 정죄하고, 몸이 낫기만을 기도하고, 하나님을 찾겠다면서 눈은 땅을 향해 움츠려 있다. 그래도 힘내어 보려 애를 써 본다. 곧 꺼질 듯 빛을 잃어 찾기도 힘든, 가까스로 남겨진 나의 믿음. 그 작은 믿음에라도 의지하여 하루빨리 내 눈 비늘이 벗겨지고, 새 눈으로 고통과 절망 너머를 볼 수 있기를 소망한다. 돌이킬 수 없는 1막을 충일함이 떨어지는 리허설처럼 지나 보냈다. 하지만 남은 2막은 예수님께서 내 안에 계신 진정한 의미의 주의 해, Anno Domini (A.D.)이길 소망한다.

2017년 9월 5일

아버지

　나의 아버지 서석원 장로님! 이름 뒤에 불리는 세상의 많고 많은 호칭 가운데 내가 불러드릴 수 있는 가장 아름다운 두 가지, 아버지와 장로님. 그는 세상이 다 알만한 장로가 아니었고 오직 나와 내 여동생만의 아버지였다.

　내가 초등학교 6학년이던 1980년 아버지는 사업을 하던 지인에게 수억 원의 빚 연대보증을 서셨다. 그러나 그 보증이 문제되어 하던 과수원과 살던 집은 졸지에 경매 처분되었고, 그럼에도 여전히 큰 빚을 지게 되셨다. 가능하면 얼마라도 받을 수 있을까 하여 그 보증을 섰었던 지인을 만나러 먼길 다녀 밤중에 귀가하시던 기억이 아직 남아 있다. 아버지는 본인이 한 푼도 써보지 못한 그 보증 빚을 17년에 걸쳐 다 갚으셨다. 그 빚을 다 정리하고 10여 년이 지나, 내가 내 사업을 시작한 첫 해에 아버지는 소천하셨다. 그때 당시는 사업을 시작했던 첫 해인지라 정말로 정신없이 바쁘게 다닐 때였다. 그런 어느 날 영남지방 출장을 다녀오던 귀경길이었다. 새벽 두 시 경 너무 늦은 시간이라 귀경 도중에 잠시 눈이라도 붙이려고 제천의 부모님 댁에 들러 거실에서 잠을 청했었다. 그리고 새벽 네 시 반 즈음 새벽 기도를 나가던 아버지가 자던 나를 내려다보고 계셨고, 나는 그 기척에 잠에서 얼핏 깨어 눈을 잠깐 맞추고 다시 잠에 들었다. 그것이 갑작스러운 심장마비로 돌아가시기 10여 일 전, 나와 아버지의 마지막 눈 맞춤이자 마지막 대화였다. 애처롭게 나를 내려다보시던 아버지의 눈빛이 잊히지 않는다.

이제 나는 두 아들의 아버지가 되었고, 내 아버지가 힘들게 살아 내었던 비슷한 나이와 상황에 놓여 있다. 그런데 이제 보니 내가 당시 눈으로 지켜보고 각인해 놓았던 아버지와 실제의 아버지 모습 사이에는 차이가 있었음을 느낀다. 내 인생에 영향을 주었던, 실제와 달리 이해했던 아버지의 몇 장면을 고백하고 싶다.

이야기 하나

아버지가 지독하게 경제적 곤란을 겪던 기간은 내가 초등학교 6학년 이후인 나의 학창 시절 전반의 시기였다. 부모님의 헌신으로 내게는 절대적 궁핍함과 큰 결핍의 기억이 없다. 자란 곳이 작은 도시라 그랬는지, 다들 사는 것이 고만고만했기에 상대적 빈곤감도 기억날만한 것이 없다. 곁에서 열심히 장사하시며 가정을 위해 애쓰신 어머니의 수고도 그 하나의 이유일 것이다. 아버지는 그 역경 가운데 크게 힘든 내색을 하지 않으셨고, 손해를 끼친 지인도 더이상 원망하지 않으셨다. 아버지는 돌아가시기 전, 춤을 추며 찬양하며 충만한 은혜 가운데 계셨다고 다니시던 교회의 담임목사님께서 말씀해 주셨다.

하지만 나는 대학 재수를 위해 상경하여 독립된 생활을 시작하고부터, 또 대학과 직장 그리고 결혼을 통해 스스로에 대한 책임감이 늘어가면서 아버지의 인생 역정을 큰 고난으로 이해하기 시작했다. 정작 당사자는 다 극복해 낸 그 과정을, 또 그 가운데 특별한 불편함을 느낀 적도 없던, 내가 해석을 달리하게 되었다. 나이가 들어가고 세상 속에 들어가며 나의 성정과 처한 환경을 통해 바라본 아버지의 삶은 분명히 고난이었다. 아버지는 불쌍한 분이었고, 그의 역경은 나에게 반드시 피하고 싶은 삶의 경우의 수가 되었다. 세상 속으로 한 발 한 발 깊이 들어갈수록 내 시야는 현실의 문제로만 좁혀 들었고, 나의 욕심이 더해가며 아버지의 삶은 내게 하나의 트라우마가 되었다. 나는 고난을 이기는 인생이 아닌 고난이 없는 인생을 위해 최선을 다해 살았던 것 같다.

　내가 고난으로 이해했던 아버지의 인생을, 이미 당신은 살아생전 하나님과 이웃과의 관계 속에서, 다 극복하셨던 것이었다. 유복했던 유년 시절에 비해 경제적으로 풍족하지 못한 인생 후반이었으나 하나님 안에서 어느 누구보다 행복해하셨던 것을, 아버지가 드러내신 그대로, 나는 이해했어야 했다. 어떤 역경도 아버지의 심성을 강퍅하게 만들지 못했다. 어떤 경우에도 차라리 본인이 상처받고 손해 볼지언정 누구에게도 상처와 손해를 끼치지 않으려고 늘 노력하셨다. 그 아버지가 누렸던 인생의 후반이 진정한 행복임을, 그것이 하나님께서 아버지에게 주신 은혜였음을 알았어야 했다. 아버지는 자기 인생을 성공적으로 살아 내었고, 그런 아버지가 나의 모범이 되었어야 했다.

이야기 둘

　또 내가 대학 졸업반이던 1993년의 일이다. 대학원 진학 후 학업을 이어 갈지 아니면 취업을 할지 한동안 고심을 했었다. 그 고민을 어떻게 아셨는지 아버지께서 한 통의 편지를 보내주셨다. 아버지로부터 받은 유일한 편지로 아직도 소중히 간직하고 있다.

　행여 내가 금전 문제로 대학원 진학을 그만두려는 것은 아닌지 아버지가 염려하여 보내신 것이다. 열 줄 편지에 참으로 많은 자식에 대한 염려가 드러나 보인다. 늘 걱정하시던 나의 악필에 대한 조언도 빼놓지 사랑하는 아들에게.
대학 졸업반이 되기까지 성장하는동안 아버지가 처음
편지를 쓰는것 같다.
너의 ＸＸ는 너자신이 개척해가는거야!
금전문제로 진로를 결정하지말고, 학업이든 취직이든 간에
신중히 결정하기를 바란다.
한가지 더 부탁할것은 글씨를 열심히 쓰도록!
글씨는 축천성이기 여분에 노력하는대로 고칠수 있다.
사회에 나오면 곤란할때가 많으니 그렇게 알고 ‥‥
아버지가 늘 ○○○ 하고 있다. 몸조심하고 최선을다해
생활하도록 하여라.

않으셨다. 결과적으로 아버지의 이 편지는 내가 진로를 정하는데 결정적인 역할을 했다. 금전 문제를 고려하지 말라는 아버지의 당부에 담긴 진심보다, 당신의 나에 대한 헌신과 그간의 고생이 나에게 더 크게 다가왔다. 나는 취업을 결정했고, 다양한 경험과 장래에 사업을 할 기회가 많다는 종합상사를 선택했다. 인생의 본질에 대한 고려보다, 닥칠 인생의 격랑을 이길 유연함을 갖추는 것보다, 현실의 문제를 해결하고 아예 문제가 없게 하는 인생을 원했고 택했다. 금전 문제에 연연하지 말라는 것을 내 인생에 대한 아버지 당부의 핵심으로 이해했어야 했다. 그리고 늘 기도해 주신다는 것에 나를 맡겼어야 했다.

아버지는 내 가장 가까이의 하나님을 향한 모범이었다. 비록 남긴 통장은 가벼웠으나, 크리스천으로서의 삶의 본질을 누구보다 무겁게 받아들이고 살아내셨다. 이제는 아버지가 부모, 크리스천 그리고 여러 공동체의 일원으로서 각각의 역할에 두루 충일한 인생을 살아내셨음을 안다. 아버지는 지금의 내가 어느 누구보다도 부러워하는 삶을 살아내

셨다. 본보기로의 인생을 삶 자체로 보여주셨다. 하지만 나는 아이들에게, 본보기로의 인생을 글로써, 그마저도 반면교사로서 보여주게 되어 미안하고 안타까울 뿐이다. 나의 지난 인생 가운데, 아버지의 삶의 모습에 대한 몇 차례의 잘못된 이해가 많이 아쉽다. 흐린 내 눈이 아닌 하나님을 통해 보았더라면 그 삶과 말이 내게 주는 의미를 제대로 이해할 수 있었을 터였다.

지금 아이들은 나의 투병을 옆에서 지켜보며 고난의 여러 속성 중 고통만을 두드러지게 느끼는 것 같다. 그래서인지 큰 아이는 고난이 없는 삶을, 작은 아이는 행복한 삶을 기도 제목으로 자주 내어놓는다. 이로써 짐작하건대 내가 그랬듯이 나의 자녀들도 삶의 어느 순간에 그들에게 각인되어 있는 형태로 나의 삶을 반추할지 모른다. 부디 그들은 드러난 나의 말과 인생을 자기 욕망과 현실의 편광안경이 아닌 하나님이라는 안경을 쓰고 볼 수 있기를 바란다. 가까이서 보았던 나의 삶에서 나의 것과 하나님의 것을, 하나님께서 그들 각자에게 주시는 메시지를 제대로 분별해낼 수 있기를 바란다. 인생의 중요한 순간마다 그 분별력과 하나님께서 주신 메시지로 가치판단할 수 있기를 바란다. 비록 그 판단의 결과가 당장의 만족을 유보하는 것이 된다 할지라도 감수할 수 있는 용기를 가지기를 바란다. 그 과정을 통해 결국 하나님께서 주시는 더 큰 은혜를 경험할 수 있기를 바란다. 그런 경험이 그들의 인생에 쌓여 가며 온전한 믿음의 사람이 되길 소망한다. 그 믿음으로 고난을 피하는 인생이 아닌 고난을 이기는 인생을 살아내기를 소망한다. 있을 수 있는 고난 앞에 쓰러지지 않고 하나님께 소망을 두고 이겨 내길 바란다. 그래서 이 땅에서의 행복한 삶을 누릴 수 있기를 소망한다.

다니시던 교회의 배려로 예배당에서 아버지의 장례예배를 드렸었다. 정말로 많은 교인들께서 아버지를 눈물로 배웅해 주셨다. 그 장례예배는 아버지를 이 세상에서 떠나보내는 자리인 동시에 더 깊이 알게 된 자리였다. 이강덕 담임 목사님께서 성경구절을 인용하시어 묘비명을 추천해 주셨다.

그리스도 안에서 인정함을 받은 서석원 장로 여기 잠들다(로마서 16:10).

회색 코트에 중절모를 하시고 환하게 웃으시며 교회에 계시던 아버지가 아직도 눈에 선하다. 지금이라면 어떤 편지를 보내 주실까? 아직도 믿음과 자기연민 사이에서 허우적대는 이 자식을 나무라지는 않으실는지. 오늘 그 아버지가 너무나 보고 싶다.

2017년 10월 24일

너희는 이 세대를 본받지 말고 오직 마음을 새롭게 함으로 변화를 받아 하나님의 선하시고 기뻐하시고 온전하신 뜻이 무엇인지 분별하도록 하라. (로마서 12:2. 오늘의 암송구절이었음)

관계

같은 길이의 시간이 상황에 따라 그 가치가 다르듯, 같은 길이의 시간에 맺어진 관계들도 상황에 따라 그 깊이가 다른 것 같다. 그래서인지 아프고 나서 만난 나와 같은 환자들이 이전처럼 멀리 있는 다른 사람으로 여겨지지 않는다. 잠깐 만난 사람들도 좀체 잊히지 않는다. 그 눈만 바라보아도 그 몸의 고통과 내면의 아픔이 느껴진다. 또 이미 알고 지낸 지인들에게는 전보다 더한 연대의식을 느낀다.

지금 내 삶의 흔적 가운데 건져질 것과 버려질 것, 가치 있는 것과 없는 것의 개념과 중요도가 바뀌는 경험을 한다. 나의 시간을 죽음 너머까지 확장하니 그 기준은 더 엄격해진다. 과연 내 안에 건져질 것과 가치 있는 것이 있기는 한 것인지 고통스럽기만 하다.

보이는 것들의 세상에 살다가 보이지 않는 것, 볼 수 없는 것들의 세상 문턱에 덜컥 닿아 버렸다. 작건 크건 내 손의 모든 것은 이전의 의미를 잃었다. 영혼, 구원, 삼위일체 하나님과 같이 보이지 않는 것의 세상 안에서만 절망하고 소망하는 오늘이 되었다. 나의 무지와 연약함은 여전히 내가 그 진리체계를 다 이해하지 못하게, 따르기를 거부하게 만들고 있다. 하지만 죽음 너머까지 가치 있는 것이 지금도 가치가 있을 것만큼은 확실해 보인다.

나는 지금 하나님의 은혜로 구원받고 하나님의 나라에 갈 수 있기를 소망한다. 또 나의 사랑하는 사람들 모두가 그 하나님의 나라에 갈 수 있기를 소망한다. 그곳에 간다면 비록 모양은 달라지더라도 하나님께서 베푸신 구원의 은혜에 감격할 수 있도록, 내가 나임을 인식하게, 또 사랑했던 사람들과의 관계만큼은 확인하게 해주시지 않으실까? 그렇다면 나의 구원과 내 사랑하는 사람들과의 관계만이, 나의 의지가 작용한 내 삶의 흔적 가운데 영원까지 가치가 있을 것이다.

예수님께서 율법 중 가장 큰 계명은 하나님 사랑, 이웃 사랑이라 하셨다. 사랑하는 사람들과의 관계가 영원까지 이어지는 것이 나의 소망이라면, 예수님께서 말씀하신 이웃 사랑을 통해 그것을 이루는 것은 나의 소명일 것이다. 하지만 나는 여전히 하나님께 많은 소망만이 있을 뿐, 소명 앞에서는 일어서지 못하고 있다. 이런 나마저도 하나님께서 긍휼히 여겨 주시기를 바라며, 또 소망만을 하나 더한다.

2017년 11월 5일

저항(III)

어느 순간 갑자기 손에 쥐었던 믿음이 가는 모래 빠지듯 사라지기 시작했다. 손에 배어든 흙빛만이 모래가 있었음을 암시할 뿐 어디에도 남은 모래는 보이지 않는다. 가장 절실한 순간에 펴든 손엔 아무것도 남아있지 않았다. 또 많은 믿음의 사람들의 눈앞에 계시고, 어깨를 나란히 하시는 하나님이, 지금 나에겐 현미경을 들이대도 망원경을 가지고서도 보이지가 않는다. 무엇이 잘못된 것인지, 어디서부터 잘못된 것인지, 어디서부터 어떻게 다시 해야 할는지 알 수가 없다. 이미 지친 몸과 마음에 망쳐 버린 일을 처음부터 다시 시작해야 한다는 당혹감이 밀려든다. 세상 모든 것이 하나님께서 만드신 자연법칙과 그의 주관적인 결정사항임을 인정한다. 하지만 나는 하나님으로부터 객관적이고 예측 가능한 경향성을 찾고자 애써 왔다. 여전히 나의 이해 범주 안에 있는 것만 신뢰하고자 한다. 알 필요가 없고 알 수도 없는 것마저도 내겐 불신의 원인이 되고 마는 형편이다.

내가 만든 액자 안에 딱 맞는 그림을 찾는다. 당장의 문제 해결, 오직 나를 고쳐 주실 하나님만 찾는다. 그 하나님만이 내가 찾는 하나님이라고 규정해버렸나 보다. 다른 모습으로 오신 하나님은 벌써 나를 몇 번이나 지나쳤을지도 모를 일이다. 정치적 메시아라는 액자 안에 예수님을 넣지 못해, 배반했던 가룟 유다가 멀리 있지 않다. 중요한 순간마다 하나님 향해 기도하고 뜻을 구했다. 그때마다 어려운 결정도 용기 내어

할 수 있었고, 또 작은 기도마저 성실하게 들어주시는 하나님을 경험하였다. 하지만 무탈함이 교만의 숙주가 되었는지 내 이해력 수준 안에서 여러 변수와 경우의 수를 따져 결론지으며 사는 행태도 여전했던 것 같다. 그리고 그 상태와 습관을 지닌 채로 물적 세계와 영적 세계의 경계에 들어서 버렸다. 지금 하나님과 구원, 삶과 죽음 같은 문제에 전적으로 내가 수용할만한 단순하고 빠른 해답을 구하고 있다. 그런 나에게 현실은 오히려 그 방정식의 차원을 높여만 가는 듯하다. 문제의 본질은 구하는 답이 아닌 나의 선택과 반응에 있는 것이라는 생각은 머리에서 맴돌 뿐, 어떤 결단으로 더이상 나아가지 않는다. 하나님께서 주신 자유의지가 작동해야 할 지점에서 한 치도 움직이지 못하는 나를 매일 다그쳐도 소용이 없다. 자유의지는 이 순간 내가 감당하기에 너무나 버거운 선물이다.

모든 것이 하나님을 믿고 산 것이 아니라 하나님을 가정하고 살았던 내가 마땅히 치러야 할 연단일 것이다. 하나님을 믿는 것과 가정하는 것의 분별이 진즉에 있었더라면 지금 내가 넘는 언덕을 피할 수는 없더라도 기꺼이 수용하고 좀 더 수월하게 넘고 있었을 것이다.

나의 하찮은 믿음은 질병의 고난에 절망만을 더한다. 선명했던 것마저 회의하는 나는 도마 중의 도마다. 이 회의와 모든 부정의 감정들을 남김없이 끄집어내어 본다. 하나씩 하나씩 곱씹어서 없애보려 애써 본다. 하지만 소용이 없다. 그저 예수님께서 이천 년 전 도마에게 창 찔린 옆구리에 손을 넣게 해 주셨던, 그 은혜를 지금의 이 도마에게도 허락해 주시기만을 바랄 뿐이다. 하나님께서 나에게 가룟 유다가 아닌 도마와 같은 변화를 허락해 주시기를, 그래서 지금의 이 체념과 푸념이 신앙고백으로 반드시 이어질 수 있기를 소망한다.

쓰는 가운데 하나의 바람이 늘었다. 그저께 장모님께서 8개월 동안 숨겨 오시던 폐암 발병 사실을 알게 되었다. 아내는 이 모든 일들을 환난으로 받아들이면 안 된다고 한다. 언젠가는 이 모든 일들과 과정이 우리 가족에게 특별한 은혜를 주시기 위한 하나님의 치밀한 섭리였기를 알기 소망한다.

2017년 11월 12일

약함

　언제부터인지 치료의 부작용과 길어지는 투병은 사소한 몸놀림도 불편하게 만들었다. 특별한 의식이나 의지의 작용 없이 당연하게 해 오던 것들 중 얼마는 내 능력 밖으로 벗어나 버렸다. 그런 불편함과 통계적으로 치료 가능성이 거의 없는 병이라는 현실이 의식될 때, 자존감은 낮아지고 약해져갔다. 무너진 몸의 대사체계가 사고체계에도 영향을 주는 것 같다. 아프기 전까지 삶의 실천 기준 삼았던 성실과 노력 같은 것으로는 풀리지 않는 세상이었다. 부정을 긍정으로, 약함을 강함으로, 내 절망의 원인으로 짐작되는 것들을 나의 의지로 바꾸어 보려 하였지만 쉽지 않았다. 어설픈 시도와 뻔한 결과는 상황을 나아지게 못하고 더 나쁘게만 하였다.

　그래서 내 안의 모든 부정적인 감정과 나약함의 요소들을 샅샅이 뒤져보았다. 그리고 하나도 남김없이 다 쏟아내 보았다. 전능자 앞에 겁도 없이 자판으로 토해 내고 기도로 외쳐보았다. 꺼내고 꺼내, 비우고 비워 다 없앨 요량이었다. 벌어진 상황을 수용하고 극복하기 위한 방법이 필요했다. 격정을 벗어난 평안이 절실했다. 그래서 철저하게 내 이해와 의지가 적용되는 범위 안에 내가 당장 할 수 있는 수단으로 자연스레 수렴된 것이 고작 이 방법이었던가 보다. 내가 적극적으로 찾아낸 것이 아니라 하다 남은 방법이었다. 그뿐 아니라 이것은 일종의 반항이었다. 이런 상황을 허락하신 하나님의 눈을 마주할 수 없었다. 이 상황을 여전히 수용하지 않았기 때문일 것이다. 또 이 상황이 나를 향한 형벌이 아닐지라도, 짐작되는 하나님의 의도를 수용하고 싶지 않아서 일 거다. 내가 택한 방법이 아니라 하나님께서 따로 준비해 놓으신 다른 차원의 해결책은 내가 원하는 바가 아니었기 때문일 것이다. 힘겹지만 혹시 하나님께서 준비해 놓으셨을 길을 찾아 몇 번 나서보았다. '약함'이 천로역정 도중 만난 고난에 바로 집으로 돌아가듯 나 역시 몇 걸음 제대로 못 떼고 돌아섰다. 나서다가 돌아선 것이 몇 번인지, 나아가는 기능 없는 메트로놈 같은 나를 마주하는 것은 정말 서글픈 일이었다.

물 위를 걷다가 몇 걸음도 가지 못한 채 바람을 보고 물에 빠진 베드로도 생각했다. 바로 앞에 육안으로 확인 가능한 예수님이 계심에도 바람에만 시선을 빼앗긴 어리석고 약할 때의 베드로로 말이다. 나는 여기의 무지한 베드로처럼 한동안 바라만 보았다. 그러다가 마치 원하는 것을 얻을 때까지 밥 먹지 않고 반항하는 아이처럼 그 바람에 아예 눈을 감아 버렸다. 무지와 반항이 결합되어 생긴 완고함의 벽을 내가 부수기엔 역부족이었다. 나약함과 부정적 감정을 토해 내다보니 무지와 반항이 더불어 바닥에 드러났다. 나를 가장 힘들게 한다고 여긴 나약함의 근원적 문제는 무지와 반항에서 기인한 것일지도 모른다. 모든 내 절망이 약함에서 비롯된 것이라면, 이 약함은 절망으로부터 회복과 치유를 향한 출발점일 것이다. 이 출발점에서 다음 발걸음이 쉽게 디뎌지지 않았다. 알고도 가지 못하는 길이라면 용기가, 그 길을 모른다면 지혜가 필요할 것이었다. 문제는 내가 그 용기도 지혜도 스스로 만들어낼 자신이 없다는 데 있었다. 그 용기와 지혜를 구하는 기도보다 나의 의지로 결단하지 못한다면 차라리 하나님께서 강권하여 주시거나, 그 길로 인도하여 주시기를 바라는 것이 솔직한 내 형편이고 심정이었다.

어느 정도 시간이 지났다. 내겐 아직 큰 변화가 없다. 그저 나의 이

약함이 모든 좋은 선한 것의 출발점이 될 수 있기만을 소망할 뿐이다.

2017년 11월 25일

나에게 이르시기를 내 은혜가 네게 족하도다 이는 내 능력이 약한 데서 온전하
여짐이라 하신지라 그러므로 도리어 크게 기뻐함으로 나의 여러 약한 것들에
대하여 자랑하리니 이는 그리스도의 능력이 내게 머물게 하려 함이라(고린도
전서 12:9. 2017년 11월 18일 암송구절).

고난과 영광

자녀이면 또한 상속자 곧 하나님의 상속자요 그리스도와 함께 한 상속자니 우리가 그와 함께 영광을 받기 위하여 고난도 함께 받아야 할 것이니라. 생각하건대 현재의 고난은 장차 우리에게 나타날 영광과 비교할 수 없도다(로마서 8:17-18).

아마도 사도 바울의 이 말씀은 교회와 교인들 가운데 많이 인용되는 성경구절 중의 하나일 것이다. 모든 사람들은 생로병사의 자연법칙에 따른 육체의 고난과 이 세상에서 삶을 영위하기 위해 따르는 고난을 피할 수 없다. 그러하기에 이런 처지의 사람들을 위한 설교와 위로의 말씀으로 많이 인용되고 있는 것이라고 생각한다.

질병 가운데 나도 자연스레 이 말씀을 자주 묵상하며 위안 삼게 되었다. 하지만 이 말씀을 묵상하는 가운데 위안보다는 새로운 의문을 가지게 되었다. 과연 바울이 말한 고난은 인간이 일생에 겪는 보편적인 고난과 같은 것인지, 또 지금의 내 질병으로 인한 고난과 등치 시킬 수 있는 것인지 의문이 들었다. 아무리 보아도 하나님의 일을 위해 예수께서 받으셨던 고난과 그 예수님을 전하고자 사도들과 초대교회 신자들이 겪어낸 고난은 현재의 나의 고난과 같은 성질의 것이 될 수 없었다. 이로 인해 그동안 알아왔던 내 현재의 고난과 나중의 영광과의 상관관계가 깨어지는 순간을 맞았다.

　　보편적인 인간의 고난이 나중의 영광에 대한 필요조건이 될 수 있는 지 나는 알기 원했다. 아니 이런 고난들도 필요조건이 될 수 있기를 원했다. 나의 바람에 들어맞는 이 말씀에 대한 해석 또는 그런 말씀을 찾아내고 싶었다. 하지만 이런 신학적인 접근은 내 역량과 수준을 감안하면 비현실적인 도구였다. 설령 어디선가 내가 원하는 몇 구절을 찾아낸다고 하더라도, 그 몇 구절의 말씀으로 내가 바라는 하나님의 모습을 재창조하지 말라는 보장도 없었다. 여태 하나님의 모습을 잘못 그려왔던 내가 캔버스를 바꾸는 식으로 해결될 문제는 아니었다. 발췌한 몇 구절로 하나님을 내 방식으로 다시 일반화할 수는 없었다.

　　나의 고난 같은 인간의 보편적인 고난과 나중의 영광과의 상관관계에 대하여 나는 아직도 알 수가 없다. 하지만 아프게도 위 말씀 중의 고난과 나와 같은 고난은 질적으로 같지 않다는 것이 더욱 분명해지는 것 같다. 아무리 억지로 연결해보고자 하여도 나의 고난은 이 나중의 영광과는 무관해 보일 따름이다. 그저 지금은 그 영광과 직접적인 상관관계가 없을지라도, 오직 하나님의 긍휼하심으로 내 고난이 위로받기를 바란다. 또 이 고난이 내 인생에 아무런 의미 없는 마지막이 아니라, 나중의 영광에 이르는 작은 반전의 계기 정도라도 되기를 바랄 뿐이다.

2017년 12월 2일

예수께서 대답하여 이르시되 하나님께서 보내신 이를 믿는 것이 하나님의 일이니라 하시니(요한복음 6:29. 2017년 11월 25일 암송구절).

존재와 존재감

　살다 보면 문득 또는 의식적으로 존재론적인 사유에 빠져드는 순간이 있다. 내가 선택을 했건 어쩔 도리 없이 주어진 상황이건 간에 나와 내 주변 삶에 큰 변화가 있어 마음에 긴장과 압박이 따를 때에 특히 더 그러했던 것 같다. 하지만 그 변화를 유발한 문제가 해결되거나 또는 익숙해지면, 때로는 더 바쁜 일상에 치이는 순간이 오면 그 생각은 더이상 이어지지 못했다. 그런 상황은 반복적으로 되풀이되었지만 내 사유의 마지막은 늘 같은 수준이었고, 다음 단계로 나아가게 하는 어떤 결론이나 정의에 이른 적은 없었던 것 같다. 어렵거나 내키지 않는 책을 처음 부분만 몇 번이나 되풀이하여 보았던 그런 상황처럼 말이다.

　나의 존재론적인 사유는 절대적인 존재 이유에 관한 것이어야 했다. 특히 크리스천이라면 절대자에 대한 상대적인 존재 이유가 그것일 것이고, 그 존재 이유와 삶의 목적을 찾는 과정이어야 했다. 하지만 제대로 된 해답을 얻지 못한 원인은 그 과정의 허술함에도 있었지만, 그 초점이 나의 존재가 아니라 존재감에 대한 것이었기 때문이었다. 나는 존재를 사유했던 것이 아니라 기껏해야 존재감 정도를 고민하고 살아온 것이었다.

　존재에 대한 사유의 그 시선이 나로부터 나의 내면과 절대자를 향한 것이라면, 존재감은 그 시선이 타인으로부터 나를 향한 것이었다. 존재에 대한 깊은 사유 끝에 얻어진 결론으로 내 인생의 방향을 설정하고,

내게 주어진 절대적인 가치를 증명해 내는 삶을 살았어야 했다. 하지만 존재감을 위한 인생은 아무 부질없는 상대적인 가치에만 눈을 두게 만들었다.

머지않아 풀무에 던져질 마른풀에 지나지 않고, 존재의 끝은 한 줌 흙에 불과한 인간이 세상에서 잘나고 못남을 다투는 것이 무슨 의미가 있을까? 하지만 존재감을 위해 나는 무엇이 되어야 했고, 무엇을 가져야 했다. 그리고 은연중에라도 남보다 나음을 드러내도록 유혹받았다. 간혹 그것을 채움으로 얻어진 만족감은 진리를 외면하게 만드는 독이 든 성배였다.

어찌 보면 너무 단순하고 수없이 들어왔던 진리를 애써 외면하며 살아온 헛똑똑이 인생이었다. 결과의 엄중함을 보니 그 어리석음의 책임이 적지 않다. 어리석은 자에게 존재감은 비워야 할 것을 채우게, 채워야 할 것을 비우게 하여 시야를 가리는 악마의 유혹이었다.

나의 신앙 행위 가운데 존재감이 동인이 되었던 것을 걷어 내면 무엇이 남을까? 텅 빈 손을 마주할 것 같다. 과시적이고 상대적인 존재감을 향한 삶은 고난과 낮아짐을 통해 잠시 멈추어 서 있다. 얼마 남지 않은 시간 안에 하나님의 자녀인 피조물로서 나를 대상화하고, 이를 바탕으로 절대적인 존재 이유와 삶의 목적을 깨닫고 그 가치를 증명해 내는 삶으로의 전환이 가능할까? 그리고 이제부터는 이 모든 것과 지금의 현상現狀이 내게 주어진 특권이자 영광임을 의심하지 않고 남은 날을 살아 낼 수 있을까? 그러기에 필요한 그 한 걸음을 내딛는 최소한의 자유의지가 내게서 발현될 수 있을까? 애석하게도 이 한 걸음은 그동안 걸어온 모든 걸음보다도 힘겹다. 하나님을 향한 붙어버린 이 발을 뗄 수 있는 힘이 내겐 없다. 이 한 걸음을 뗄 수 있는 힘을 오직 하나님께 간구할 뿐이다. 이제는 존재감이 아니라 나라는 존재 자체의 소멸이 현실이 되었다. 나의 존재와 나의 어리석음을 숙주 삼았던 존재감은 이제 곧 사라질 것이다. 하지만 나의 존재의 결과가 단 한 사람에게라도 하나님의 존재감을 가린 것이 아닌 드러낸 것이었기를 바란다. 또 나를 추억하는 사람들 중에 단 한 사람이라도 내게서 하나님의 존재감을 느끼는 사람이 있기를 소망한다.

2017년 12월 11일

그러므로 예수께서 자기를 믿은 유대인들에게 이르시되 너희가 내 말에 거하면 참으로 내 제자가 되고 진리를 알지니 진리가 너희를 자유롭게 하리라(요한복음 8:31-32).

예수께서 이르시되 내가 곧 길이요 진리요 생명이니 나로 말미암지 않고는 아버지께로 올 자가 없느니라(요한복음 14:6).

기독교와 과학

자연법칙의 보편적 원리를 밝히기 위하여 수많은 과학자들과 그들의 집단지성은 실험과 일반화의 과정을 통해 상상하기도 힘든 큰 발전을 이루어내었다. 하지만 가설의 기초 위에 공리를 수단으로 발전해온 과학은 그 원리를 밝히는 것에 끝내 실패하리라는 생각이다. 극미와 극대 세계의 비밀을 벗기어내면 낼수록 새로운 가설에 의존하지 않을 수 없을 것이다. 오히려 그런 가설과 방법적 한계는 탐구로 극복할 수 있는 것이 아닌, 인간 본연의 한계와 창조의 무한성에 대한 증거가 되리라 생각해본다. 과학 발달은 최선을 다한 인간의 의지와 지능의 한계에까지 이를 것이나 그것이 보편적 원리를 밝히는 데까지는 이르지 못할 것이다. 우주 만물은 결코 인간이 창조할 수 있는 최선의 것이 될 수 없을 것이다.

자연법칙을 완벽히 해석하기에도 역부족인 자연과학 또는 과학적 방법으로는 기독교 원리를 설명하기 어려울 것이다. 사회과학적 방법 역시 마찬가지일 것이다. 오늘날 우리가 가장 신뢰하는 과학적 방법이란 결국 사람이 창조한 것이기에, 그 이상의 차원을 설명할 수 없다. 과학과 과학적 방법만의 한계가 아닌 모든 인간적 수단의 한계라고 말하고 싶다.

하지만 기독교 원리에 대한 이해는 방법적인 문제에 걸린다 하여 포기할 일이 전혀 아니다. 이것은 학문이나 상식의 분야로 치부될 수 없는 우리의 생명과 사망에 관한 원리이기 때문이다. 이것은 인간적 방법에 의한 증명이 아닌 믿음과 체험의 대상인 것이다. 이 믿음과 체험이 오히려 현실적인 방법인 것이다. 증명이 수용의 전제가 되어야 하는 나 같은 사람에게도, 예수님이 생명과 사망에 관한 원리의 중심이라는 믿음과 체험이 반드시 있기를 이 성탄절에 간절히 소망한다.

2017년 12월 25일

역설

　많은 사람들이 예수님을 믿음으로 기독교를 수용하기 꺼려하는 이유는 성경의 여러 비현실적인 사건들보다 많은 진리들이 역설적인 방식으로 드러내어지고 있기 때문이라 생각한다. 지금은 대량 생산되는 정보들의 사실 여부도 판단하기 쉽지 않은 시대이다. 게다가 자신의 성향을 만족시키는 정보를 선택적으로 받아들이기 쉬운 불완전한 인간의 속성까지 감안하면, 상식을 뛰어넘는 이런 존재론적인 주제에 대한 역설적인 방식의 접근을 사람들이 불편해하는 것을 어느 정도 이해할 수 있다.

　구약시대에 하나님께서 선지자를 통해 율법과 예언을 문자로 남기셨고, 예수님도 하나님의 나라를 말씀으로 전하셔야 했다. 차원을 낮추어 오신 존재가 낮은 차원의 수단을 사용할 수밖에 없는 현실이 된 것이다. 구원의 대상인 인간이 이해할 수 있는 수단과 수준으로 메시지의 형식 전환이 불가피하게 된 것이다. 역설은 바로 이 전환의 지점에서 등장한 것이다. 하지만 예수님이 우리를 구원하러 오신 그리스도로 믿는다면, 모든 기독교 원리가 역설로밖에 표현할 수 없음을 인식하게 될 것이며, 성경의 모든 역설이 사라지는 순간을 체험하게 될 것이다.

　나는 그 믿음이 바로 서고, 강해지기를 애쓰고 있다. 하지만 같은 만큼 예수님께 더 의지하려 든다. 이 새로운 역설 안에 신앙의 본질이라도 있는 것인지 알지 못하겠다. 그 믿음의 바탕 위에 지금의 고통과 절망에서 자유로워지고 싶으나 아직 그렇지 못하다. 더 높이 계신 예수님의 눈으로 현실의 문제를 보아 떨치지 못하고 문제 안에 매몰되는 습관이 여전하다.

그래서 소망한다. '보지 못하고 믿는 자들은 복 되도다.' 또는 '고난 당한 것이 내게 유익이라'와 같이 얼핏 모순되는 말씀들 앞에서, 나와 나의 사랑하는 사람들 모두가 이전의 역설적 감상이 사라지고 있는 그대로의 진리로 받아들이는 순간을 한시바삐 경험할 수 있기를 소망한다. 그 순간이 지금이기를, 최소한 우리의 호흡이 멈추기 전이기를 소망한다. 적어도 결함투성이의 나에게는 하나님의 도우심이 필요함을 알아주시기를 소망한다. 그리하여 새로운 눈으로 이 땅에서 남은 시간 동안 절대적인 자유를 누릴 수 있기를 소망한다.

2017년 12월 25일

오늘

나 어릴 적 뛰어놀던 시골의 한여름은 정말 햇볕이 강렬했다. 한낮 내리쬐는 불볕 아래, 물과 땀이 구별되기 힘들 정도로 대책 없이 놀던 어린 날들이었다. 해질녘 밥 때나 되어야 거의 어질어질한 정신으로 집으로 돌아가곤 했었다. 분지에 강을 낀 시골은 겨울이 유난히 춥고 눈도 많았다. 그럼에도 물 댄 논에 만든 스케이트장에서 눈썹에 얼음꽃이 앉도록 놀아댔다. 뒤를 돌아볼 필요도, 앞을 내다볼 이유도 없었던, 오로지 놀이로 채워진 오늘만 있었던 나의 어린 시절이 아직도 선명하다.

언제부터인가 그런 오늘에서 놀이가 빠져나가고 욕심이 조금씩 그 자리를 차지하게 되었다. 어느덧 나에게는 목표가 생기기 시작했고 스스로를 경쟁의 세계로 내몰았다. 모자랐던 뒤를 돌아보고, 또 어떨지 모를 앞을 내다보며 늘 오늘을 다그쳤다. 목표에 이르지 못하면 더 애써야 했고, 설령 이루었다 해도 그 목표를 조금 더 윗자리로 옮겨 놓아야 했다. 스스로를 거북이를 따라잡지 못하는 아킬레스의 역설 안에 가두며 살았다. 그런 나는 뒤를 보면 후회이고, 앞을 보면 염려뿐인 작은 방 안의 환자가 되어 있다.

이 순간 내 삶에 중요한 것은 이전과는 많이 다르다. 지금 중요하게 여겨지지 않는 것들은 삶의 과제나 목표가 되지 말았어야 했다. 죽음 너머까지 함께 할 수 없는 것들을 분별하며 살았어야 했다. 부질없는 것들에 목표를 두고 노력했던 시간들은 내게 아무런 의미를 주지 못한 채 후회라는 옹이로 가슴에 박혀 버리고 말았다.

나의 중심에 무엇을 두느냐에 따라 목표는 달라졌을 것이다. 나의 중심에 하나님을 두었다고 여러 번 입으로 뱉은 적이 있었다. 하지만 결과적으로 나는 하나님을 상수가 아닌 변수로 여기며 살아온 것이었다. 부질없는 것으로부터 벗어나 중요하고 본질적인 것에 천착했어야 했다. 그랬다면 지금의 나는 마른 풀이 아니라 굵고 뿌리 깊은 나무로 서 있었을 것이다. 어떤 고난 앞에서도 당당하게 서 있었을 것이다. 하나님이 중심되어 생각하고, 거기서 얻어진 목표를 위해 노력하는 매일의 총합이 내 인생이 되었어야 했다. 그렇게 살았더라면, 그 과정들은 흔히 말하는 쓰디쓴 인생이 아니라 아이들의 놀이 같은 인생이었을 것이다.

부질없는 목표에 매달렸던 삶은 오늘을 누리지 못하게 했다. 비록 내 몸과 마음은 곤고하지만 지금부터 남은 날만큼이라도 하나님이 중심 되고, 거기서 얻어진 새로운 목표를 향해, 새로운 삶을 살 수 있기를 소망한다. 그래서 나의 어린 시절과 같은 행복한 오늘을 복원할 수 있기를 소망한다.

2017년 12월 31일

너희는 유혹의 욕심을 따라 썩어져 가는 구습을 따르는 옛 사람을 벗어 버리고 오직 너희의 심령이 새롭게 되어 하나님을 따라 의와 진리의 거룩함으로 지으심을 받은 새 사람을 입으라(에베소서 4:22-24, 오늘 100주년기념교회 주일 예배 부름의 말씀 구절).

완벽주의

　지난여름 양평의 요양원에서 남편분이 암으로 투병 중인 이은주 선생님을 우연히 만났다. 선생님은 사회복지를 전공하고 학교에서 상담을 가르쳤던 분이었다. 환자와 그 가족으로서 동병상련이 있기에 쉽게 마음을 열고, 여러 차례 같은 식탁에서 식사하며 대화를 나누었다.

　그러던 어느 하루 선생님은 먼저 정중히 양해를 구한 후에 내게 몇 가지 조언을 주셨다. 나의 말 가운데 부정적이고 절망적인 표현이 많고, 또 '완전', '완벽', '절대'와 같은 단어의 사용이 두드러져 보인다고 하셨다. 그도 그럴 것이 당시의 나는 치료 가능성이 거의 없는 병이라는 현실에 절망하고 있었고, 그 절망감에서 완전히 자유로워지지 못하는 내 신앙의 수준에 대한 자괴감이 그 절망을 더하고 있을 때였다. 그런 내 상태가 대화 중에 드러난 것이고, 선생님은 직업적 전문성으로 정확히 집어낸 것이라 생각한다. 선생님은 내가 그 상태에서 벗어날 수 있도록 다음과 같이 몇 가지 실천적 방법을 알려 주셨다.

　첫째, 부정적이고 절망적인 생각을 나에게서 꺼내어, 내가 생각하는 형태로 이미지화한다. 이미지화는 그 부정적인 생각을 나로부터 분리하여 객체화하기 위함이다. 그리고 힘이 강력한 부정적인 생각들이 수시로 나를 엄습하여 지배하려 할 때, 이미지화된 그것에 내가 가장 신뢰하는 방법으로 대응을 한다.

　둘째, 나에게서 얼핏 완벽주의적인 성향이 느껴진다. 부정적인 생가들은 완벽주의와 친구이다. 이 둘은 힘을 합하여 나를 향한 부정적 영향을 증폭시킨다. 완벽주의적인 성향 역시 나만의 방법으로 대응하여 그 힘을 약화시켜야 한다.

선생님은 나에게 나의 부정적이고 절망적인 생각을 이미지화하고, 거기에 대응하는 나의 가장 신뢰할만한 방법을 물어보셨다. 나는 '붉은 공'으로 이미지화했고, 대응하는 방법은 성경말씀을 묵상하는 것이라 말씀드렸다. 선생님은 '붉은 공'이 눈앞에 어른거릴 때면 성경말씀으로 그것을 약화시키거나 내쳐서 잠시라도 그 지배하에 있을 틈을 주지 말 것이며, '붉은 공'의 지배를 수월하게 벗어나도록 그런 방법과 지혜를 지속적으로 찾아 활용하기 바란다고 결론 내어 주셨다.

선생님의 조언으로도 당장 나를 괴롭히는 모든 문제로부터 벗어날 수는 없었다. 하지만 몇 가지 새삼 깨닫게 된 것들이 있다.

먼저 나에게 상대가 느낄 정도의 완벽주의적인 성향으로 인한 강박 관념이 있다는 사실을 깨달았다.

나에게 완벽주의적인 성향이 어느 정도 있음은 알고 있었지만, 그것을 자기계발과 성공을 위한 긍정적인 요소로 간주했었지, 항상 인식하거나 주목해야 되는 문제적 요소로 여기지 않았었다. 하지만 나의 완벽주의적인 성향은 성취욕과 결합되어, 조금만 뻗으면 닿을 것 같은 목표 앞에 늘 전전긍긍하는 강박관념이 된 것 같다. 완벽하지 않은 현재는 내게 행복을 줄 수 없었다. 특히 스스로의 부족함을 전제하지 않은 완벽주의적인 성향에서 기인한 강박관념이, 내 안의 부정적 정서와 혼돈의 근원이었음을 깨닫게 되었다.

태초 아담의 타락으로부터 인간은 애초에 완벽이라는 수식어와는 어울리지 않는 존재이다. 그러한 인간이 능력과 한계에 대한 자각도 없이 스스로 정한 방향으로 치달을 때, 그 인생행로는 혼돈일 수밖에 없다. 그가 추구하는 완벽주의나 그러한 성향은 부지불식간에 쌓고 있는 또 다른 바벨탑에 불과할 것이다. "귤이 회수를 건너면 탱자가 된다"는 말처럼 완벽주의는 부족한 나에게서 기껏해야 스스로의 행복을 가로막고 주변을 불편하게 만드는 별스러운 결벽으로 바뀔 뿐이었다. 부족하고 무지한 자의 결벽이 쌓아 올린 바벨탑은 하늘에는 닿지도 못한 채 견고하기만 하여서 하나님의 손길이 닿을 틈도 없었다. 조물주가 도외시된 피조물의 완벽주의는 하늘에 닿을 수 없는 바벨탑, 애초에 성립될 수 없는 명제였다.

나는 인간으로서의 부족함을 진정으로 인정한 만큼만 하나님을 인정했던 것 같다. 그런 부족함에 대한 자각 없이 내가 정한 목표를 완벽히 이루려 할 때 기복의 하나님은 내게 소환될 뿐이었다. 그렇게 하나님과의 부적절한 관계 안에 있을 때 나에게 병이 찾아왔고, 내 기준의 완전한 치유나 병으로부터의 완전한 자유가 아니면 나는 만족하지 않겠다고 완고하게 버티고 있었다. 내 특유의 강박관념은 어김없이 이 상황에도 적용되었고, 나는 처한 현실과 나의 바람 사이의 괴리에 절망하고 있었다. 더불어 크리스천을 자처하면서도 이런 절망에서 자유롭지 못하다는 자괴감에 나는 탄식하고 있었다. 바로 이 지점에서 이은주 선생님은 나의 문제를 짚었고, 나는 몰랐거나 아니면 외면했던 나의 문제를 제대로 바라볼 수 있게 되었다.

진작에 나의 절대적인 부족함을 인정하고 그만큼의 주권을 하나님께 돌려 드리고 인생을 항해했다면, 나 보기에 완벽한 것이 아닌 하나님 보시기에 합당한 것이 완벽한 것이라는 인식을 했다면, 내 인생의 방식과 목표한 대상은 달라졌을 것이다. 그렇게 달라진 인생항로를 통해 지금 정박해 있는 곳은 처한 환경에 무관하게 상실감과 절망 대신 환희가 넘치는 자리일 것이다.

늦었지만 이제라도 나의 부족함을 인정하고, 전 존재의 주권을 모두 하나님께 넘겨 드릴 수 있는 진정한 크리스천으로 거듭나길 소망한다. 이것은 나의 완벽주의와 수고로는 이룰 수 없기에, 하나님의 긍휼하심과 도우심을 함께 소망한다. 또한 내가 오늘 갈무리한 이것이 진리이며, 이 진리가 나를 현실의 모든 문제에서 자유롭게 하기를 소망한다. 바벨탑을 향하던 나에게 예고 없이 불어 닥친 이 매서운 북서풍이 형벌이 아닌, 내 인생의 항로를 진리로 돌려놓은 하나님의 은혜이기를 소망한다.

2018년 1월 13일

만일 은혜로 된 것이면 행위로 말미암지 않음이니 그렇지 않으면 은혜가 은혜 되지 못하느니라(로마서 11:6. 오늘 읽은 구절).

나가는 말

10원의 가치가 빛나는 때가 언제인지 압니까? 9원을 가진 자와 11원을 가진 자가 옆에 있을 때입니다.

섬기는 교회에서 실시한 구약 톺아보기 강사로 섬겨준 아세아연합신학대학교 구약학 교수인 이한영 교수가 강의 중에 던진 말이다. 그가 이렇게 말한 것은 관계가 없는 신학, 그리스도인의 삶의 정황은 무의미함을 역설하고 싶었기 때문이었을 것이다.

신학은 인간학입니다. 인간에 대한 이해와 고민 없는 하나님 이해는 불가능하기 때문입니다.

셋째 날 사역을 맡아주었던 서울신학대학교 이용호 교수가 필자가 섬기는 교회에서 터트린 폭탄 발언이다. 아마도 이 발언을 웬만한 교단 교회에서 했다면 발언을 한 당사자는 물론 그 교회를 담임하는 목사까지 신변이 위험할 텐데 이런 혁명적인 발언을 들어준 세인교회의 교우들이 자랑스럽고 고맙다.

인간을 이해하는 목회, 그 가운데 나와 관계를 맺고 있는 사람들과의 연대는 목회와 신학이 추구하는 병렬의 가치다. 이것이 다루어지지 않는 일체의 시도는 공허한 울림에 지나지 않는다. 유대인 출신의 철학 자이자 신학자인 마틴 부버는 이렇게 일찍이 통찰했다.

> 근원어 '나-너'의 '나'는 인격으로 나타나서(소유격이 없는) 주체성subjektivitait 으로서의 자기를 의식한다. 인격들과의 관계를 맺음으로서 나타난다. 그러 나 '나-그것'의 관계에서는 다른 사람은 '그것' 즉 비인격적 존재로 나타나게 되며 결국 나의 수단으로 이용될 뿐이다.[4]

부연한다면 부버의 이 주장은 '나-너'의 관계는 우리들이 타자와 맺 는 관계 중에서 가장 긴밀한 인격적인 것임을 역설한 셈이다. 동시에 '나'와 '너' 사이의 긴밀한 상호 인격관계에서 우리는 인격으로서의 자신 을 깨닫게 되는 자양분을 얻고, 또한 다른 사람을 하나의 인격으로서 만나게 되는 것임을 강조한 것이다. 그러나 '나'와 '너'의 '나'와 '나'와 '그 것'의 '나'는 같은 말 같지만 전혀 다른 '나'라는 의미다. 왜냐하면 전자는 인격적 관계 설정의 '나'이지만 후자는 비인격적 관계 설정의 '나'이기 때문이다.

목회란 무엇일까? '나'와 '그것'의 관계를 '나'와 '너'의 관계로 이어주 는 가교가 아닐까 싶다. 신학이란 무엇일까? 그 가교를 만드는 재료들 은 아닐까. 그래서 필자는 이 글에서 목회와 신학을 유리시키지 않도록 최선을 다해 배려했다. 목양의 내용을 신학적 도전의 촌철살인으로 보 충하려고 했다. 결과, 이 시도는 글쓴이에게도 보람으로 자리매김해 주 었다. 여기까지는 긍정의 모드지만 또 다른 우울함과의 투쟁도 있었다.

졸고의 출간을 결정하면서 많은 두려움이 필자에게 임한 것이 바로 그것이다. 이제 30년 정도밖에는 안 되는 짧은 목회 연륜으로 목회의 내용이 이렇다저렇다 말할 자격이 있는가에 대한 확신이 서지 않았던 두려움이 그 첫 번째다. 또 하나는 필자의 목회가 '그것'이 '그것'이 아닌 '너'가 되도록 필사의 노력했는가의 물음에 자신이 없다는 두려움이었다. 망설이고 있는 필자가 그럼에도 용기를 내게 된 결정적인 동기는 이번 졸고가 아직도 미숙하고 허점투성인 필자의 목양을 채찍질하는 도구가 될 것이라 기대하였기 때문이다. 또 하나 소개한 故 서정수 집사에 대한 사랑의 빚을 갚아야 한다는 절박감도 한몫했다. 그를 다시 글로 살려낼 수 있어서 너무 감사하다. 그는 지금도 너무나 그리운 하나님의 사람이자 필자의 사랑앓이 대상자다.

제천 세인교회는 세상이 인정하는 교회다. 속해 있는 지체들은 세상이 인정하도록 치열하게 하나님의 선한 싸움을 싸워가는 마하나임들이다. 필자는 그들에게 글로 표현할 수 있는 일체의 어휘들이 있으면 모두 동원하여 격려하고 감사하고 싶다. 제천 세인지기들은 최고의 동역자이기에. 필자는 국문학을 전공한 적이 없는 국어학에 대한 문외한이다. 해서 글을 쓰고 나면 언제나 설교체가 되어버리는 참사를 저지른다. 이 비극을 희극으로 바꾸어주는 세인교회 이영미 권사는 필자의 더디오다. 아픈 만큼 성숙해진다고 원고 초고를 들여다보고는 쓴소리를 해주는 그녀 덕분에 졸문과 졸저가 그래도 세상에 나오는 복덩어리로 변신된다. 언제나 따뜻한 아군의 모습으로 교정에 최선을 다해 준 이영미 권사께 심심한 감사를 전한다.

시골 목사의 글이 뭐 그리 상업적으로 도움이 될까를 생각해보면 참으로 지혜롭지 못한 것이 사실이다. 그런데 그 무모함을 언제나 감수해주는 도서출판 동연의 김영호 대표는 이 시대의 선비다. 그래서 필자는 그에게 고개를 숙인다. 필자의 두 번째 책 출간 이후 행한 북 콘서트에 기꺼이 패널로 참여해 주고 언제나 시골 목사가 기죽지 않도록 응원해 주는 장로님께 가장 큰 절로 사의를 표한다. 북 콘서트를 하던 그 어느 날, 김 장로님과 함께 참석한 아내 되시는 권사님의 후담, "목사님, 저는 남편이 만든 책 중에서 그래도 목사님이 출판하신 책에서 은혜(?)를 받아요"라고 립서비스해 준 그 따뜻함에 기죽지 않고 살고 있음을 아울러 밝히며 감사를 드린다. 더불어 아름답고 예쁜 책이 되도록 최선을 다해 준 편집국 지체 모든 분들에게도 감사의 인사를 전한다.

춘천 하늘 평안교회 오생락 목사, 서부교회 임채영 목사는 존경하는 신학교 동기생들이다. 그들이 섬기고 있는 교회들은 이 땅에 존재하는 하나님 나라의 조감도 같은 교회들이다. 필자는 그들이 섬기는 교회들을 방문할 때마다 그들처럼 목회하지 못하는 자괴감과 열등감에 무력해질 때가 있다. 언제나 부럽고 본받고 싶은 아름다운 또 다른 목양심서를 써 가고 있는 두 친구들이 써준 추천사는 가뜩이나 볼품없는 졸저를 빛나게 해준 결정적인 응원이 되었다. 두 사람이 내 친구인 게 너무 감사하고 또 감사하다.

이제 아내가 의성어나 의태어의 초성을 내면 그녀가 무엇을 원하는지 100% 안다. 아내도 그렇다. 가만히 생각을 해보면 내 인생의 8할은 아내의 부분이었다. 그래서 언젠가 이렇게 아내에게 말했다.

여보, 나보다 절대로 먼저 죽지 마!

필자는 끝까지 이기적이다. 아내가 있었기에 여기에 내놓는 목양심서의 줄거리가 존재할 수 있었다. 세 번째 책의 원저자는 그래서 사랑하는 아내 심재열이다.

마지막 하나, 필자는 아들을 위해 중보할 때마다 이렇게 기도하는 것을 놓은 적이 없다.

> 하나님, 아들이 절대로 나 같은 목회자가 되지 않게 해 주십시오. 아버지인
> 내가 본받을 수 있는 성령이 기름 부은 지성적 목회자가 되게 하옵소서.

아들 이요한 전도사가 연세대학교 신학과 본대학원 ThM 과정을 가을학기부터 시작하며 지난한 학업의 터널을 통과해야 한다. 힘들겠지만 기쁨으로 학위 과정을 감당할 수 있는 긍정의 동력으로 애비의 이 졸저가 작용하기를 기대한다. 아들은 필자의 그냥 기쁨이다.

마지막으로 사족 하나. 여기에 내놓는 이 졸저의 공저자는 고 서정수 집사다. 그의 글은 들어가는 말에서 말했듯이 이 글의 뼈대라고 말해도 절대로 과장이 아닌 글의 정수精髓다. 이 글은 그의 것이다. 더불어 사랑했던 남편을 잃은 아픔을 믿음의 노정에서 잘 극복하며 달려주고 있는 이혜용 집사에게는 최선의 격려와 위로가 되기를 바라며, 그의 분신들인 동혁, 동성에게는 자랑스러운 아버지가 다시 마음에 부활하는 감동의 활력이 되기를 화살 기도해 본다.

2019년 7월 제천에서
시골 목사 이강덕

참 고 문 헌

가토 슈이치/이목 옮김.『양의 노래』. 글항아리.

강남순.『코즈모폴리터니즘과 종교』. 새물결플러스, 2016.

강준민.『영적 거장의 리더십』. 두란노, 2005.

고든 맥도널드/김명희 옮김.『리더는 무엇으로 사는가?』. IVP, 2013.

구스따보 구띠에레스/김수복·성찬성 함께 옮김.『욥에 관하여 - 하느님 이야기와 무죄
    한 이들의 고통』. 분도출판사, 2012.

권진관.『신학이란 무엇인가?』. 동연, 2017.

김기석.『가치 있는 것들에 태도』.비아토르, 2018.

       .『아, 욥』. 꽃자리, 2016.

       .『오래된 새 길』. 포이에마, 2012.

       .『삶이 메시지다』. 포이에마, 2010.

김요한.『상식이 통하는 목사』. 새물결플러스, 2017.

김원영.『실격당한 자들을 위한 변론』. 사계절, 2018.

김인국. "나의 교회야, 나의 교회야" 손석춘·김기석.『기자와 목사, 두 바보의 이야기』.
    꽃자리, 2012.

김진.『간디와의 대화, 어떻게 살 것인가』. 스타북스, 2015.

김훈.『남한산성』. 학고재, 2007.

나희덕.『그 말이 잎을 물들였다』. 창비, 2016.

니콜라스 카/최지향 옮김.『생각하지 않는 사람들』. 청림출판, 2010.

다비드 그로스만/정영목 옮김.『말 한 마리가 술집에 들어왔다』. 문학동네, 2018.

다치바나 다카시/이언숙 옮김.『나는 이런 책을 읽어왔다』. 2014.

달라스 윌라드/윤종석 옮김.『잊혀진 제자도』. IVP, 2008.

라인홀드 니버/이병섭 옮김.『도덕적 인간과 비도적적 사회』. 대한기독교서회, 2002.

르우멜 L 하우저/최광식 옮김.『인생의 중년에 서서』. 도서출판 콤파스북스, 2017.

리베카 솔닛/김현우 옮김.『멀고도 가까운 읽기, 쓰기, 고독, 연대에 관하여』. 반비,
    2013.

_____/설준규 옮김.『어둠 속의 희망』. 창비, 2006.

리처드 마우어/홍범룡 옮김.『무례한 기독교』. IVP, 2013.

마이클 호튼/김성웅 옮김.『그리스도 없는 기독교』. 부흥과 개혁사, 2009.

마리암 마지다/김도연·이선화 함께 옮김.『나의 달콤한 페르시아 수업』. 달콤한 책, 2018.

마크 A. 놀/정성욱 옮김.『복음주의 지성의 스캔들』. IVP, 2010.

마틴 부버/표재명 옮김.『나와 너』. 문예출판사, 2017.

만프레도 외밍·콘라드 슈미트/임시영 옮김.『욥의 길(고난에 멈추다. 그리고 고난으로 부터 걷다)』. 대한기독교서회, 2017.

매튜 폭스/김순현 옮김.『마이스터 엑카르트는 이렇게 말했다』. 분도출판사, 2006.

미하엘 엔데/한미희 옮김.『모모』. 비룡소, 2005.

박노해.『그러니 그대 사라지지 말아라』. 도서출판 느린 걸음, 2014.

박완서.『세상에 예쁜 것』. 마음산책, 2014.

박일준.『인간지능의 시대, 인간을 묻다』. 동연, 2018.

법정.『아름다운 마무리』. 문학의 숲, 2008.

본회퍼/손규태·이신건 함께 옮김.『나를 따르라』. 대한기독교서회, 2013.

사사키 아타루/송태욱 옮김.『잘라라, 기도하는 그 손을』. 자음과 모음, 2012.

송경림.『사랑하는 이의 부탁』. 예담, 2012.

스티븐 킹/김진준 옮김.『유혹하는 글쓰기』. 김영사, 2002.

신영복.『담론』. 돌베개, 2015.

_____.『처음처럼』. RHK, 2013.

신정근.『논어(세상을 바꾸는 것은 사랑이다)』. 한길사, 2014.

신준환.『다시 나무를 보다』. RHK, 2014.

아베 피에르/백선희 옮김.『단순한 기쁨』. 마음산책, 2017.

엘리위젤/김하락 옮김.『나이트』. 예담, 2007.

윌리엄 로마노프스키/정혁현 옮김.『맥주, 타이타닉 그리스도인』. IVP, 2004.

유시민.『국가란 무엇인가?" 돌베개, 2011.

은희경.『새의 선물』. 문학동네, 2013.

오스왈드 챔버스/이동원 옮김.『영적 지도력』. 요단, 2009.

이기주.『한때 소중했던 것들』. 도서출판 달, 2018.

이만열.『잊히지 않는 것과 잊을 수 없는 것』. 포이에마, 2015.

이재철.『인간의 일생』. 홍성사, 2004.

_____.『청년아, 울더라도 뿌려야 한다』. 홍성사, 2000.

_____.『회복의 신앙』. 홍성사, 1999.

자크 엘륄/박동열·이상민 함께 옮김.『뒤틀려진 기독교』. 대장간, 2014.

장대익·신재식·김윤성.『종교전쟁』. 사이언스북, 2014.

정용섭.『목사공부』. 새물결플러스, 2018.

정혜신.『당신이 옳다』. 해냄출판사, 2018.

정희진.『정희진처럼 읽기』. 교양인, 2014.

제임스 켄턴/김민주·송희령 함께 옮김.『극단적 미래 예측』. 김영사, 2007.

제임스 패커/윤종석 옮김.『하나님께 진지하라』. 디모데, 2013.

존 버니언/최종훈 옮김.『천로역정』. "CJ 로빅편," 포이에마, 2011.

존 스토트·그레그 샤프/박지우 옮김.『존 스토트의 설교』. 2016.

존 오트버그/윤종석 옮김.『예수는 누구인가』. 두란노, 2014.

차정식.『시인들이 만난 하나님』. 새물결플러스, 2014.

최은영.『내게 무해한 사람』. 문학동네, 2018.

최인호.『인생』. 여백, 2013.

칼 트루먼/김재영 옮김.『진보보수 기독교인』. 지평서원, 2012.

토마스 롱/장혜영 옮김.『고통과 씨름하다.』. 새물결플러스, 2014.

토마스 아켐피스/유재덕 옮김.『그리스도를 본받아』. 브니엘, 2016.

팀 켈러/채경락 옮김.『설교』. 두란노서원, 2016.

파커 파머/이종인·이은정 함께 옮김.『가르칠 수 있는 용기』. 한문화, 2013.

프리모 레비/이현경 옮김.『이것이 인간인가』. 2015.

한병철/김태환 옮김.『시간의 향기』. 문학과지성사, 2013.

헨리 데이빗 소로우/강승영 옮김.『시민 불복종』. 은행나무, 2017.

황현산.『사소한 부탁』. 난다, 2018.

휴 프레이더/공경희 옮김. *Notes to myself*. 판미동, 2015.

CS 루이스/이종태 옮김,『고통의 문제』. 홍성사, 2002.

주

1부_ 목양심서

목(牧)

1) 존 오트버그/윤종석 옮김,『예수는 누구인가?』(두란노, 2014), 285.
2) 사도행전 20:24.
3) 본회퍼/손규태 · 이신건 함께 옮김,『나를 따르라』(대한기독교서회, 2013), 311.
4) 고린도전서 2:2.
5) 박일준,『인간지능의 시대, 인간을 묻다』(동연, 2018), 39.
6) 다치바나 타카시/이언숙 옮김,『나는 이런 책을 읽어왔다』(청어람아카데미, 2014), 242.
7) 자크 엘륄/박동열 · 이상민 함께 옮김,『뒤틀려진 기독교』(대장간, 2014), 64.
8) 정용섭,『목사공부』(새물결플러스, 2018), 137.
9) 여호수아 1:7.
10) 아모스 5:24.
11) 가토 슈이치/이목 옮김,『양의 노래』(글항아리, 2015), 491.
12) 김기석,『가치 있는 것들에 대한 태도』(비아토르, 2018), 182.
13) 김원영,『실격당한 자들을 위한 변론』(사계절, 2018), 294-295.
14) 전도서 3:1.
15) 김진,『간디와의 대화, 어떻게 살 것인가?』(스타북스, 2015), 11.
16) 칼 트루먼/김재영 옮김,『진보보수 기독교인』(지평서원, 2012), 173,
17) 이재철,『청년아, 울더라도 뿌려야 한다』(홍성사, 2000), 173.
18) 미하엘 엔데/한미희 옮김,『모모』(비룡소, 2005), 322.
19) 고린도전서 4:16.

양(羊)

1) 매튜 폭스/김순현 옮김,『마이스터 엑카르트는 이렇게 말했다』(분도출판사, 2006), 366.
2) 리베카 솔닛/설준규 옮김,『어둠 속의 희망』(창비, 2006), 174-175.
3) 앞의 책.
4) 앞의 책.
5) 김기석,『삶이 메시지다』(포이에마, 2010), 111.
6) 윌리엄 로마노프스키/정혁현 옮김,『맥주, 타이타닉 그리스도인』(IVP, 2004), 67.

7) 박완서, 『세상에 예쁜 것』(마음산책, 2014), 83.

8) 리처드 마우어/홍범룡 옮김, 『무례한 기독교』(IVP, 2013), 46-47.

9) 고린도전서 15:5.

10) 요한복음 13:12.

11) 달라스 윌라드/윤종석 옮김, 『잊혀진 제자도』(IVP, 2008), 154.

12) 한병철/김태환 옮김, 『시간의 향기』(문학과 지성사, 2013), 114.

13) 신영복, 『담론』(돌베개, 2015), 403.

14) 이기주, 『한때 소중했던 것들』(도서출판 달, 2018), 35.

15) 차정식, 『시인들이 만난 하나님』(새물결플러스, 2014), 342.

16) 신영복, 『처음처럼』(RHK, 2013), 24.

17) 달라스 윌라드/윤종석 옮김, 『잊혀진 제자도』(복있는사람, 2007), 121-122.

18) 신준환, 『다시 나무를 보다』(RHK, 2014), 153.

19) 신영복, 『처음처럼』(RHK, 2013), 159.

20) 프리모 레비/이현경 옮김, 『이것이 인간인가?』(돌베개, 2015), 35.

21) 누가복음 19:28.

22) 전도서 3:11. (표준새번역)

23) 제임스 켄턴/김민주 · 송희령 함께 옮김, 『극단적 미래 예측』(김영사, 2007), 211.

24) 제임스 패커/윤종석 옮김, 『하나님께 진지하라』(디모데, 2013), 32.

25) 갈라디아서 6:14.

26) 니콜라스 카/최지향 옮김, 『생각하지 않는 사람들』(청림출판, 2010), 303.

27) 이재철, 『회복의 신앙』(홍성사, 1999), 96.

28) 빌립보서 1:8.

29) 권진관, 『신학이란 무엇인가?』(동연, 2017), 91-92.

심(心)

1) 엘리위젤/김하락 옮김, 『나이트』(예담, 2007), 213.

2) 송경림, 『사랑하는 이의 부탁』(예담, 2012), 76.

3) 김요한, 『상식이 통하는 목사』(새물결플러스, 2017), 66.

4) CS 루이스/이종태 역, 『고통의 문제』(홍성사, 2002), 141.

5) 박노해, 『그러니 그대 사라지지 말아라』(도서출판 느린걸음, 2014), 16.

6) 파커 파머/이종인 · 이은정 함께 옮김, 『가르칠 수 있는 용기』(한문화, 2013), 244.

7) 르우멜 L 하우저/최광식 옮김, 『인생의 중년에 서서』(도서출판 콤파스북스, 2017), 63.

8) 창세기 47:9.

9) 최인호, 『인생』(여백, 2013), 54.

10) 출애굽기 22:21.

11) 강남순, 『코즈모폴리터니즘과 종교』(새물결플러스, 2016), 18.

12) 강준민, 『영적 거장의 리더십』(두란노, 2005), 105.

13) 오스왈드 챔버스/이동원 옮김, 『영적 지도력』(요단, 2009), 191.

14) 김요한, 『상식이 통하는 목사』, 143.

15) 김기석, 『아, 욥』(꽃자리, 2016), 204-205.

16) 제천세인교회 2019년 5월 8일 수요예배 설교 원고 중에서.

17) 마이클 호튼/김성웅 옮김, 『그리스도 없는 기독교』(부흥과개혁사, 2009), 315-316.

18) 에베소서 5:16.

19) 이재철, 『인간의 일생』(홍성사, 2004), 17.

20) 디모데후서 4:7.

21) 다비드 그로스만/정영목 옮김, 『말 한 마리가 술집에 들어왔다』(문학동네, 2018), 316.

22) 법정, 『아름다운 마무리』(문학의 숲, 2008), 238.

23) 고든 맥도널드/김명희 옮김, 『리더는 무엇으로 사는가』(IVP, 2013), 293

24) 토마스 머튼/안소근 옮김, 『사막의 지혜』(바오로딸, 2015), 47.

25) 유시민, 『국가란 무엇인가?』(돌베개, 2011), 127.

26) 헨리 데이빗 소로우/강승영 옮김, 『시민 불복종』(은행나무, 2017), 41.

27) 아모스 5:24.

28) 마리암 마지다/김도연 · 이선화 함께 옮김, 『나의 달콤한 페르시아어 수업』(달콤한 책, 2018), 191.

서(書)

1) 사사키 아타루/송태욱 옮김, 『잘라라, 기도하는 그 손을』(자음과 모음, 2012), 309.

2) 스티븐 킹/김진준 옮김, 『유혹하는 글쓰기』(김영사, 2002), 328.

3) 리베카 솔닛/김현우 옮김, 『멀고도 가까운 읽기, 쓰기, 고독, 연대에 관하여』(반비, 2013), 115.

4) 다치바나 다카시/이언숙 옮김, 『나는 이런 책을 읽어왔다』(청어람미디어, 2014), 151.

5) 정희진, 『정희진처럼 읽기』(교양인 간, 2014), 305-306.

6) 스티븐 킹/김진준 옮김, 『유혹하는 글쓰기』(김영사 간, 2017), 334.

7) 이만열, 『잊히지 않는 것과 잊을 수 없는 것』(포이에마, 2015), 284.

8) 자크 엘륄, 『뒤틀려진 기독교』, 362.

9) 김기석, 『오래된 새 길』(포이에마, 2012), 237.

10) 정혜신, 『당신이 옳다』(해냄출판사, 2018), 24.

11) 만프레도 외밍 · 콘라드 슈미트/임시영 옮김, 『욥의 길(고난에 멈추다. 그리고 고난으로부터 걷다)』(대한기독교서회, 2017), 60.

12) 권진관, 『신학이란 무엇인가?』, 106.

13) 구스따보 구띠에레스/김수복 · 성찬성 함께 옮김, 『욥에 관하여 - 하느님 이야기와 무죄한 이들의 고통』(분도출판사, 2012), 24.

14) 노승영, 「경향신문」 2018년 10월 29일자 "내 인생의 책"에서.

15) 장대익 · 신재식 · 김윤성, 『종교전쟁』(사이언스북, 2014), 144-147.

16) 앞의 책, 206.

17) 앞의 책, 207.

18) 앞의 책, 208-209.

19) 김인국, "나의 교회야, 나의 교회야", 손석춘 · 김기석, 『기자와 목사, 두 바보의 이야기』(꽃자리, 2012), 341-342.

20) 고든 맥도널드, 『리더는 무엇으로 사는가?』213.

21) 권진관, 『신학이란 무엇인가?』, 12.

22) 마크 A. 놀/정성욱 옮김, 『복음주의 지성의 스캔들』(IVP, 2010), 318.

23) 라인홀드 니버/이병섭 옮김, 『도덕적 인간과 비도적적 사회』(현대사상총서 18권), (대한기독교서회, 2003), 264.

24) 엔도 슈사쿠/이석봉 옮김, 『사해부근에서』(바오로의딸, 2014), 71-72.

25) 프리모 레비/이현경 옮김, 『이것이 인간인가?』(돌베게, 2015), 298.

26) 리베카 솔닛/김현우 옮김, 『멀고도 가까운 읽기, 쓰기, 고독, 연대에 관하여』(도서출판 반비, 2016), 100.

27) 앞의 책.

28) 이기주, 『한때 소중했던 것들』(도서출판 달, 2018), 241.

29) 앞의 책, 239.

30) 앞의 책, 197.

31) 앞의 책, 202.

32) 앞의 책, 207.

33) 앞의 책, 12.

34) 황현산, 『사소한 부탁』(난다, 2018), 283.

2부_ 故 서정수 집사

1) 프리모 레비, 『이것이 인간인가?』, 204.

2) 토마스 롱/장혜영 옮김, 『고통과 씨름하다』(새물결플러스, 2014), 199.

3) 디모데후서 4:7-8.

4) 마틴 부버/표재명 옮김, 『나와 너』(문예출판사, 2017), 211.